1931—1945年的东北电信研究

1931—1945 NORTHEAST TELECOM RESEARCH

张云燕◎著

群言出版社
QUNYAN PRESS

·北京·

图书在版编目（ＣＩＰ）数据

1931—1945年的东北电信研究 / 张云燕著 . -- 北京：
群言出版社，2024.9. --ISBN 978-7-5193-0983-1

Ⅰ. F632.9

中国国家版本馆CIP数据核字第2024WQ4930号

策划编辑：李满意
责任编辑：陈　芳
版式设计：水岸风
装帧设计：刘　僮

出版发行：群言出版社
地　　址：北京市东城区东厂胡同北巷1号（100006）
网　　址：www.qypublish.com（官网书城）
电子信箱：qunyancbs@126.com
联系电话：010-65267783　65263836
法律顾问：北京法政安邦律师事务所
经　　销：全国新华书店

印　　刷：天津画中画印刷有限公司
版　　次：2024年9月第1版
印　　次：2024年9月第1次印刷
开　　本：880mm×1230mm　　1/32
印　　张：10.875
字　　数：225千字
书　　号：ISBN 978-7-5193-0983-1
定　　价：128.00元

目　录

绪　论

日本侵占中国东北三省后，对东北电信实行攫取式掠夺、控制、垄断的统治政策及手段。在战争和侵略的推动下，东北的电信网络逐步构筑，东北的电信基础设施被迫得以发展。但以侵略为目的的电信发展只能是日本侵略政策和殖民统治的帮凶。日本利用电信技术在信息领域控制东北人民，利用电信行业巩固侵占区域的殖民地经济，也利用电信在日本国内及国际混淆舆论，不断粉饰自己的国际形象，更利用电信直接获取中国东北广大的工商业经济利益，利用电信实现其在东北广大地区的殖民统治。东北三省20世纪30年代初至40年代中期的电信是日本在东北实行殖民统治的载体和缩影。日本在东北电信权力上的攫取反映了当时远东独特地缘国际势力的角逐及演化，是此时期经济政治生态的重要一环。

一、研究缘起及意义

1. 研究缘起

和平并不意味着淡忘历史，和平需要不断地反思历史中不和谐的声音。2017 年是中日邦交正常化 45 周年，日本右翼势力依然装作南京大屠杀不曾存在过，更可怕的是中国的一些精日现象也频频出现。反省日本侵华历史不应只是在日本，也应该在中国。存在于 20 世纪三四十年代的我国东北的伪满政府，是日本军国主义侵略中国的产物，这个曾经存在的伪政权是客观且需要批判地加以研究的。

国内学术界对 20 世纪 30 年代初至 40 年代中期的东北电信史的研究已经取得了一些成果，但存在明显的缺陷。一是资料整理不足。因为这一时期东北的电信资料多为日文，日本投降时烧毁了大量的档案资料，造成了现存可供研究的历史资料零散、稀缺有时甚至凌乱。这一资料现状直接影响到我们对该时期东北电信业的深入研究。由于对原始资料的挖掘有限，在资料的选取上重复性多，研究深入性不足。二是理论和史料的结合度不够。电信业不仅包含电信产业的发展，作为现代社会的神经，电信与政治、经济、文化、军事等都有着密切的关系。因此，电信业的研究需要学科交叉，并有相应的理论创新。三是研究成果的"评价"，有简单二分法的倾向，对于这一特殊时期东北电信研究的评价出现"客观促进"东北发展的字样，实际上有去政治化的倾向，与辩证唯物历史观不符。

日本学界开始注重伪满时期的电信史的研究，一些日本学者到中国查询资料，发表了一些研究成果，这些成果建立在一定的史实基础上，但是倾向性也是显而易见的，妄图以东北近代化过程中技术和经济得到的发展弱化日本对中国东北侵略的色彩。

基于此，有必要对这一时期东北电信业展开更多维度的深入研究，以求立论之公正，学术之担当。

2. 研究意义

本研究是构建1931—1945年东北地缘政治势力演变的重要内容。伪满时期东北电信的发展是东北独特地缘政治势力演化的反映。东三省在20世纪20年代之后，成为日本、俄国（苏联）等国的重要"投资"区域，东北电信运营权力的争夺，是这些国家在东北势力消长、权力争夺的载体。

本研究是构建这一特殊时期东北的经济政治生态史的重要内容。伪满时期东北电信网络发展是东北经济发展规律的结果。地方商业、教育和文化繁荣的地方，尤其是工商业、教育文化界、行政机构都需要借助电信方式获取有价值的信息传递，而这些用户也成为电信行业最直接的服务对象。信息的便利有利于经济的发展。伪满时期东北电信网络的构建是日本实现侵略政治的重要内容，东北电信的发展一直与这种侵略政治相伴生。伪满时期东北电信网络同时是外交的重要载体。对这一时期东北电信业的研究有助于丰富日本侵略历史的整体研究，同时补充国内电信史的区域性研究。

本研究是对日本右翼势力否认侵华行为的反击。日本国内的右翼势力往往以东北地区的客观发展弱化并美化其侵略行为。殊不知，伪满政权的建立就是最大的侵略政治，为这一政治服务而存在的电信攫取式掠夺、垄断、控制及其延伸开发，从其出现的第一日开始到其最终覆灭，反映的是日本侵略中国、奴役东北人民的历史现实。

本研究对于深刻揭示日本侵略本质有警醒意义。伪满时期东北电信某种程度的发展，肯定有经济发展的规律，并与经济、政治、军事使用需求息息相关，但归本溯源，是日本侵略东北政策的产物，是为巩固日本在所占中国土地上获取最大侵略利益的直接措施。因之，这一时期东北电信的研究要建立在"侵略"的政治语境之下。绝不能抛开侵略的特殊政治环境而唯谈经济，因为那样就可能只剪切了历史的四肢而不知道它为何物，使之与史实相远。同时，也不能简单地使用二分法去分析这一时期东北电信的发展的影响和作用。历史之研究，当以客观，其底线，当为民族。

二、研究内容

1. 概念及研究对象

1931—1945 年东北电信的发展有其历史脉络。

伪满时期，指的是 1932 年 3 月 1 日伪满洲国（本文为叙述方便，后文将其简称为"伪政府"）建立到 1945 年 8 月 18 日其解体的 14 年时间。因为它是日本扶持下的傀儡政权，是日本侵华的产物，所以课题探讨的时间上限上移到 1931 年九一八事变的爆发。故本文多以 1931—1945 年指代该时期。

限定在这一特定的时期，"东北"这一概念则宽泛而不精确。单纯地理位置的描述：大致位于东经 115°30′（热河西部）—135°20′（黑龙江、乌苏里江会合处）、北纬 38°43′（旅顺）—53°30′（漠河）之间。[①] 东部、北部地区沿乌苏里江、黑龙江与俄罗斯接壤，西部以山海关为界与河北相邻，南濒渤海，东南部地区沿鸭绿江、图们江与朝鲜相望。包括黑龙江、吉林、辽宁地区。地处中国东北，所以常称东三省。在研究中有时指东三省，有时也指伪满洲国当时的统治区域（包括东三省和蒙东地区即内蒙古东部以及河北省的承德市，时称东四省）。为了使课题研究的主题更为突出，文中不做细致的区分。

"电信"这一概念，实际上是一个技术术语。[②] 1992 年国际电联通过的《国际电信联盟组织法》中对电信的定义是：利用有线、无线、光或者其他电磁系统，发射或接收符号、信号、文字、图像、声音或其他任何性质的信息。即电信是在用户指定的两点或多点之间传送经用户选择的信息的业务或过程。在近代以来常用来特指电报。"电信"还是"电信业"的简略用语。1929 年国民政府颁布的《电信条例》第一

[①] 李云仲编：《中国东北经济》第一卷，中国计划出版社，1987 年，第 6 页
[②] 唐守廉编著：《电信管制》，北京邮电大学出版社，2001 年，第 64 页

条规定:"电报电话,不论有线无线,及其他任何电气通信,统称为电信。凡用电气由金属导线传递之符号文字形象及数目字,名曰电报。其传递之语言声音,名曰电话。凡用电波与空间传递之符号字母文字形象及数目字,名曰无线电报。其传递之语言声音,名曰无线电话。"[①]电信是用来传播信息的方式,根据该概念,当时的电信主要包括电话、电报和广播。

课题以伪满时期东北电信为研究对象。日本侵占东三省后,对东北电信实行的统治政策及手段,在战争和侵略的推动下,构筑了东北电信网络,发展了东北的电信基础设施。但以侵略为目的的电信发展只能是日本侵略和统治东北的政策帮凶,日本利用电信妄图在思想上统治东北人民,利用电信配合经济的发展,利用电信在日本国内鼓动战争舆论,利用电信获取企业经济利益,利用电信实现其在东北的稳固统治,日本还利用电信企图描绘自己的国际形象。东北电信是日本在东北实行殖民统治的载体,日本在东北电信权力上的攫取反映了当时东北独特地缘政治势力的演化,是构建日本侵略期间东北的经济政治生态的重要内容。

这一时期,日本在东北构建较为先进和完备的电信网络,但是这种发展并不是真正意义上的电信网络大众化的表现,恰恰是日本侵略本质的反映:侵略、战争、经济的攫取需要电信网络的快速跟进。在东北电信发展的同时,南京国民政

---

① 《电信条例》,交通部电政司:《交通部电政法令汇刊》,估计为 1933 年后

府同样对其统治区域的电信实行了相似的建设，进行着收回主权的谈判，取得了相当的成绩。历史无法做出假设，被日本以武力侵占的东北电信的发展，是被强行打断自身发展进程的发展。

电电公司以伪满政府和日本合办的名义成立，实际上是日本垄断和把持的电信企业。公司内部的资本组成、管理和运行以企业的方式运作，推行管理和营业的"一元化"。然而该公司从成立到运行都被打上太深的政治烙印，实质是日本直接统治东北电信的掩体。

东北电信的发展一定程度上支撑了日本侵略扶持的傀儡政权的基层统治。在较为重要的地方设立电话或电报等电信设施及网点，命令传达效率得到了提高，有利于基层组织机构的设立和运作，一定时期内压制了东北的抗日武装的发展壮大。

这一时期东北电信的发展，具有一般电信的发展特性。与电车、汽车等城市交通新方式一样，电报、电话等新的电信通讯方式也是工商业区中密集的沟通手段。这一时期的粮食交易所、现代金融等新式金融业离不开电信事业的支撑，同样，传统的商业也以电信作为新的营销手段。所以，该时期东北电信的发展也是东北在近代化过程中对电信的要求。

在侵略这样的特定的政治语境下研究东北电信的发展，才是不脱离客观的研究。

2. 研究内容

本研究梳理了近代东北电信发展的历史，历史的客观是研究的基础。近代东北电信总体上与当时的中央政府电信的发展保持一致：起于清末电信网络的构建，在北京政府和奉系军阀时期继续发展，"东北易帜"后由交通部统一管理，九一八事变后被日本攫取，伪政府成立时期东北电信被委托给电电公司，直至日本投降后收回东北电信主权。近代中国面临亡国灭种的危险，体现在电信领域，就是俄国以及后来的苏联以中东铁路为依托在东北设立铁路线路，且违反协议，开设电话；伪满时期，以苏联国家利益为目的，把中东铁路包括电信卖给了日本；日本在日俄战争期间，在东北设军事电信，后以南满铁路为依托，在东北建立铁路专用网，并沿路设线，接通公用电话，之后在东北设无线电台；伪满时期日本与苏联争夺中东铁路电信，并获得了东北电信的全领域管理权。

本研究探讨了伪满时期电信网络在日本侵华中的作用。日本重视电信在侵略中的作用。在日本制造"满蒙危机"舆论和在东北交通的扩张中，电信也随之扩展。电信技术成为政治、军事的载体，东北电信网络的构建是日本实现侵略政治的重要内容，东北电信的发展与侵略政治如影随形，是日本构建侵略体制的一环。

本研究考察了电电公司的设立与营运。电电公司是日本在东北实现其电信侵略目的的重要机构。电电公司设立的目的就是要以电信互联互通的高效性实现日本与傀儡政权的"亲善精神"，从而达到日本在东北的统治和实现军事上的侵略。电电公司及其内部高级管理人员以日本人为主。其成立后，整顿和扩展电信网络，很快实现了东北和日本、朝鲜间的通信网络，实现了东北电信的"一元化"统治。同时还引进先进的通信技术，提升电信效率。

本研究探讨了电电公司的国策性。电电公司在东北电信业务的拓展服从于日本侵略东北的政策。在七七事变之后，电电公司加强了对东北偏远地区电信线路和网点的设立，以达到电信覆盖实现统治场域的目的，使其企业的独立性更强；在太平洋战争之后，因大量军事和警备线路的铺设，电电公司的资金和电信物资匮乏，开始侧重于人员培养，以职员的素质实现电信的高效，满足日本侵略的需要，企业的"国策性"更强。

本研究探索了1931—1945年期间东北民营、县营电话业的发展情况。民营公司一定程度上代表了中国近代内生经济的发展态势。中国近代化的过程中，东北的民族经济有了一定的发展，在交通运输方面曾在20世纪20年代兴起建设的热潮。近代的东北还是列强"投资"的重要地区。民营、县营的电话公司就是适应东北经济和统治的基础上设立的，这些公司一定程度上补充了东北的主干电信网络。电电公司接管了东北的电信事业后，还在1934年起开始调查这些公司的发展情况，对一些重要地点或盈利较好的公司进行了收买，让这些公司淡出了历史发展的舞台。

本研究分析了伪满政府、国民政府和中国共产党在此期间的电讯政策及行为。日本为了把中国东北作为战时体制的一部分，作为侵略战争的资源基地，把中国东北电信作为战争的手段，运用在经济、政治、军事上，并以中国东北为宣传基地，对抗国民政府和苏联。为了破坏日本所要形成的宣传场域，国民政府和中国共产党在建设的内在要求下发展时，也应对性地做了反击，对敌方的电讯攻势起到牵制和破坏。

本研究考察了抗日武装对东北电信线路的破坏情况，以及抗联在东北发展自身电信的努力。探讨抗日斗争中，抗日武装破坏电信网络的必然性。在当时，破坏电信网络就是破坏了日本侵略者以电信网络形成的统治场域。

三、研究资料现状

1. 资料的存放情况

资料所在位置，主要是中国和日本。

1945 年 8 月苏联出兵中国东北，关东军仓促应战，烧毁了大量的档案，造成了现在这一时期电信档案凌乱的局面。当时的电信资料国内主要以东三省的档案馆、图书馆和国家图书馆为保存地，这些资料大部分是日文资料，现在在数字工程下，只有很少的部分被整理出来。还有很大一部分资料因为保存的问题，只能在目录上看到，已经看不到资料的实物了。

国外的这部分资料主要保存在日本国立国会图书馆和亚洲历史资料中心。前者提供的日本国会的会议记录中有关于日本侵略动向的内容，其下设日本国立国会图书馆近代图书数字化典藏馆，从中可以查看伪满时期的关于东北电信的日文资料，也包括日本国内对东北电信的研究：

如防衛省防衛研究所：『大電力放送局建設に関する件』，C01002935300，昭和八年10月16日（1933/10/16），防衛省防衛研究所，關東軍經理部：『満洲電信電話株式会社概況』，C14030513900，昭和九年6月28日（1934/06/28），逓信省郵畋省文書：『カイロ国際電気通信会議ニ関スル件』，A09050651200，昭和十二年9月27日—昭和十二年10月5日（1937/09/27—1937/10/05），ラヂオ商業通信社：『全日本ラヂオ関係者総名簿.昭和13年版』，ラヂオ商業通信社，昭和十二年（1937），防衛省防衛研究所，整備局交通課：『電波放射依頼の件』，C01004621600，昭和十四年3月（1939/03/01—1939/03/31），新京資料室聯合会編：『官庁会社刊行資料目録.1939年版』，新京資料室聯合会，1940年等。

日本亚洲历史资料中心选出日本内阁、外务省、陆军、海军的近现代公文书以及其他记录当中的与亚洲相邻各国之间的关系相关的资料，做了数字化的处理，大量明治维新到二战结束期间的外交档案被公布，与中国相关的外务省外交史料馆、防卫厅防卫研究等部门的数字化资料与东北电信的研究有直接的关系。

除文字史料，我们也可以在一些专门的档案馆和陈列馆看到实物性史料：如中国电信博物馆，黑龙江佳木斯的日本侵华罪证陈列馆，日本的"NHK 放送博物馆""递信综合博物馆料""外务省外交史料馆"、"防卫厅防卫研究所史料室"等也存有一些实物史料。

2. 资料的内容归类

就资料内容，可以分为专门性资料和相关性资料，专门性资料主要由东北电信的直接部门编辑存档的史料，相关性史料散见于各种文献资料中。

伪满时期专门性的史料以日文资料为主。

第一类是相关管理机构为了总结电信事业发展情况的报告和资料，如：关东递信协会编辑的《关东递信三十年史》，电电公司编辑的《满洲电信电话株式会社社报》《业务资料》等，这些都是东北电信的当时的直管部门进行的资料性的汇编和研究，其价值与档案同，从不同角度对东北电信的发展做了记载。这些资料纸张泛黄，书籍质量一般，现在保存不全，也很难修复，但内容丰满，史料价值较高，属于一手资料。目前市场上陆续出现了影印版。

　　第二类是以电电公司为编著者进行的资料汇编：（1）电电公司为成立和纪念日所编制的以公司史、发展史为主要内容的资料性著作，如《创业五周年》《满洲电信电话株式会社十年史》等，著作中回顾成立历史，总结成绩，对电信发展进行规划；（2）电电公司还编制了《统计年报》《满洲放送年鑑》和业务会刊等资料；（3）电电公司因特定目的的调查与资料，如满洲电信电话株式会社总务部调查课对东北各地民营县营电话的调查——《地方电话调书》（包括三江省、黑河省、兴安省、热河省、龙江省、锦州省、滨江省、安东省、吉林省、间岛省）（1934）。

　　第三类是"二战"结束后，日本出版的一些关于电信方面的资料集，主要有外务省编纂的《日本外交年表并主要文书（下卷）》（原书房，1965年），满洲电信电话株式会社编的《满洲放送年鉴》（绿荫书房，1997年），外务省编纂的《日本外交文书：日中战争（第一册）》（六一书房，2011年）。这些史料多为日文，具有较高的可信度，是这一时期东北电信研究的基础性资料。

　　第四类是中文资料。目前还未见到有关20世纪30年代初至40年代中期的东北电信的专门史料集。研究中多使用东北物资调节委员会研究组编的《电信》（京华印书局，1948年）作为资料，内容主要对东北电信发展的历史沿革，有线电信、电话、无线电的设施发展状况做了详细的分类叙述，被研究者广泛运用。

涉及这一时期电信史料的文字资料主要有：

第一类是当时报纸期刊中的东北电信史的资料，这些资料有些是研究性的文章，因距今时间较长，也归为史料。报纸主要有《申报》《大公报》《大同报》《盛京时报》，伪政府《政府公报》《满洲国地方政府公报汇编》等，报纸具有较强的时事性，一些突出性的争议性的问题往往在报纸中记载，如当时的东北电报价格的问题，这类文章能反映当时人的认识和社会心态，是嫁接史料和社会的桥梁；公报类的政府性文件是电信事业发展的政策性导向，对于当时东北电信的发展具有指导意义。此外，《商工月刊》《大同文化》《世界交通月刊》《国文周报》等杂志也有文章反映电信与行业关系的。

第二类是回忆录。日本山田清三郎著，古丁译《建国列传》（满洲新闻发行社，1944 年）内有制定侵略东北政策的人物的记载。中华人民共和国成立之后各地的文史资料则有很多是关于东北电信的文章。如王家栋：《满洲电信、电话股份有限公司概况》《文史资料选辑》。

第三类是日本侵华史料中的部分内容。解学诗主编：《满洲交通史稿》（20 卷）（社会科学文献出版社，2012 年），尹怀主编：《铁证如山　吉林省档案馆馆藏日本侵华邮政检阅月报专辑》（吉林出版集团，2014 年后续还有其他作者编著的丛书陆续出版），吉林省图书馆特藏汇编：《伪满洲国史料》（33 册，全国图书馆文献缩微复制中心影印，2022 年），复旦大学历史系编译：《1931—1945 日本帝国主义对外侵略史料选编》(上海人民出版社，1983 年)，中央档案馆等编《日本帝国主义侵华档案资料选编》(第 14 卷东北经济，中华书局，1991 年)，以及关系会社的史料如苏崇民等编纂的《满铁档案资料汇编》等，史料书涉及此时期东北电信的背景和关系会社的发展情况，可以从大的历史背景来看待这一时期东北电信的发展，也可以从相关会社的发展中了解与东北电信发展的相辅相成的关系，列出的日本在这一时期电信检阅，控制东北人民思想的政策的史实，给东北电信研究提供了多方位的研究视角。赵玉明主编的《日本侵华广播史料选编》(中国广播影视出版社，2015 年) 收集了 1931 年到 1945 年期间中国抗战广播历史资料，内容涉及到当时东北的广播史料、日文版《战争·广播·记忆》选刊等，不仅是填补了抗战研究史的空白，也是第一本关于电信史料内容的史料集，对于这一时期东北抗战史的研究有重要的意义。

从史料的存档情况和史料分类情况来看，电电公司的直接性史料较多，但存放分散，且多为日语资料，使用和利用难度较大。

四、研究的现状

1. 国内研究状况

作为近代新兴产业，东北电信的发展紧随着中国电信的发展，并受到关注。

　　早期介绍性的研究。在清末出现的介绍电报知识的文章和书籍，如美国浸礼会传教医师玛高温（D. Macgowan，1814—1893），在宁波刊行《电气通标》（又名《博物通书》）[①]，合信（Benjanmin Hobson，1816—1873)1855 年编译的《博物新编》，美国长老会教士丁韪良（William Martin）等人创办的《中西见闻录》，由傅兰雅口译、徐建寅笔述译自英国的《电学》等，对新兴的电报做了介绍。

　　20 世纪初的电信研究主要集中在三个方面：一是对电信理论和基础知识的介绍，属于科技普及与科学介绍范畴；二是关于中国电信业发展历程的著述；三是对电信业中的具体问题的介绍及探讨；四是关于电信主权的探讨。这些研究都包含东北电信。

　　20 世纪 30 年代初至 40 年代中期，各界人士著书立说研究东北电信，此已归入资料中。

　　20 世纪 80 年代后，有关日本帝国主义侵略东北时期的研究渐增，但限于资料、语言，研究当时东北电信为主要内容的成果则很少。这一时期东北电信的研究先是在东北研究中出现的。如孔经纬《东北经济史》，杨乃坤《近代东北经济问题研究：1916—1945》等，在分析东北经济问题时，有提及这一时期东北电信事业的状况。

[①] 牛牙华，冯立升：《近代第一部电磁学著作——〈电气通标〉》，李迪：《物理学史丛刊》，远方出版社，1996 年，第 42-49 页

20世纪90年代，各地方志办公室编辑的地方志包括邮电志，是主要的研究成果。一般省志中有邮电卷或电信卷，《辽宁省志·邮电志》《吉林省志·邮电志》《黑龙江省志·邮电志》等从大的线索对各省的电信发展进行梳理，邮政的内容多，电信的内容少；市县地方志中包含邮电部分或电信部分，如《佳木斯市志》《延边朝鲜自治州邮电志》《青冈县志》等。志书中的电信内容是东北电信发展研究的成果，志书中电信部分的内容是资料性的，是了解和研究东北电信的窗口。

从传播学角度研究20世纪三四十年代的电信也开始起步。哈艳秋《伪满14年广播历史概述》（《新闻研究资料》，1989年第6期），《伪满广播性质探析》（《现代传播》，1988年第8期）对1931—1945年间广播的发展脉络进行了概述，从经济上的垄断和政治上的控制来分析其广播的殖民性。

在前期史料整理和研究的基础上，21世纪以来，受信息技术快速发展的影响，国内对东北近代电信研究陆续有了一些研究成果，主要集中在两个方面：

一是以日本的电信统制政策为切入点。代表性的成果有：张云燕等《伪满时期的东北电信》（《内蒙古师范大学学报（哲学社会科学版）》，2011年第五期），简单梳理了这一时期东北电信发展的脉络及发展状况，认为"伪满时期电信的发展服从于政治的需要，相对于经济因素，有更深的政治色彩，从伪满东北经济'一元化'的推行中，体现了日本对伪满洲国政治经济控制的逐渐加强"。陈玳玮所作《民国时期教育播音研究（1928—1949）》（内蒙古师范大学博士学位论文，2012 年），涉及东北电信的播音内容。薛紫心《伪满洲国电信业统制研究》（辽宁大学硕士学位论文，2013 年）把日本帝国主义对东北电信产业的政策以及垄断统制的各个阶段进行了分析，认为日本对东北电信业统制的后果具有两重性："一方面保障并支持了日本殖民统治及侵略战争，另一方面不自觉地为东北电信业发展遗留了一些条件"。胡小丽《日本对伪满广播的统制性经营（1931—1945）》（吉林大学硕士学位论文，2019 年）用日语资料研究了当时广播统治性经营的具体表现和影响，认为"日本帝国主义对东北的殖民统治，尤其是文化思想的殖民是不可忽视的"。总的来说，研究认为这一时期日本对东北电信统治所采取的统制政策是日本侵略东北的选择，在统制政策下的东北电信得到了一定的发展。

　　二是以媒体和新闻学的视角作为这一时期东北电信的广播研究的切入点。余欣《以〈盛京时报〉为蓝本浅析东北沦陷时期的广播》（辽宁大学硕士学位论文，2013 年）从新闻学的角度，论述了当时东北广播盛行的原因和作用，对这一时期东北的广播更多给予了正向评价，认为"是丰富人们业余文化生活的重要手段和途径"，明显地缺少了历史的背景。齐辉《试论抗战时期日本对华广播侵略与殖民宣传——以日本在"满洲国"（即伪政府，编者注）[1]的放送活动为中心》

---

① 后文及页下注所引资料涉及的"满洲国"均指伪政府，不再一一说明

（《新闻与传播》，2015 年第 9 期）中探讨了日本在殖民地进行广播侵略宣传的过程、策略及其实施效果。金承志《清末民初至建国前延边地区邮政、电信事业发展研究》（延边大学硕士学位论文，2018 年）对这一时期延边电信的情况做了初步的研究，文章明显指出电信是邮政的附属品，所占篇幅显示出了这一时期东北电信研究中资料缺失的问题。代珂《伪满洲国的广播战》（《沈阳师范大学学报》2020 年第 2 期）认为"伪满洲国的广播战表面上看是信息管制和舆论控制的交锋，实质是殖民者围绕和依托短波进行的一场对伪满洲国的美化运动"。总的来说，以这一时期东北的广播作为研究对象，论述了东北广播的殖民宣传作用。

此外，在一些研究该时期东北相关的著作中也涉及电信的内容。如解学诗的:《伪满洲国史新编》（人民出版社，2008 年），书中，有关这一时期东北电信的发展也占据了小小的篇幅。

2. 国外研究状况

与史料存放地相对应，研究成果主要集中在日本。日本满史会著的《满洲开发四十年史》（东北沦陷十四年丛书编写组译，1987 年内部发行），该书对东北电信做了介绍，尤其对日本在伪政府电信上所进行的技术研究给予了粉饰评价。并以日本在东北电信方面所做的资金投入、技术改进客观上对中国的发展产生了一定的影响，来弱化日本在东北地区对中国电信主权的侵略色彩。

白户健一郎《满洲电信电话株式会社——媒体史研究》，从电电公司的设立与构想、实施到解体的过程为线索，认为这一时期日本精神传播的文化殖民行为是日本殖民行为的进步。中山龙次《战争和电气通信》（电气通信协会，1942 年）则是从战争角度，论述了日清战争、日俄战争、满洲事变中的电信影响，并对当时广播在战争中的方针调整做了探讨。此外，贵志俊彦《战争、广播、记忆》收集了日本韩国等关于广播史研究的相关论文，川岛真《广播与战争——东亚广播战》分析了所谓"东亚共荣圈"的广播情况。

除日本外，与中国有密切地缘关系的苏联也涉及研究这一时期东北电信。（苏）B. 阿瓦林著，北京对外贸易学院俄语教研室译:《帝国主义在满洲》，其中大约几百字的篇幅，指出，九一八事变后，日本对东北的"通讯特别是无线电讯的装备十分积极"，"电报—电话公司的工作完全受占领军总部的控制，但是力图使所有经济部门军事化的军阀甚至对此还不满足"。[①]

综上，这一时期的东北电信史的研究已经取得了一些成果，该时期东北电信发展的过程大致是清晰的，可能由于这部分资料多为日文，以及电信本身技术的复杂性，课题深入性不足，在资料的选取上重复性较多，对原始资料的挖掘不

---

① （苏）B. 阿瓦林著，北京对外贸易学院俄语教研室译:《帝国主义在满洲》，商务印书馆，1980 年，第 404 页

够。研究成果聚集在资料已经成熟的区域。

因此，整体化的研究暂时已经难以取得更多的成果，需要对该课题进行细致深化的研究，在局部研究获取相当成果的情况下，再对伪满时期东北电信的发展做趋势性的研究，才能使本课题具有更深的现实意义与实际意义。

五、研究的方法

本书采用典型案例分析法，用历史学理论，从电信的视角考察了九一八事变前后东北的政局变化，畅通的电信网络只能是思想的载体，东三省电信主权的丧失是因为政治主体的思想出现了问题。

本书采用了政治史和技术史相结合的研究方法，根据电信技术更新快的特点，对这一时期的特殊政治性，在统制经济学的原理下，考察了该时期东北电信业网络的构建，日本在东北推行的电信统制政策，是其侵略政策的具体表现。

本书采用了社会学、统计学的相关理论对日本在这一时期的经济特性进行探讨，认为电电公司是"国策"企业，但企业的经济性依然存在，在企业成本控制与人力资源培养上有一些值得肯定的经验。

第一章 清末民初东北电信业的发展

东北电信的发展在清末电信线路网络的构建中也有了发展。然而，由于清政府势弱，东北电信的主权被俄日抢占，至民国时依然未能收回。电信此时期虽有发展，但系统不一。

一、清末的东北电信

近代列强的侵略总是伴随着电信的侵略。早在1851年，英国在上海创立的第一家英文报纸《北华捷报》就有撰文呼吁在上海设立专门的电报来传递消息，以此便利往来上海的远洋船舶安全。此后十多年，俄国、英国、丹麦、美国、法国等国纷纷向清政府提出设立电报的要求，采取各类手段劝诱甚至胁迫清政府同意外国列强在中国境内架设电报线路。其中法国在1860年赠送给清政府电报图书以及实物试验，时任总理各国事务衙门大臣奕䜣认为这是泰西奇技淫巧，实是无用之物而将其退回。这一时期，由于清政府对电报这一新式通讯工具缺乏必要的了解和认识，为了保护利权和避免设立电报线路带来的麻烦，电报设立的要求都被清政府"严词峻拒"。俄国在1864年将电报线架设至恰克图，企图由此向北京进行架线，被清政府拒绝。

列强往往采取私设线路等手段造成既成事实，再和清政府进行谈判的方式，谋求了中国的海线权，并希望将陆线与已有海线相连接，建立一个较为完备、符合他们殖民侵略需要的网络。

清政府在列强的步步紧逼中逐渐认识到了电信的作用，开始兴起边疆省份的电信线路，构建电报网。东三省的电信就是在此期间从无到有，逐渐发展的。中法战争爆发后，作为先进的通信技术，电报显示了其实际效能。在此期间，为保证战争时期通信联络的畅通，清政府在1883—1884年之间批准修建了津京线、广州龙州、长江线几条比较重要的电报线路，并在战争期间大量使用了电报这种先进的通信传播工具，这对中法战争取得胜利发挥了积极作用。中法战争结束后，中国电报业进入了相对迅猛发展的时期。

清政府为了巩固和强化东北地区边疆边防事宜，加强北京与东北之间的通信联系，在光绪十年（1884）将天津北塘至山海关的电报线路进行延伸，由山海关、营口到达旅顺。同一年，用延伸项目的工程余料，以及奉天府筹备的1万两白银，将电报线路由营口再次延伸到盛京，全长180多公里。1885年3月该线路完工后，在盛京德盛门内公署前胡同金银库房设立了盛京电报分局，归属天津北洋官电总局进行管理。盛京电报分局局内安装1台莫尔斯印码电报机，每分钟传递20个汉字。同年的10月又架通了295公里线路，由盛京途

经辽阳、凤凰城至边门（今凤城市东边门镇），之后又架设
650 公里线路，由边门到朝鲜汉城（今首尔）及仁川。

鉴于 19 世纪七八十年代的边疆危机，清政府为巩固边
防，加速边疆信息的传递，在 1886 年年初批准架设沈阳至
吉林电报线路，后东三省练兵大臣穆图善也奏请政府架设吉
林到齐齐哈尔、瑷珲、黑河间的电报线路，设立电报局开通
电报。清政府批准，由李鸿章等筹款并派员，同时架设两路
电报。三品衔湖南候补知府周冕为"委办吉、黑等省电线勘
路委员"，经办具体事宜。周冕携伴洋人和学生进行线路勘
测，各处地方官员尽力协助办理。1886 年 8 月，全部线路勘
测完毕。1887 年 8 月，电报架线工程抵达齐齐哈尔。李鸿章
还先后派员进行线路专办，如委派候选通判纪堪第专办伯都
纳电报子局事宜，候选知县刘光栋专办齐齐哈尔分局事宜，
候选盐大使陈允许专办黑河屯子局事宜。1888 年底，至瑷珲
电报局的电报线路的线杆全部"挖培完竣"，将在 1889 年全
部线路开通。1891 年，伯都纳电报子局裁去委员，改派司事
驻电报子局经营。1887 年 10 月线路修到齐齐哈尔，在齐齐
哈尔设立电报分局，黑河设立电报子局，瑷珲设立报房 1 处。
1892 年左右，齐齐哈尔电报分局改为省电报总局，纪堪第被
清政府委派并管理瑷珲电报局。不久，瑷珲电报局迁到黑河，
在瑷珲设立电报分局。纪堪第的管理职权调整为总办黑河局
事宜，李海山管理瑷珲事务。黑河与俄国布拉戈维申斯克间
电报线路在 1893 年接通。

光绪十五年（1889），为了传递吉林、黑龙江两地方的边疆军情，清练兵大臣穆图善还架设了吉林到长春的军用专线电报，据《吉林新志》载，"1884 年（光绪十年）由天津、上海线添架至营口、旅顺、奉天（今沈阳）之线，翌年复经辽阳至仁川，由奉天达吉……1889 年（光绪十五年）更延至长春以达江省各边防重地"。长春电报线是由伊通接来的，在光绪二十五年（1899）时已经中断。光绪二十六年（1900），经电政督办盛宣怀指示委派，候选县丞李文微率员对该线路进行修复，修复后电报局设在长春城内，它是官款兴办的官线电报局，当时由李文微任局长，开办官报和商报各类电报业务。与此同时，沙俄在长春修筑东清铁路宽城子车站，在车站内设立邮局，并开办有线电报。宽城子车站线路在 1900 年义和团运动中一度被焚烧。

此时期整个东北地区有线电报的重要传递中心是盛京电报分局。总计有 5 条电报干线：西南路通营口、经锦州入山海关到天津、北京；西北路经新民、朝阳、建昌（凌源）、承德到通州；南路经营口通金州、旅顺；东南路通辽阳、凤凰城再到安东达于朝鲜；东北路通铁岭、吉林到珲春，再由吉林往西北经齐齐哈尔到海兰泡。其中，珲春和海兰泡两电报局专门与俄国电报局沟通国际电报。

东北电话的兴办晚于电报。仅限于局部地区，而且规模也不大。早期为日本侵略军专用而设。1906 年，日军在大连、沈阳、辽阳、安东及新民等地，设电话局，开始办理公用电话。当时电话交换局为 10 局，通话承办局为 11 局，市内线路约 137 公里，电线总长达 1119 公里。长途电话线路约 589 公里，电线总长达 1649 公里。[①] 清末，吉林境内已经出现了军用电话线，如当时驻防在吉林一带的清陆军第三镇，就在吉、长两地之间架设专用电话。吉林城早期的电话局，名为吉长电话局，由吉长电报局兼并而来，也属于官办性质。后因受损于火灾，只剩吉林至长春一条长途线。1912 年由吉林都督招商进行承办电话，局名为吉长电话股份有限公司。共有单式磁石电话交换机计 300 门，用户 230 多户。

二、1912—1931 年东北电信的发展

中华民国建立后，提出了发展工商业的计划，但是政府财政吃紧，在经济上的投入有限。东北政局几经震荡，但因电信对于军事政治的重要性，电信线路的增设和电信设备的引入并没有停止，民国政府还新设电信管理机构，推动电信业的发展。

增设电信机构，扩充电报业务。1912 年，东北奉天电报局增设"三柱"式莫尔斯作孔器 5 部，工作效率约提高 30%。根据 1912 年《电政管理局职掌暂行章程》，全国分为 13 个管理区，分别设立电政管理局。民国政府 1913 年在奉天设立奉

---

① 东北物资调节委员会研究组编：《电信》，中国文化服务社，1948 年，第 3 页

吉黑电政管理局，隶属于东三省电报总局的长春电报局归其管辖管理，为二等甲级局。并相继开始增加建设有线电报线路，黑河到呼玛、黑河到奇克特、嫩江到漠河等线路在 1916 年相继完工。1916 年，交通部裁撤电政管理局，改由一等电报局局长兼办监督职务，东三省各电报局又统归奉天电报局管辖管理。东北地区城市，如哈尔滨、齐齐哈尔、佳木斯、呼兰、绥化、海伦等地俱有电政机构的设置，以城市为中心的各个区县的电政网络逐渐形成。1920 年 7 月，黑河到奇克特的有线电报又延伸到龙门（今德都县龙镇）。同期，通北、龙门、奇克特等相继建立了电报房。1924 年，东北（奉天）无线电总台开始于瑷珲县设二等分局。1931 年 1 月 29 日，在区内装设了首部短波的无线电台。1922 年至 1924 年，吉林督军孙烈臣将官署设置在长春城期间，长春电报局在其院内设有电报收发处，收发吉林督军与吉林城往来的各类军政电报。当时的电报分为政务、公务、特种和普通 4 种，1922 年时，长春电报局一年可收电报 9898 份，发电报 11025 份。

近代东北全面解禁，流民涌入黑龙江省的速度加快，黑龙江省农业经济发展，商品流通和贸易往来频繁，必然要求电信机构的设立。"清咸丰二年（1852），兴化镇建立官屯之始，即有私营商店，出售酒、油、粉条等生活用品。清光绪三十一年（1905），青冈正式建县，遂于县城招商设市。民国五年（1916）县城私营商店达百户，主要商号有福洪庆、天德泉、魁发永、鸿兴源、天利永、忠义和、洪顺公、聚顺兴、东顺兴等 l4 家。年卖钱额为 350 万吊。有的兼营小百货批发，经营北京货，也叫京货庄。多数商店从哈尔滨、长春、营口、奉天等地进货。除商店外，还有一些小本经营的摊床和货郎担。"① 绥化电话公司则体现了电信为商业服务的特点。"民国四年（1915）8 月 5 日，绥化县电话股份有限公司成立，全区始有电话通讯。同月，海伦县电话有限公司成立。当时的电话仅限于官府、军队和城内各大商号使用。"②

在电报业务上，还专门引入了新的技术设备。1927 年，比林式相片传真机已经安装在奉天省城大西门里邮务支局，对哈尔滨、天津、北平开办摄影电报业务，传真电报的引入早，但是使用费用高昂，使用的用户很少，不得不在 1928 年停办。20 世纪 30 年代的《申报》上曾经专门对传真电报进行过介绍，但并没有被推广开来。可见，信息的传递与商业的成本是有一定关系的。东北电报开办的主要业务有经营政务电报、公务电报、特种电报、寻常电报等。1928 年的收发报业务总量为 310068 份。1931 年 3 月，奉天电报局安装莫尔斯波纹收报机、自动发报机各 5 部，在沈阳到北平、天津、长春，哈尔滨和齐齐哈尔直达的电路上使用。还有莫尔斯印字机、莫尔斯发报机各 27 部。共建成串联电路和直达电路 32 条，其中印字机电路 27 条、自动机电路 5 条。沈阳到各

---

① 《青冈县志》编纂委员会办公室编：《青冈县志》，黑龙江人民出版社，1987 年，第 214 页
② 绥化地区地方志编纂委员会：《绥化地区志》（上），黑龙江人民出版社，1995 年，第 481 页

地的直达电路，如迁电路阻断或者报务拥挤时能够提供迂回备用电路，使电报有绕转条件、减少电报积延。至 1931 年 3 月，沈阳通往各地的电报电路合计共有 32 条。

民国的建立促进了工商业的发展，同时也促进了各地的交通事业，一些大中城市开始陆续架设电话线，安装市间电话，在各城市之间装设长途电话，并相应地设置了一些有线电话局和长途电话局。据不完全记载，到 20 世纪 20 年代，东北设有长途电话局的城市有哈尔滨、沈阳、长春、吉林、齐齐哈尔、满洲里、绥芬河、洮南、四平、公主岭、东丰、临江、伊通、桦甸、敦化、龙井等地，其中哈尔滨设有 3 处。在吉、长、哈等大中城市之间，还特设专线电话。这些电话事业，大部分都是政府所办，但也有部分是商办或者官督商办，还有由商办改为官办的。在电话机方面，则大都使用手摇式墙机。只有哈尔滨市电话机比较先进，在 1929 年 3 月已经全部实现了自动电话机通话。

第一次世界大战期间，经常被称为我国资本主义发展的"春天"，东北地区的工商业也获得了很大的发展，并在 20 世纪 20 年代后延续了这一趋势，表现为东北各大中小城市的商业店铺数量陆续增加，资金规模扩大，成交额也有了提升。据不完全统计，在奉天城内，1919 年即有大小商户共 3000 余家，到 1924 年增加到约 4040 家，其他零星杂商商户尚有 2558 家。在哈尔滨，1919 年有大小商户约 4000 家，到 1930 年增加到 7600 余家，其中一流商号 5 家，最大的同记商场在

1929 年时即拥有 50 万元资本（哈大洋）。在长春，1922 年有商户 882 家，到 1931 年 8 月增加到 1031 家（不包含股份公司）。此外，在营口、安东也各有商号上千家，在辽阳、珠河、凌源、齐齐哈尔等城镇也各有商户数百家。店铺和商家是电信业的重要用户。从 20 世纪 20 年代开始，东北还兴办了无线电通信事业。

除了商业的原因，无线电台和新技术的引用与电信业本身的盈利性有关。东三省地方政府财政困难，缺少财源。第一次直奉战争失败后，张作霖被免职。1922 年，东三省议会联合会"推举"张作霖作为东三省的保安总司令，张作霖遂宣布东三省独立，实行联省自治。在此时期，东三省区域政治相对稳定、经济也有一定发展。兴建无线电台既可以实现通信的连接，服务工商业，又可获取盈利，充实财政。

当时的东北主政者还主张设立电台进行通信。如 1922 年的哈尔滨无线电台和长春无线电台。1923 年，又在奉天故宫院内建设了无线电总台，与东北各大城市传递政务电报。1924 年该电台已经可直收欧美各国的电报，又与德国的无线电交通社订有单方面的通信合同，接收与代送从欧洲拍到中国的电报，收送国外的新闻。同时，又在奉天建设国内的通信发报台，进行国内官报与商报的日常传递。

1924 年起，又陆续在奉天、长春、哈尔滨、齐齐哈尔等地安装德式或美式长波短波发报机，设立电台或电台分台，来提高东北无线电国内国际的通信能力。之后，与法国、德国等国订立通信合同，开展与欧洲的直接通信。1927 年之后，北京、天津、上海、汉口等各地出国电报，均由奉天电台加以转递。不仅在东北各电台间相互通报，而且还与北京、天津、上海、乌鲁木齐以及越南河内电台相互通报。到 1930年，除了上述东北城市外，葫芦岛、古林、营口、富锦，萝北、黑河、漠河、满洲里、鸥浦、呼玛、索伦、洮安等地都装设了电台。1931 年上半年，仍在装设的电台计有奇乾、安东、临江、密山、室韦等 5 地。由此东北地区基本形成了一个较为完整且独立的无线通信体系。在无线电话方面，哈尔滨、奉天于 1926 年与 1927 年相继创建了无线广播电台，开始收受国内外的一些节目，并开展报告时间、气象、新闻、商情和播送音乐、戏曲等各类业务。

三、俄日帝国主义在东北的电信状况

清末，东北一直处在俄日帝国主义的威胁与争夺之中。19 世纪后半叶，俄国在欧洲等地区的扩张遭到了一系列的失败，由此把扩张的目光转向了包括中国东北、朝鲜在内的远东地区。当时，俄国沙皇和大臣的远东政策有两个计划：一是把西伯利亚铁路支线穿越中国东北，并使这条铁路支线继续向东北重要地区或朝鲜进行延伸；二是在远东地区取得一个永久的"不冻港"，以利于俄国海军获得基地并为俄国工商业在东方的商业活动提供便利。如这些计划实现，中国东北及朝鲜势必置于俄国的政治、军事和经济势力的影响之下，从而向"黄俄罗斯"计划迈出重要步骤，并能够使俄国成为远东地区角逐的最大赢家。与此几乎同一时期，亚洲新兴发展起来的日本，一直以侵略朝鲜和中国作为国策。19 世纪 80 年代起日本加紧侵略朝鲜，并窥伺中国东北地区。这就与俄国的东方政策发生了根本的冲突。

　　庚子事变之后，八国联军侵华，清朝的统治已岌岌可危。列强乘机在京津、山东、东北等地或强占中国电局线路，或擅自架线，使中国电信主权不断丧失。清光绪二十六年（1900），大北和大东两家外国电报公司也浑水摸鱼、趁火打劫。沙皇俄国委托丹麦公司铺设从旅顺口到山东芝罘（烟台）的东北第一条海底电报线路，同年 8 月完全开通。成为继上海到香港、上海到日本长崎、福建到台北、上海到烟台线之后，国内第 5 条海底电报线，也是东北地区最早的海底电报线。而清政府无奈只能加以默许。沙俄大举入侵我国东北，在"庚子俄难"中，黑河、瑷珲失守，沙俄破坏、霸占了其间的电报线路。1907 年起，被霸占的电报线路陆续得以收回并及时修复，纪堪第[①]重回瑷珲、黑河开办报局。黑河设海兰泡电报分局，瑷珲设立报房，交陈沛元办理。后出土的"办理海兰泡电报分局四品衔候选通判纪堪第"印，就是 1907 年

---

① 纪堪第，字东甫，生卒年不详。清直隶河间府献县人。1874 年（同治十三年）8 月，由监生在山东甘捐分局捐得詹事府簿职衔。曾在东北三省电报局任过职，在瑷珲、黑河也供职多年，如在黑河办理电报、招商开埠、金矿开发与管理等方面都做过大量工作

后纪堪第重回黑河办理海兰泡电报分局，电报线路由清政府道员黄开文购回复用。此后，电报线路的起点则由原伯都讷改至哈尔滨，区内设海兰泡（即黑河）报局和墨尔根、瑷珲两报房。

日俄战争期间，日本因军事通信之需开始在大连、旅顺、柳树屯、营口、沈阳、凤城及安东各地设立电报局，"通过日本佐世保与大连之间的海底电线和朝鲜京城与沈阳之间有线电路进行往来联络"①。战后，这些电报局开始办理一般电报，并逐渐向其他各地增设通信所，凡受日本行政权支配的地区，其电信事业统归关东厅递信局经营。至 1905 年底，日本共设有 44 处电报局和通信所，线路总长 1285 公里，一年的通信件数，发信约 48 万件，收信约 77 万件。②俄军却在东北地区大肆进行破坏，并侵占了部分中国方面的电报线路和电报局。

日俄战争结束之后，清政府与俄国相继交涉赎回了被侵占的电报线，但保留了与俄局的电信联线。1906 年 9 月 20 日清政府设邮传部，在奉天设立东三省电报总局，统辖管理东三省各电报局，并开始修复东北各地电线，恢复各地电报局所。1906 年 11 月（光绪三十二年冬）长春电报局重新开办，开通长春到吉林、奉天、伊通、哈尔滨的电报，李文微仍任局长，局所初设在城内东三道街路北广源栈胡同对面，长春开埠后迁移到北门外西侧（今长春大街邮电局址）。

---

① 东北物资调节委员会研究组编：《电信》，中国文化服务社，1948 年，第 3 页
② 东北物资调节委员会研究组编：《电信》，中国文化服务社，1948 年，第 4 页

　　按日俄和约，俄将东清铁路长春以南段划给日本，日本于光绪三十一年（1905）在长春的孟家屯驻军，随军军用通信所开办军用电报、电话和军邮业务。1906 年 11 月 1 日，该所改为日本关东都督府邮便电信局宽城子支局，转变为民用。1907 年 10 月 21 日（光绪三十三年九月十四日）宽城子支局迁至头道沟"满铁附属地"内，改为长春支局，继而又改为长春邮便局，1908 年（光绪三十四年）年底又迁入长春大街新局所内（今宽城邮电局电信营业室）。至此，与邮政一样，长春中、日、俄三国电报局共存。

　　到 1909 年底，东三省电报总局从俄国、日本手中收回和"赎"回被侵占的线路 1620.5 公里，恢复和新设线路 4101 公里，使线路总长达 5721.5 公里，开办电报局和报房合计 52 处，以奉天为中心的东北有线电报网得到恢复。1907 年开始，电报线路由单线逐步改为双线，由单工通报相继发展为双工通报，通信效率大幅提高。

　　俄国在东北的电信权力的取得主要依托于中东铁路。1896 年俄罗斯在满洲架设了电线，在满洲已经获得了通信权，但是他们的工作范围已经违犯了中国的电信条令，并且也违背了在开设中东铁路当时的交涉内容之精神。哈尔滨电话网的建立就违反了中东铁路专线建设的规定。哈尔滨电话网是在 1903 年 8 月开设的，当时哈尔滨电话网附属于铁道厅电信课，利用传呼式电话对哈尔滨（哈尔滨的电话用户有 178 个）及铁路沿线进行通话。在 1904 年，哈尔滨电话网改成交换式电话。随着铁道事业的发展，哈尔滨电话网在 1910 年作为特别企业已经独立经营，其用户人数也有很大增长，铁路系统用户已经达到 351 个，市内电话用户已经达到 251 个，总计已达 602 个。

在 1914 年，中东铁路开始着手新建电话局以及电话线的架设和更换工程，并且与德国西门子商会签订了合同，定购了一批带有普通设备和多层笼式设备的新式机械，但是由于欧洲战乱的缘故，结果使得此计划付之东流而告终。在 1915 年 4 月，中东铁路部门根据滨江商会的希望，对傅家甸电话局和中东铁路市内电话和连接问题进行了协商，俄中电话连接。

东三省政府对此进行反复研究，一心想收回它。终于在 1928 年 12 月，收回了电话，接着在 1929 年 7 月又收回电报。上述举动挽回了中国的权利，剥夺了俄罗斯以前具有的在满洲通信权之大半。但并没有收回铁路专用电信。

为了视察对俄国在哈尔滨通信权的收回状况，在 1929 年 7 月 9 日，奉天电政督办公署的电政监督蒋斌率领 10 名技术人员来到哈尔滨，分别派遣到铁路沿线的主要站，与此同时，派沈家祯到哈尔滨中央局进行接收，并在 1929 年 7 月 10 日把中央电报局改名为大直街中国电报局，把其他的接收局也全都改了名。在 1930 年 7 月，东北交通委员会邮电处作为对电政统一的准备，往四方派遣人员调查邮电处所属的工程司。

日本对于东北电信的侵略一是源于军事，另外，则和俄国相似，依托铁路设立电信设备，其统治的核心在大连。甲午战争后，1898 年 3 月 27 日，沙俄强迫清政府在北京签订《旅大租地条约》，租借大连湾与旅顺口。日俄战争后，大连被日本侵占。日本在东三省的电报事业与邮便机关是分设的两个系统，实行邮电合并，增设线路及机器，改装通报方式，以谋线路之畅通，及递电之迅速。当时日本线路与中国线路尚缺少连络，中国各处与"大连关东都督"管辖各处往来之电报与各国往来电报，须经过日本国内线传递，有诸多不便。1909 年中日电报接线合同成立以后，大连日本电线与中国电线接通，发往中国各处之电报，可以由东三省中国线路收转，即发往各国的电报，也可由中国电局转递，缩短线路时间，非常合适。后又根据该合同在大连烟台间铺设水线，因此大连邮电局，可以与烟台日本邮电局收发日文电报。大连与日本国内的有线线路联络则是通过大连佐世保水线和奉天至朝鲜京城陆线两条，后因鉴于电报繁多，在 1914 年 5 月，架设由大连经由朝鲜至东京之直达线。同年 6 月，奉天至大阪直达线路接通，此后往来电报，逐年增多，虽有二条直达线，仍有应接不暇之势。又大连至佐世保水线，因电缆质地不佳，及安设海底位置不当之关系，时常发生障碍，1921 年 4 月竣工后借给日本政府运用，于是日本和东三省的电信事业比较稳定。之后因东三省一带与日本国内往来电报业务越来越多，更向递信省请愿，将实行第二次增线计划，即安设奉天至日本下关之直达线。

1911 年 10 月，日本就把无线电用到了大连，在大连湾头沙坨子设海岸无线电局，又在上海至大连航行轮船上，设船只局，与日本各地传递消息，与近海航各轮船互通消息，保障海上安全。近来无线电报渐次普及，有推广设施之必要，尤宜增大陆上电台之通信范围。1922 年 6 月在柳树屯，新设电力 35 千瓦之无线电台，其发电装置为电弧瞬灭火花两式，专门用来收发海上电信及无线电报之陆上应用过范围，有逐年增大之倾向，大连湾原有电台改为发电处，于大连邮政局内设总管处，又将沙坨子分局与沙河口收电处合并，兼收船只无线电沙河口收电处。

近代以来，日俄侵占中国领土，在东北建设铁路，侵犯中国主权，东北的电信权利被日俄所侵占。两个帝国主义国家在东北建立了铁道专用线路、军事线路以及民用电信，非常明显，这些电信建设便于日俄在东北获取更多的利益和进一步的侵略。清政府囿于国力之弱，民国初年的政府因国内政局动荡，无法实现电信权利的完全收回。

第二章　沦陷与被掠夺：九一八前后的东北电信

电信发展到 20 世纪 30 年代，其重要性已经不言而喻（之所以采用这一模糊的词汇，是因为我们无法计算电信在这一时期对于经济、贸易、股票……甚至战争的直接价值）。这一时期，电信的扩展多是以一种"依附"的形式附着在外交、贸易以及侵略之中的。九一八前后的东北电信的状况，也是在一种大的国际态势中存在的。

一、所谓"满蒙危机"

1. 交通扩张中的电信

第一次世界大战结束之后，日本与欧洲各国一样陷入了经济持续的不景气状态。因为一战所带来的战争债务与庞大的生产机构将剩余产品转向东方市场销售，中国也发生排斥日货的运动，严重影响了日本的经贸。1919 年开始，日本的对外贸易由出超转为入超，化学产品受到国外进口产品输入的重大压力。后股票暴跌、关东大地震，日本经济遭受了很大的打击，日本政府为解救大地震引起的经济恐慌，实行了黄金自由出口的"金出口解禁政策"，却引发了新的经济困难，至 1927 年引起了金融恐慌。在日本政府苦寻良策之时，纽约交易所 1929 年出现了股票价格暴跌，紧接着波及全世界，引起了全面的经济恐慌。20 世纪 30 年代的经济不景气影响到了日本资本主义在中国东北所获得的权益，也对因中国东北获暴利的"满铁"造成了打击。为转嫁日益增加的社会矛盾，日本继续推进大陆政策，把眼光瞄向了中国的东北。

从 20 世纪初至 20 年代末，日本因 1904 年日俄战争中取得的胜利，从沙皇俄国手中渐次获取了大量中国东北的权益，与沙俄划了势力范围，逐步确立了其对中国东北地区半殖民化统治的地位。其在东北地区的侵略和经营，使东北地区成为了日本帝国重要的原料产地以及日本国内工业商品的销售市场，同时东北也是日本官方及民间财团资本投资的重要区域。以 1930 年为例，日本国内所需的 64% 的煤炭、76% 的大豆和 46% 的铣铁资源都从东三省的经济掠夺中获取。与此同步，日本工业品又大量地输入中国东北地区进行销售。如重要的生活物资"棉布"，仅该项销售即达 4040 万关银。而日本的对外投资有约 70% 在中国东北，投资总额高达 17.5 亿日元。以南满铁路公司为例，它不仅控制了 1135 公里的南满、安奉两路，还把吉长、四洮、洮昂、吉敦等铁路充当其"培养线"。此外，南满铁路株式会社还经营大连、安东、营口诸港口以及鞍山、抚顺和新丘钢铁、煤炭企业。以满铁为例，开业时仅 2 亿日元资金的满铁，到 1928 年，其利润已经高达 7400 万日元。[①]诸如此类的殖民化经济活动使日本帝国在九一八之前，在中国东北地区所获得的政治、经济利益已经非常大，尤其在经济领域已然获得了绝对的优势地位。

贸易的发展，首要的是依靠交通运输业，近代的贸易发展则还需要一个必备的因素，就是电信。从商品的开发到商品的流通，电信在贸易中充当着重要的信息交流载体。在当时的报纸上，经常可以看到类似的消息。

1839 年，英国首次在大西方铁路上使用了车站之间的电报通信，由此开始了近代先进工业化国家铁路部门行车和列车的统一调度与指挥通信的时代。此后，各国铁路部门利用各种通信方式进行信息传送和处理，电报通信手段成为铁路交通经营中不可或缺的工作模式。在 20 世纪初期的国内外交往及国际交涉时，"电信"经常是附着在铁路等交涉内容之上的。所以，此时期对外交涉，一方面借助东北电信业，另一方面作为"载体"或"工具"的电信业是侵略的重要内容，同时也是交涉的内容之一。当时报纸、期刊常用的"通电""电""无线电""电话"等文标是风向，也是内容，充分反映了这一时期电信的重要作用。

[①] 东北地区中日关系研究会编：《中日关系史论丛》，第 1 辑，辽宁人民出版社，1982 年，第 233 页

日本提出"满蒙危机"，从其内容而言是国内矛盾的加剧，于其对象——中国的东三省而言，在这一时期，也有一些新的变化。

为了摆脱日本帝国日益加深的殖民化控制，奉系张学良从政治上响应南京国民政府统一的诉求，进行"东北易帜"，同时希冀借助欧美列强的资本力量发展东北地区的交通和工业，以增强经济实力，也对日本的控制形成制衡。1928年，东北地方修筑的3条短程铁路：打虎山—通辽线（256公里）、奉天—海龙线（246公里）和吉林—海龙线（200公里）开始正式运营。1930年1月，北宁铁路局与荷兰治港公司订立合同，建设葫芦岛港。荷商投资640万美元，预计在1935年10月建成。[①]此外，东北交通委员会设想在15年内建造总长1万公里的3条铁路，分别从黑河、同江和多伦通往葫芦岛。[②]中国地方政府开港筑路本是中国主权范围以内的事务，但日本称这些中国修筑的铁路是日本控制的满铁的"平行线""竞争线"，对满铁构成了竞争威胁。当1929年经济大萧条爆发时，世界性的经济危机也波及到了中国东北地区，大豆价格暴跌，出口减少，城市商号不断倒闭，日本控制的满铁客货运输规模锐减，利润下降。满铁由此竟然宣称：由于中国"平行线"的竞争，危害了"帝国权益"，对中国

---

① 王铁崖：《中外旧约章汇编》（第三册），生活·读书·新知三联书店，1957年，第739页

② 宓汝城：《帝国主义与中国铁路（1847—1949）》，上海人民出版社，1980年，第305页

修建铁路等交通设施的做法充满敌视。尽管上述开港筑路在
1930 年仅仅是纸面上的合同和规划，但是日本硬说中国兴建
葫芦岛港，是修筑"满铁包围网"，意在扼杀大连港和南满铁
路，侵犯了日本"在满蒙的特殊权益"。日本国内叫嚷"满蒙
危机"的第一阵浪潮由此开端，时间大致从 1930 年下半年开
始，不断渲染鼓噪中国修建了所谓的"满铁包围网"危及到
了日本的"生命线"。

　　因此，在关东军的唆使之下，满铁日本法西斯组织"满
洲青年联盟"大造"满蒙危机"的舆论。1930 年 6 月，该组
织散发传单等进行宣传，说葫芦岛建港对日本而言"孕育着
危机"，对中国正当的建设行为极尽诬蔑。随后，又派人到日
本国内各地如东京、大阪煽动："在满洲的日本人的生存权"
受到中国政府的"压迫""蹂躏"，现已濒临危机。如果朝野
坐视不管，"帝国权益"将被消灭。"亡国之悲运必将笼罩祖
国"。目前，既得权益被一举夺去的危险时刻日益迫近。失掉
"满蒙"会使新兴的日本受挫，日本将在全世界面前失去"所
有的光荣"。① 该法西斯组织的成员遍访当时首相、外相、陆
相和政友会总裁等进行所谓"请愿"，要求对中国采取强硬的
政策。

　　1930 年底，日本外务省决定就铁路问题与张学良进行
交涉，并施加压力。11 月 14 日，外相币原训令驻华使领

――――――――――

① （日）臼井胜美:《满洲事变》，东京中央公论社，1978 年，第 23 页

称："近来中国方面的排外运动，特别是收回国权的热潮日益高涨。"他们"自行修筑竞争线，企图将满铁置于死地"，最后达到收回南满铁路的目的。币原强调指出：东北当局"已着手输入日本以外的外国资本"，这一事态"绝不容忽视"。[①]1931 年 1 月 22 日，满铁理事木村锐市与张学良会晤。木村恫吓张说：两国铁路竞争"日趋化为政治问题，担心有发生意外事件的危险"。他要挟张允诺中国如建新路须由日本"给张协助"，并解决吉海、吉长等路与南满铁路"连接、联运和运费协定问题"，[②]张同意双方继续协商。

"满蒙危机"理论还与日本的"满蒙生命线"呼应。"满蒙生命线"论是"满铁"理事松冈洋右提出的，是山县有朋"利益线"理论的延续和具体化。1931 年 1 月，他在第 59 届日本议会上发表演说，攻击民政党政府侵华不力，抛出了"满蒙生命线"论。松冈声称："满蒙问题是关系到我国存亡的问题，（满蒙）是我国的生命线。"他说："想到在满蒙有许多同胞侨居和巨额的投资，还有用鲜血写成的历史关系"，日本对满蒙生命线"要牢牢确保和死守"。[③]"生命线满蒙""生命线""日本的生命线"这类词句，实质都是日本军国主义者为了对外扩张杜撰的口号，这些口号被日

---

① 《日本外务省档案》S1.1.0-20

② 《木村呈递铁道交涉函》(1931 年 1 月 23 日)，转引自《帝国主义与中国铁路》，第 311 页；《木村与张学良第一次会谈纪要》，《满铁史资料》，第 2 卷，第 3 分册，第 1050-1055 页

③ （日）松冈洋右：《动荡的满蒙》，东京先进社，1931 年，第 112，224-225 页

本陆军采用，并通过媒体扩大成为全国性大众传播的口号，在唤起危机意识、侵略意向方面，极具煽动性。3 月，板垣征四郎发表演说：只用外交的和平手段"不能达到解决满蒙问题的目的"。"唯一的方策"是把满蒙"变为我国的领土"。[①] 板垣的这一演说印成小册子，在陆军和政界广泛散发，同时，大川周明在军部的资助下，到处宣讲中国东北是"日本的生命线"。这样，"满蒙"是日本以"10 万英灵、20 亿国费"得来的"圣域"，乃"明治遗业的象征""全民族感情的源泉"，维护"满蒙"是日本的"自卫权利"之类蛊惑性言论充斥于日本报刊。所谓中国"排日"造成"满蒙危机"的荒诞说法广泛流传于日本国内。1931 年关东军参谋石原莞尔《满蒙问题之我见》[②] 明确而直接地指出了日本夺取满蒙的原因：

第一，满蒙的价值……

一、政治上的价值——我国必须在北拒俄国侵入的同时，南抗美英海军力量。然而，呼伦贝尔、兴安岭一带在战略上具有特别重要的价值，如果把北满地方完全置于我国的势力之下，将使俄国的东进变得极为困难，并不难利用满蒙的力量拒止俄国东进。也

---

① （日）小林龙夫，岛田俊彦编：《现代史资料（7）满洲事变》，美铃书房，1964 年，第 136-144 页
② 《走向太平洋战争之路》附卷，第 99-101 页，转引升味准之辅著，董果良译：《日本政治史》（第三册），商务印书馆，1997 年，第 701-703 页

就是说，我国势力达到这个地方，才能免除对北方的负担，并可根据国策的要求，谋划勇敢地向中国内地或南洋发展……

二、经济上的价值——总而言之，满蒙的资源即使不足以使我国成为东洋的选手，也足够解救燃眉之急并奠定大飞跃的基础。

第二，满蒙问题的解决。25 年的历史表明，只是经济上的发展，在老朽昏庸至极的中国政客的统治下，也难以期待比今天更好。尤其要铭记的是，作为对抗俄国的东洋保护者，我国为了使国防安定而制定解决满蒙问题的方策时，除将满蒙变为我领土外，而绝无他途……

第三，解决的时期。我国的现状在发生战争时难以期望实现举国一致，十分令人担忧。因此，首先把国内改造放在第一位，乍看好像非常合理，但要举国一致实行内部改造，也是极为困难的，而且政治上的安定恐怕亦需要相当岁月。另外，还要在思想上有所准备：即使能获得政治上的安定，如不制定出关于改变经济组织的详细、切实可行的计划，也会使我国的经济力量暂时大大降低。拿俄国革命来看，便可明了这一点。

如果确立战争计划并能使资本家相信我将获得胜利，则驱使现政权采取积极的方针决非不可能。尤其是战争初期军事上的成功，会使民心沸腾团结起来，已为历史所证明。

　　战争必将使经济情况好转，以后当战争长期持续下去而导致经济上的极端困难时，可在戒严令下实行各种改革，且可比平时的所谓内部改造容易实行得多。因此，如果确信能获得政治上的安定，并确定了有关改造的具体计划，且不以 1936 年为实现期限，也未尝不可实行内部改造，但从我国国情来看，还是以先驱使国家加速向外迅猛发展，而后在发展途中根据情况断然实行国内改造为比较适当……

　　针对国内外的情况，石原提出了先外后内的发展态度，即先侵略，在侵略的过程中逐步在国内改造，以达到战争目的。"除将满蒙变为我领土外，而绝无他途"，这是日本对中国东北势在必得的侵略心理，也足以说明日本对我国东北长期的觊觎之心。

　　20 世纪二三十年代，电信已经成为政府统治的重要工具，军事、政治、贸易等的扩张直接表现为铁路线路的扩张，也是电信的扩张。此时期，日本政府一方面不断对张学良施加压力，要求他按照"二十一条"给日本人以自由居住往来和商租土地的特权；履行山本条太郎—张作霖"密约"和长春—大赉、敦化—图们江岸两铁路的承建合同。另一方面，日本又按照多年来的侵略伎俩，扩大满铁"附属地"的面积，千方百计片面"商租"土地。经过蚕食侵占，满铁"附属地"在 1931 年初扩展到 482.9 平方公里，比 1907 年的 149.7 平方公里扩大两倍以上。"附属地"俨然是"国中之国"，所设日警增加到 1500 多名。"附属地"内浪人贩运毒品，向土匪私售军火，残害中国民众。此外，由于中国方面已废除 1915 年《中日条约》及换文，日本人采取私下贿赂地主，续订租约的手法，变"商租"为永租。据不完全统计，1931 年 9 月之前，日本人"商租"土地达到 28.5746 万垧，其中在日领事馆备案者有 16.2337 垧。[①]

日本在铁路及其"附属地"上建立了电信网络。九一八事变之前，日本控制下的"关东州"及满铁附属地，由关东厅递信局所管辖，其有线通信网从大连通过海底电线连接长崎，电话设施优良，因后发状态，大连的市内电话自动化甚至比日本还早。东北铁路的车站则由苏联经营公共电报电话，其他各城市有许多县营、民营电话。三种电报电话系统之间互不相属，互通性较弱。

2."修约"中的电信问题

20 世纪 20 年代末，是清政府与列强签订不平等条约"约满"之时，同时也是民国政府改善自身国际形象、满

---

① 东北地区中日关系研究会编:《中日关系史论丛》，第 1 辑，辽宁人民出版社，1987 年，第 251 页

足民众要求、争夺利益的时期。从 1925 年起，北京政府就与列强召开"法权会议"和"关税会议"，试图解决治外法权和关税自主问题，但没有成功。1929 年 4 月，南京国民政府照会英、日、美、法、荷、挪六国谈判，再启撤废治外法权方案，但各国先是拖延，不予答复。后又提出种种条件进行刁难。英国、美国等坚持保留在上海、广州、汉口、天津的领事裁判权。日本则采取观望英美交涉获得结果进而再同中国开议谈判的策略。1931 年 1 月，外交部长王正廷宣称：政府决心以最大的努力达到废除领事裁判权的目标。蒋介石拟在 5 月召开"国民会议"之前解决治外法权问题，指示王正廷向英使进行让步，表示中方同意对上海公共租界的领事裁判权暂保留 3 年。英国不予接受，谈判遂陷于僵局。而日本代理公使重光葵则以内阁更迭（民政党若槻礼次郎内阁于 4 月 14 日上台），需要回国请训为由，离开了南京。

　　重光葵同日本外务省商定的基本条件是：除援英美例保留上海、广州、汉口、天津四地的领事裁判权之外，日本还要求将南满铁路"附属地"、"日本租界及其邻近地区排除在中国司法权之外"。同时，要求中国开放内地，允许日本人居住、贸易和旅行。5 月 6 日，重光葵从东京返回任所后，始与王正廷交涉治外法权问题。当谈到日本要求开放内地时，王正廷明确表示：中国政府完全承认日本在满洲、山东的既得权利，[①]同时，严正指出："内地不能向任何特定国家开放，直至该国停止享受一切不平等条约的特权。即：（收回）关税自主权、撤废治外法权、归还租界和租借地、撤退全部陆海军。"[②]以上史实表明，1931 年初，南京国民政府外交政策的重点在于尽快将治外法权问题加以解决，彼时国民政府还无意或无足够条件收回日本在东北的"既得权利"。王正廷之所以提出"特定国家"，需"停止享受一切不平等条约的特权"才能对它"开放内地"，明显是抵制日本无理要求的一种外交策略。

　　但是，同日本军部有密切联系的外务省情报部长白鸟敏夫别有用心地向报界散布中国外长王正廷已经表示中国要收回旅顺、大连租借地和南满铁路。[③]于是，日本报刊连篇累牍发表各类文章，叫喊"满蒙危机"正在临近。中国"收回国权运动"已经动摇了"日本在满蒙的特殊权益"，日本的"生命线"岌岌可危了。

---

①《重光葵致币原》（1931 年 5 月 8 日），《日本外务省档案》PVM65。此外，据 1994 年 12 月 9 日日本广播协会电视台播出该台记者的《张学良访谈录》，张学良回忆当年曾就租借期早已期满的旅大问题同日方谈判。张说："旅大问题我们可以很好地合作解决。"比如把旅顺、大连作为自由港，进行自由选举。日方回答："你想的事情是做不到的。"另据《日本外务省档案》中的《蒋介石统一后关于满蒙问题谈判的文件》记载：1931 年 4 月 16 日，日本驻沈阳总领事林久治郎向张学良探询中国是否要收回旅大和南满铁路。张学良对林久治郎说，他完全没有要求归还租借地和南满铁路的打算。
② 重光葵向英国公使蓝浦森通报 5 月 6 日他会晤中国外长的情况。见英使报告英外交大臣韩德森的电报。《英国政府文件》F2526/34/10。日档也有相同记载。
③（日）重光葵：《外交回忆录》，东京每日新闻社，1953 年，第 79—80 页

　　在"满蒙危机"的喧嚣愈演愈烈之际，日本军部已在秘密制定武力侵占中国东北的侵略计划。参谋本部作出的《昭和六年度形势判断》[①]是日本军国主义侵占中国东北的纲领。该文件表明，日本要从根本上解决满蒙问题，分三个阶段付诸实施：第一阶段："建立一个亲日的新政权，以替代张学良政权"；第二阶段：满蒙独立；第三阶段：占领满蒙，使之成为日本的领土。从 6 月开始，参谋本部派建川美次少将主持，召集参谋本部、陆军省课长永田铁山、冈村宁次、重藤千秋等人，制定出具体的实施方案——《解决满洲问题方策大纲》。[②]其中规定：日本"约以一年为期"对中国东北采取军事行动；为争取内外"谅解"，由陆相努力通过内阁会议使各大臣都知悉"满蒙情"，并联系外务省加紧宣传，"万一出现有必要采取军事行动的事态，要各国都能谅日本的决心"；所需兵力，与关东军商议后由参谋本部作战部上报长官批准。这就是说，日本军部决定最迟将在 1932 年实行武力侵占东三省。7 月，陆军省密召关东军参谋长三宅光治到东京，将上述义大纲作为指令下达给关东军。

　　为了把"满蒙危机"的喧嚣鼓噪进一步推向顶峰，日本帝国又制造了"万宝山事件"和"中村震太郎间谍事件"。

---

① （日）小林龙夫，岛田俊彦编：《现代史资料　满洲事变》，美铃书房，1964 年，第 164 页。《昭和六年度形势判断》系日本参谋本部于 1930 年底酝酿而在 1931 年 4 月出笼

② （日）小林龙夫，岛田俊彦编：《现代史资料　满洲事变》，美铃书房，1964 年，第 161 页

"万宝山事件"是日本帝国利用朝鲜人在长春附近开拓水田而挑起的纷争事端。据不完全统计，无辜百姓被杀达 119 人，受伤 395 名，失踪 82 人，财产损失极为严重。[①]"万宝山事件"一波未平，8 月 17 日日本陆军省发表公报，宣称：日本参谋本部部员、陆军步兵大尉中村震太郎一行"向洮南旅行"，被中国兴安屯垦军"非法绑架监禁"，遭到枪杀。[②]

日本军部乘机制造舆论。叫嚷"残杀参谋本部人员是日本陆军驻扎满洲 26 年来从未发生的事件"，这是中国蔑视日本的权益的一种表现。8 月 24 日，陆军省决定：在中方否认杀害中村或得不到满意解决的情况下，"有必要对洮索地区实行保护性占领"。随后，军人走上街头宣传："为中村报仇"；"武力征服满蒙，保卫帝国的生命线"。陆军第九师团出动飞机在彦根、敦贺散发大批传单，标题是《觉醒吧，注意国防！》，上面画有插着日本国旗的东三省地图，写道："啊！我国的特殊权益！"并列举一串数字："日俄战争战费 20 亿元，投资 17 亿元，付出宝贵鲜血的同胞 20 万人……"[③]煽动战争歇斯底里已到了白热化的程度。

这时候，日本军国主义已经悄悄完成了计划侵略中国东北的军事部署。8 月 1 日，熟悉东北的本庄繁中将被任命为关东军司令官；主持制定《解决满洲问题方策大纲》的建川

---

① 驻日公使汪荣宝：《朝鲜排华惨案调查报告》（1931 年 8 月 6 日），《六十年来中国与日本》，第 8 卷，第 399—410 页

② 《大阪读卖新闻》，1931 年 8 月 18 日

③ 《大阪朝日新闻》，1931 年 9 月 8 日

美次少将被任命为参谋本部作战部部长。4 日，陆相南次郎在师团长、军司令官会议上宣称："满蒙在国防、政治、经济上对日本的生存发展有极为密切的关系"，当事态严重化之际，军人"应愈益竭诚奉公"，"以期准备随时尽军人的天职"，20 日，本庄繁抵旅顺履新，他向关东军幕僚传达了军部的方针，并审查了石原莞尔等制定的作战计划。9 月 3 日，他向关东军高级军官训示："今后可能发生不祥事件。""我们必须认识到最后解决的时刻正在迫近。"第一线部队要经常注意环境变化。在事件突然发生之时，决不可失误，"应毅然完成任务"。7 日，本庄巡视辽宁、吉林各地，并举行一连串的"出动演习"。[①]

二、国民政府的"不抵抗"政策

1. 九一八事变的张蒋电报动向

万宝山事件和中村事件发生之后，面对日本帝国的多次挑衅，张学良和东北当时地方军政长官运用电报进行事态策略的不断沟通，真实地反映了当时东北地方政府上层及国民政府上层对东北三省所发生事件的态度变化。

"不抵抗"出自谁口的辨析只能代表人们对东北沦陷的责

---

① （日）本庄繁：《本庄日记》，东京原书房，1967 年，第 348，12—21 页

任上有不同的意见，也从侧面反映了张学良和蒋介石在此类事件中担负着不可推卸的历史责任。因为事变发生前后，张学良在北京，东北地方、张学良和南京国民政府蒋介石的交流都采用了电报交流的形式，所以电报的内容直接反映了当时的政策变化。在事变之前和事变发生初期，张学良和蒋介石保持了一致的对日态度。相关的两则重要电报，一是8月16日蒋致张的"铣电"，主要内容是：采取不抵抗政策，竭力退让，避免冲突，千万不要"逞一时之愤，置国家民族于不顾，希转饬遵照执行"等语。这一电报的原件已佚失，只在回忆录中出现。我们可以从清末民初以来中国对日本及列强在局部地区的挑衅实践的态度以及这一时期东三省的万宝山事件和中村事件窥见历来政府之态度。近代中国的积弱状态使得中国在面对局部强权时多采用的是让步、忍耐，似乎是一种惯例，张和蒋在万宝山事件和中村事件时也不例外地同样采取了此种态度，双方没有分歧，都想尽量采用外交手段来解决。所以到九一八事变发生时，依然采取同样的态度和方法，属于既定政策的延续，也是一种心理上的惯性，即使九一八事变本身已经与前面的事件的性质和规模有根本的不同。张学良在万宝山事件发生后的7月12日曾向蒋电告："据万宝山事件及朝鲜人之排华风潮，日本无疑在起动其大陆政策，有急剧侵略满蒙之意。其矛头指向中国或苏联尚不清，但与满蒙存亡有关，须仔细考虑。"[1] 这说明张也随时分析日军的动向，已觉察到其侵占东北的意图，但未想到它要侵吞整个东北。1990 年日本广播协会记者采访张时，他也说"当初未料到关东军会发动'九一八'事变，……我认为这是我的判断错误"。[2] 蒋、张此时未能判断出关东军军事行动的目的。这也与日本策划"九一八"事变的特点有直接关系。此次事变不是通过日本发动战争的国内程序和国际上的战争惯例来发动的战争，而是关东军的几位高级参谋板垣征四郎、石原莞尔等在一些陆军中央将校的怂恿下采用谋略形式发动的。因此，事变爆发后连日本军政要人对在中国东北发生的事件情况也不知其所以。

另一则是九一八事变前夕 9 月 6 日，张学良致电东北军参谋长荣臻及东北三省政务委员会的"鱼电"：

现在日方对我外交渐趋积极，应付一切，极宜力求稳慎，对于日人无论其如何寻事，我方务须万方容忍，不可与之反抗，致酿事端。希迅即密电各属，切实注意为要。

1931 年 9 月 18 日入夜，蓄谋已久的日本关东军炸毁满铁柳条湖的一段铁路，其独立守备队步兵第二大队悍然突袭

---

[1] 日本外务省缩微胶卷档案
[2]《张学良访谈录》，见《参考消息》，1990 年 12 月 23 日

驻扎在北大营的东北边防军第七旅。该旅认为"此举不过寻常寻衅性质"，[①]与往常的军事挑衅一样，未能判断出这是日本侵占东三省挑起事变的开端。东北边防军该旅在遭攻击紧急情况下，理应采取应急措施反击日军，不仅保存自己也履行守土职责，这本是作为边防军应持有的底线。但该旅却一味容让逃避，其态度与"鱼电"的"容忍，不可与之反抗"相一致。电报在这一时期的迅速交流，有效地传达了上层主事人的态度。

九一八事变发生时，东北边防军代理司令张作相和参谋长荣臻火速电告在北京的张学良，张学良电令："尊重国联和平宗旨，避免冲突。"荣把此令转告第七旅旅长王以哲，"令不抵抗，即使勒令缴械，占人营房，均可听其自便"。日军继续炮击沈阳工业区，战事在扩大。荣又电张请示。张续令"不抵抗"。[②]遵守这一指令，该旅撤出北大营，向东陵转移。

9月19日，蒋介石致张学良电：

> 北平张副司令勋鉴：良密。中刻抵南昌。接沪电，知日兵昨夜进攻沈阳。据东京消息，日以我军有拆毁铁路之计划，其藉口如此，请向外宣传时对此应力辟之。近情盼时刻电告。蒋中正叩。皓戌。

---

① 秦孝仪：《中华民国重要史料初编——对日抗战时期》绪编（一），中国国民党中央委员会党史委员会 1981 年，第 259 页

② 秦孝仪：《中华民国重要史料初编——对日抗战时期》绪编（一），中国国民党中央委员会党史委员会，1981 年，第 262 页

　　此电现存手迹原件。"皓"，19 日；"戌"，约为晚上 17 点至 21 点之间。可见，蒋介石得知"事变"是在 9 月 19 日晚到达南昌之后，其消息来源是上海。张学良在 19 日致南京电中称："日军自昨晚 10 时，开始向我北大营驻军实行攻击，我军抱不抵抗主义，毫无反响，日军竟致侵入营房，举火焚烧，并将我兵驱逐出营。"[①] 同日晨，日军第二师团二十九联队攻占沈阳城，当日又占领长春、安东、营口，21 日占领吉林。三天内，日军占领除锦州之外的辽宁、吉林两省的要地。日军占领这些地区后，暂时未进行大规模军事行动，到 11 月 4 日才向嫩江发起进攻。在嫩江，马占山部抗击入侵日军。19 日，日军占领齐齐哈尔，黑龙江省要地除哈尔滨外都已被日军侵占。

　　9 月 24 日，张致蒋介石等人的电文中再次称，"为免除事件扩大起见，绝对抱不抵抗主义"。[②] 可以清晰地看出，张学良和蒋介石都没有正确地认识形势，未能看出日军本次军事行动的真正目的，蒋、张二人基本一致认为，这是日军的挑衅行为，是局部的军事行动，称之为"沈阳（奉天）事件"；一时未能判断出这是日本侵吞整个东北的开始，因此委

---

① 《中华民国重要史料初编——对日抗战时期》绪编（一），第 257 页。台湾学者提出，"九一八"事变中"不抵抗主义"一词始于张的此电（蒋永敬：《从"九一八"事变到"一·二八"事变中国对日政策之争议》，见《抗战前十年国家建设史研讨会论文集》（1928－1937），台湾"中央研究院"近代史研究所，1984 年，第 358 页）

② 《中华民国重要史料初编——对日抗战时期》绪编（一），第 259 页

曲求全，一再强调避免与日本发生冲突，力争就地解决事端，防止事态扩大。

事变爆发之后，日本外务省、陆军参谋本部与关东军在是否继续扩大军事行动和战争的最终目标等问题上存在较大分歧。因此，关东军于9月21日占领吉林后未再采取大规模的军事行动。这种缓和也给张、蒋二人以外交解决的错觉。蒋、张二人都寄希望于日本帝国内部的意见分歧，尤其对反对扩大军事行动的币原外相及其外交抱以不切实际的期待，希望由此可以牵制和控制关东军的军事行动。张在此后的回忆中描述当时情况说，"我想日本政府会控制关东军的"。① 这又使蒋、张对战争形势的未来发展及走向的判断产生了错误。在这种情况下他们仍然延续了不抵抗的策略，一方面不去组织东北军反攻，另一方面继续充满幻想，一味寄希望在向国联控诉上，想以外交手段促使日军撤回，以解决事变以来的不利局面。为此，9月26日张学良向东北军将士再次下达了不抵抗命令："一、此次之所以命令不抵抗主义，是因将此次事变诉诸国际公审，以外交求得最后胜利。二、尚未到与日军抗争之时机，因此各军将士对日人依然平常那样对待，不得侵害。"②

九一八事变前后的电报内容及相关回忆内容，已经成为

---

① 《张学良访谈录》，见《参考消息》，1990年12月23日
② 关东军参谋本部《关特报》（中国）第32号，1931年9月28日，见远东军事法庭检察官资料缩微胶卷

学术界研究该时期军政历史的重要资料。电报作为当时政界和军事行动的重要工具，连接了中日各方的信息及形势的变化，对佐证史实具有特别的价值。电报内容的执行者是人，传达者是人，事件发生后寻找原因的依然是人。这一时期，电报的内容无疑是历史最好的见证。

此时，因国内外重重压力之下，南京国民政府的态度发生了变化。戴传贤（字季陶）、朱培德在 1931 年 9 月 20 日致蒋介石的电报中也说："政府只有始终宣示和平，从国际上做功夫，然当地竟无一舍死之人，恐外无以启世界对中国之信赖，内无以立后代儿孙之榜样。"[1]从目前已有的电文沟通来看，张学良为代表的东北地方政府与蒋介石为代表的南京中央政府，在面临复杂的国内外形势时，其应对思维、政令执行、对外策略上仍然存有一定的分歧。

1931 年 11 月 29 日，张学良致蒋介石密电，称"惟个人对此（指中立案）亦颇赞成"，并在与日方代表谈判的同时，开始秘密安排从锦州一线自动撤军。张明显地倾向于用和平方法加以解决，赞成"锦州中立化"方案。南京政府和蒋介石判断出日本要侵吞整个东三省是在 11 月上、中旬时。特种外交委员会对中央政治会议的《对日政策报告书》中写道："判断日军之军事政策，必定要达到完全占领东三省之目的而后已"；"判断日军以完全占领东三省，驱逐中国固有之政治

---

[1]《戴传贤、朱培德呈蒋主席九月皓电》，总统府机要室藏，《革命文献拓影》，沈阳事变，第 24–25 页

军事势力为主要目的"。① 此时南京政府及蒋介石的对日政策开始有了抵抗的意思。11 月中下旬，国民党在南京召开第四次党代表大会，通过了《对日寇侵略暴行之决议案》。该案决定："今后关于捍卫国权，保护疆土，本大会授予国民政府以采取一切必要的、正当防卫手段之全权。"② 蒋也表示出有所抵抗之态度。他在致马占山的电中称："我方采取自卫手段，甚属正当。"③ 23 日又电张："警卫军拟由平汉线北运，以驻何处为宜？中如北上将驻于石家庄，兄驻北平，则可内外兼顾，未知兄意如何？"④ 但石家庄是张管辖区，蒋未经张同意不得派其嫡系驻扎冀南地区，而且张也十分警惕蒋嫡系插入该地区。在此之前，即 9 月 21 日蒋开会制定对日方略时也决定："军事方面，抽调部队北上助防。"⑤ 但蒋未派一兵一卒，仅表示了意思而已。蒋要抵御日军侵略，应派兵去东北锦州以东地区，直接与日军对阵。蒋却拟派兵到石家庄地区，这是何目的？11 月 23 日蒋致张电的"中如北上将驻于石家庄，兄驻北平，则可内外兼顾"就点出了此意图。"内外兼顾"之意便是张顾外，即顾关外日军；蒋则顾内，即顾对江西中央苏区的第三次"围剿"，把它当作首要，其次顾及阎锡山和山东韩复榘、石友三。前者是攘外，后者是"安内"，两人各有分

---

① 李云汉编：《"九一八"事变史料》，台湾正中书局，1977 年，第 324-325 页
②《中华民国重要史料初编——对日抗战时期》绪编（一），第 307-308 页
③《中华民国重要史料初编——对日抗战时期》绪编（一），第 300 页
④《中华民国重要史料初编——对日抗战时期》绪编（一），第 309 页
⑤《中华民国重要史料初编——对日抗战时期》绪编（一），第 281 页

工。由此可见，蒋此时尚无出阵与日敌直接作战的决心，仅仅表示了抵抗之意。在黑龙江省代理省主席马占山公开通电率部抵抗，蒋介石致电嘉奖鼓励马占山称"我方采取自卫手段，其属正当。幸赖执事（指马占山）指挥若定，各将士奋勇效命，得以催败顽敌，保全疆土，虞电驰闻，何胜愤慨"，张学良也电示马占山"死守""勿退"。至 11 月中旬，马占山报告日军攻击黑龙江省，希望向国联报告，请求制止，蒋介石电告马：对黑龙江省抗战，"已急催张副司令派队援助"，并正式任命马占山为黑龙江省主席。

至 12 月份，双方分歧更加明显化。

顾维钧于 1931 年 12 月 3 日电文中极力劝阻道："兄（指张学良）拟将锦州驻军自动撤退，请暂从缓。"

1931 年 12 月 5 日，顾维钧又与宋子文联名致电张学良："现在如日人进兵锦州，兄为国家计，为兄个人计，自当力排困难，期能防御。"

蒋介石亦于 1931 年 12 月 8 日致电张学良："锦州军队此时勿撤退。"

非常明显，南京国民政府与张学良在锦州事件的处理方法有了分歧。

张学良 12 月 21 日致电第二军司令部："当最近日本进攻锦州之时，我军驻关外部队理应防范，但若现政府方针未定时，自然不用锦州部队进行防守，因而撤至关内"，"部队驻地为迁安、永平、滦河、昌黎"。

1931 年 12 月 25 日、26 日，张学良又致电国民政府，称"锦战一开，华北全局必将同时牵动"，届时日本"以海军威胁我后方，并扰乱平津，使我首尾难顾"，非但锦州不可守，连华北地盘亦不保。张学良不顾劝告，一意孤行将军队从锦州撤退。与此同时，1931 年 12 月 15 日，关东军已经开始进攻锦州。12 月 7 日，日本陆军中央部由日本本土增派混成第 8 旅，并从朝鲜调第 20 师司令部、混成第 38 旅、重轰炸飞行中队以增援关东军。12 月 28 日，第 2 师主力渡过辽河进攻锦州；12 月 30 日，混成第 39 旅进攻打虎山（今大虎山）。日军进攻锦州时，国民政府多次电令张学良抵抗，1931 年 12 月 25 日，令其"积极筹划自卫，以固疆圉"，张不遵令；张学良部队开始从锦州撤退后，12 月 30 日国民政府还急电令其"无论如何，必积极抵抗"，但已经无济于事。1932 年 1 月 3 日，第 20 师司令部率混成第 38 旅占领锦州。而此时驻锦州的东北军第 12、第 20 旅和骑兵第 3 旅早已奉张学良命撤退至河北滦东地区和热河。在张学良的一再不抵抗下日军兵不血刃占领锦州。

无论采用了怎样流畅的电报沟通，没有军事上的支撑，张蒋在东北沦陷上担负主责。张是国民革命军陆海空副司令，蒋是司令，张应该听从蒋的命令，但是从电文可以看出，张的独立性很大。所以此时以电报为载体的沟通带有很大的隐忍性与不直观性。1931 年，历时 8 个月的中原大战结束不久，张学良长期留驻北京，名义上国民政府统一了，东北也早就归国民政府领导，但实际上仍有地方军阀的把控。同时也要对当时东北的实力正确认识。另，在九一八事变后，日本在 1931 年 10 月发生了关东军独立事件与"十月事件"，影响到日本对中国的根本方针。关东军积极推动满洲侵略，受到日本政府掣肘，有脱离政府独立行动之企图，但这也是关东军计划的一种，因此"十月计划"则是一次政变计划，其后虽被压制，但是参加的军官却只受到轻微的处分，少壮派军人更加跋扈。东北三省在 1932 年 1 月全部沦陷。

　　近代以来至民国时期，由于无法接受列强"强"的现实，中国政府流行着两种心理和情绪，一是"恐外"，一是"崇外"。"恐外"的心理是一种自卑的心理，在外交上表现为缺少了限度的以大局为重的忍让，尤其是甲午战争之后的中国，有一种"恐日"的心理；"崇外"的心理是一种依附的心理，在外交上表现为用没有底线的牺牲换取别国的同情，"以夷制夷"，在对日的外交中，经常想借助欧美苏（俄）力量。这两种心理互为支撑，是民国时期的外交主线。1932 年 1 月 11 日，蒋介石在奉化武岭学校的讲演中言及对日绝交与宣战问题说，称如与日宣战，即与日全面交战，则中国"在三日内悉为敌人所蹂躏"。这种官方的宣言以电讯的形式流传，强调了敌强我弱的客观存在，但夸大了日帝之强大，还是"恐日"心理；同时也渲染了抵抗即亡的错误言论。也没有应对的方法，所以在日军进攻前只能仰赖于欧美列强。张学良也说："士气虽壮，款弹两缺，敌如大举前进，即举东北士兵尽数牺牲，亦难防守"；"孤军作战，我小敌强，无非是徒然牺牲"。

2. 电讯交通下的伪政府

日本在九一八事变发生后，东三省政策暂时趋于稳定。侵略已成事实的情况下，借助现代通讯手段，日本掩盖其侵略事实。日本驻沈阳总领事林久治郎接二连三地向外务大臣币原喜重郎发送电报汇报他所了解的情况。事变后第二天（19 日），致电币原外相"十八日下午十一时十五分，交涉署日本科科长以电话告知森冈正平领事……中方语中有不抵抗主义之意。……十九日上午零时，交涉署日本科科长又以电话告知：目前日军不仅包围北大营，而且将北门外置于占领之下，中方对此虽仍采取完全不抵抗主义……中方业已多次表示愿意圆满处理事件，本职亦以电话通知板垣参谋，告其不仅日中两国尚未进入正式交战状态，而且中方声明实行完全不抵抗主义，故此时力使事件勿不必要的扩大至为重要，而欲通过外交机关来处理。"① 对事变发生后的中国的"不抵抗"态度做了汇报。同日又在《关于断定此次事件为军部有计划之行动》的电报中对于事变的"预谋"做了推测：

据报，参谋本部建川（美次）部长于十八日下午一时乘火车到达此地。军方虽对此保密，但我认为似

---

① 孙继武，郑敏主编：《九一八事变资料日本外交文书选译》，吉林省社会科学院，1993 年，第 2、4 页

实有其事。又据满铁木村（锐市）理事送来的内部消息，为修复据传被中方破坏之铁路地段，满铁曾派去养路工人，但军方不许接近现场。由此可见，此次事件完全是军部有计划之行动。

日本政府已经认识到了九一八事变发生的本质，但是却替日军军部掩盖这一事实。日本政府与军部的矛盾在电文上可以清晰地发现：日本政府在 9 月 19 日举行的内阁会议上，通过了"不扩大事态的方针"，并对关东军及驻外机关发出的内部指示，要求关东军"尽量不使局面扩大，根据在我军保持优势的战线上停止行动的方针进行处理"。由此"不扩大"政策出笼。这些指示以电报的形式告之关东军。日本政府对于中日间的冲突拒绝国际干预，希望中日双方直接谈判解决。9 月 23 日，日本驻奉天总领事林久治郎致电币原外相要求政府约束关东军的行动。"政府对此次事件之方针为尽量不使事态扩大与严格避免不必要之侵入。据贵电第一九九号及第二〇〇号（此两电均未于档案中找到）获悉，本职正按此种精神尽力与军部（应为关东军，下同，笔者注）交涉，为贯彻政府方针而努力。但军方后来之行动，鄙意以为无不违背政府之方针，尤其对满铁沿线以外地方采取军事行动，从未向本职作任何通知，径自实行。在与军司令官多次会晤当中，本职曾依照政府方针，恳切提醒军司令官注意有关问题，军司令官表面上亦答应照办，但事实上却步步扩大军事行动，尤其近两日来，司令部竟对本馆采取尽力回避通知情报之态度。本职训示本馆馆员，政府之根本方针并非如此……为防止事态继续恶化，在政府采取万无一失措施之同时，处在现地之本馆亦在竭尽全力致力于阻止事态之恶化。但不幸以本职之微力，只能处于无可奈何之状态。将来不得不袖手旁观的本职，此时不得不切望中央以政府名义严饬军部，使其行动速复正轨（望对部外绝对保守秘密）。"①

当然，日本政府与军部的分歧并不是在日本侵华本身，而是在于事件发生的目的以及在侵华中以何种方式获取更多的利益。当时，日本国内的信息主要来源于外务省驻东北各机构的电报。随着电报获取内容的增加，日本币原外相的态度开始发生变化，他开始支持陆军大臣南次郎，认为九一八事变的发生有助于解决所谓满蒙问题。外务省和军部在获取利益上达成了某种程度的一致，"不扩大"的政策实际上被搁置。

日本政府和军部的分歧还在于军事占领之后如何统治东三省，收买、拉拢等手段建立傀儡政权是他们一直的选择。九一八事变第二天，日本军大臣、参谋总长和陆军教育总监在三长官会议上就通过"对内善后策案"，要求加强监管部门与日本国内各媒体之间的联系，"向其表明心迹，获其谅解，必要时可用黄白收买之"，另一方面则强化对外宣传"为驻外

---

① 孙继武，郑敏主编：《九一八事变资料日本外交文书选译》，吉林省社会科学院，1993年，第54—55页

武官提供资金，收买在外日本新闻记者及通讯员，以有利于海外舆论"①。10 月 19 日，关东军制定"关于满洲事变宣传计划"，要求在东三省地区的宣传部门给日本国内接触提供报道的"有利照片"及材料，同时面向中国媒体"设立特别联络人，以其为媒介向支那报社提供材料"②，实质是制造假的材料，控制舆情。日本政府与关东军保持了一致的态度。币原外相在 1931 年 10 月 31 日致电驻奉天总领事和大桥驻哈尔滨总领事，就提出拉拢张海鹏或怀柔马占山等办法对黑龙江进行和平接管："只要俄国不挑衅，我方就可能对北满避免使用武力，而暂时用其他办法，比如加强张海鹏军之实力或收买马占山军等适当办法去经略北满吗？如果能，即请见告关于其方法及实施所需资金等之尊意为盼。"③并在 11 月 4 日，又致电提出收买马占山的具体方法，"为推行避免使用武力而同时又能经略北满之方案，并为实行类似政策，已决定支付所需资金三百万日元。此项资金由满铁支付，目前暂支五十万元以内，余额可于满铁总裁返奉后再议。关于用途之细目，由参谋本部另电。"④

　　从币原到犬养内阁，也实现了日本军部、内阁的政治设

---

①《对内善后策案》，亚洲历史资料中心

②（日）藤原彰、功刀俊洋：《资料日本现代史·8·满洲事变与国民动员》，大月书店，1983 年，第 212 页

③孙继武，郑敏主编：《九一八事变资料——日本外交文书选译》，吉林省社会科学院，1993 年，第 270 页

④孙继武，郑敏主编：《九一八事变资料——日本外交文书选译》，吉林省社会科学院，1993 年，第 280 页

想的一致性：即在军事侵占后在东北建立傀儡政权，因此关东军对东北的侵占和傀儡政权的复制也成为日本的国家行为。至此，事变初期政府与军部的分歧已经消失了。

现代战争是全面的战争，除军队、外交、经济、思想外，宣传战也是重要的一环。日本运用军事侵略中国，并不意味着日本侵略的合法性。所以日本在不断地利用宣传洗白自己的行为。日本国内外宣传不考察被宣传对象的性质，是按照他们主观意愿的一种灌输与强调。在战争开始，日本就投入了巨额的宣传费用（暂未查到具体的数据）。主要方法：（1）由日本政府自己创办或贴补民间创办报纸做系统而直接的宣传；（2）由日本政府自己创办或贴补民间创办通讯社供给日本和其他国家的报纸，发布有利于日本的消息；（3）收买外国报纸、新闻记者及文人等进行宣传；（4）广播是日本广泛用于国际宣传的方法，有专门和系统的消息及演说向世界播音，各种语音乃至于各地方的方言，日本都加以采用；（5）小册子和传单等也是重要的宣传手段。无论采取怎样的宣传方法，我们都不难看出，电信在宣传内部起了"神经"的作用。这些方法，多数要通过电报等方式完成，并在事变发生初期，取得了一定的效益。

日本舆论界关于九一八事变的报道，一是来源于陆军省新闻班，陆军部对事件本身和评价角度给了影响，期望日本国内民众能够支持关东军的军事行动，进而影响到日本国内政治的态度。这些引导对于日本国内舆情的作用明显。事变爆发后，日本新闻舆论中一些批判军部的立场转为了支持，如《大阪朝日新闻》；转变削弱了日本政府在日本国内政治中的活动空间；国民舆论支持关东军对东北的军事侵略；日本政治和社会组织以及民众开始慰问和捐款支持关东军;《东京日日新闻》指出九一八事变是日本正当的军事防卫手段。[①]9月25日大阪的实业家们致电参谋次长，对陆军在此次事变中的态度表示支持。这种高度一致的舆论也激发了日本国民的民族主义狂热情绪。

电信网络是宣传的硬件，离开它，电讯将无法运行，政令传导与宣传将大打折扣，新闻界作为政府的喉舌，与电信业紧密相关。从九一八事变到伪政府成立时，日本政府及军部把电信紧紧握在自己的掌握之中，以政府意志为导向，引导新闻舆论，对内强化修改民众意识，服从其对外侵略政策，对外美化其侵略行为，树立其侵略有理的形象。

国际联盟是在第一次世界大战后，根据战胜国和德国之间缔结的《凡尔赛条约》而设立。目的是维持凡尔赛体系，其最大的使命之一就是维护战胜国决定的国界线，并认为只要这些国界线能够维持的话，世界就是和平的；而这些国界一旦被改变，就会严重动摇国际联盟的存在基础。所以对于国际联盟来说，能否维持国界线的现状是关键问题。在这一背景下，日本从国际联盟设立开始，就与英法意三国并列作

---

① （日）石田文四郎编：《新闻记录集成：明治·大正·昭和大事件史史》，东京锦正社，1964年，第1400页

为四大常任理事国一直主导国际联盟。但实际上，就连在日本外交事务中占重要地位的外务省，都不太清楚国际联盟到底是一个怎样的组织，发挥着什么作用，对此也漠不关心。市民阶层的人更不用说了，对于他们来说这些事情太遥远了，与自己无关。[①]

九一八事变爆发的时候，正好是一年一度举行国际联盟大会的时候。也就是说作为常任理事国的日本践踏了国际联盟的精神，各国十分惊讶并一致谴责日本的行为。

接到九一八事变报告后，南京国民政府在9月19日晚8点召开国民党中央常务会议，普遍认为诉诸国联是和、战之外比较稳妥的一种途径。[②]21日，蒋介石从江西前线回到南京后，指示对日政策，主张"先行提出国际联盟与签订非战公约诸国，以此时惟有诉诸公理也"。[③]于是9月19日，中国外交部电令出席国联大会代表施肇基，向国联报告日本人人侵东北真相，请国联主持公道。诉诸国联的主张还在23日召开的国民党中央政治会议得到了王正廷、孔祥熙等多数与会人员的赞同。12月10日，国联理事会正式通过《关于满洲问题决议案》，决议派遣代表团调查东北事件。1932年1月21日，距离中国代表向国联申诉4个月后，国联调查团正式

---

① （日）佐藤尚武：《回顾八十年》，时事通信社，1963年，第222页
② 罗家伦主编：《革命文献》第35辑，台北中央文物供应社，1968年，总第7893页
③ 秦孝仪主编：《中华民国重要史料初编·绪编》（一），台北中央文物供应社，1981年，第281页

成立，以英国人李顿爵士（Lord Leytton）为团长，故又称李顿调查团，团内成员还包括美国麦考益少将（（Ma j–General Mc Coy）、法国克劳德将军（General Clandel）、意大利马柯迪伯爵（Connta Mares Cotti）、德国希尼博士（Dr.Schnce），以国联秘书厅股长哈斯为秘书长，中国顾维钧和日本吉田伊三郎担任顾问。《申报年鉴》概括了调查团的使命："一、中日两国在满洲之权益，实为此次争议之根本原因，该团对于此项权益，会加以叙述，以作此次争议之历史背景。二、对于争议发生前最近发生之特殊争端加以考察，并对一九三一年九月十八日以后事件进展情况加以叙述。在研究此项争议之过程中，该团声明决不坚持以往行动之责任，而特别注重于寻求防止将来再发生此类行动之方法。三、最后该团对于各项争执点加以考察，并恢复中日间好感之原则，提出数条建议，而报告书即告结束。"[1] 概括言之，只是调查和建议，反映了欧洲各国因自己的原因对中国东北无直接介入之心，并不如国民政府所期待的那般重视。

　　李顿调查团在中国调查 6 个月左右，从 1932 年 3 月 14 日至 1932 年 9 月 5 日，中国政府给予了足够的配合。在李顿调查团来华第二天，国民政府中央宣传部下达了"为国联调查团抵沪严防对该团不满之文字和行动"的电文："查国联调查团业已抵沪，国人宜诚意信任该团兼候调查。故在该团调

---

①《申报年鉴》，上海申报年鉴社，1933 年，第 32 页

查期间，各地应严密防止对该团不满意之文字与行动，免至
该团有不良之印象，而影响外交。"[1]中国方面的配合，用丰富
的材料揭露了日本的阴谋，得到了世界各国的理解。而日本
的回应却异常被动，关东军的独断专行一次又一次地违背了
政府的"不扩大方针"，使日本代表团的解释都变成了谎言，
导致世界各国的谴责之声更加强烈。"已经不能相信日本了，
日本不遵守国际信义"等谴责使日本所处的环境变得更加险
恶。[2]

　　日本无理地坚持"满蒙的特殊权益论"和"满蒙是我
国的生命线"等谬论主张。其理由是说，以前一直在忍受中
国的暴虐行径，这是由于中国的进攻而引发的事变，所以是
"正当防卫"和"自卫权的行使"。日本新闻配合了日本政府
的舆论导向。《东京日日新闻》《大阪每日新闻》与军部紧密
配合举办了各种活动。《东京日日新闻》在 1932 年 3 月 29，
30 日分别刊登了社论《退出国际联盟论》的上、下部分，指
出要为生存而发展。

　　在内阁会议上，军部严厉的言论统制和报纸过于激进的
退出国际联盟论也成了议论的焦点。1933 年 1 月 13 日，高
桥是清大藏大臣在内阁会议上训斥了荒木陆军大臣。

　　对于荒木陆军大臣说的"舆论、国论怎么怎么样"，高桥

---

① 辽宁省档案馆编：《九一八事变档案史料精编》，辽宁人民出版社，1991 年，第
683 页
② （日）内山正熊：《现代日本外交史论》，庆应通信，1971 年，第 145 页

反驳道："在今天舆论和国论都完全被消灭了。只要一说对军部不利的话，宪兵马上就会过来把剑弄得咔嚓咔嚓响，或者是用手枪威胁。舆论和国论已经绝对没有了。言论的压迫没有比今天更严重的了。"①

高桥在 2 月 1 日的内阁会议中向荒木质问："近期的外交都是陆军在指挥，对报纸动不动就宣布退出国际联盟，关于外交都是陆军在声明这些，这究竟是为什么？"对此，荒木回答道："陆军还不是为了宣传吗？"并解释道："报纸要这样刊登，我们也没有办法。"高桥于是指责说："如果报社要这样刊登的话，那陆军又为何不阻止呢？以现在陆军的力量足够阻止。你们这种不加阻止的态度也太不像话了！"荒木陆军大臣闭口不言。②从这个争论可以看出，陆军在舆论引导方面是很有心机的。

陆军省调查班在 1932 年 9 月 30 日向日军各军、师团参谋长传达了《关于指导国内舆论的事项》。针对三个时期分别详细指示了该如何诱导舆论，这三个时期分别是李顿报告书向国际联盟大会提交的 10 月 2 日以后的上旬、10 月中旬和 11 月 14 日以后。指导要领包括，在报告书提交并发表后"不仅要进行感情宣传，还要以理论宣传为主，要让舆论一直领先于国家行动，诱导舆论自发形成"。10 月中旬以后定为"谋略时期"，"是国际联盟大会中各国决定的态度暗中探索、

①《西园寺公和政局》（第 2 卷），岩波书店，1951 年版，第 429 页
②《西园寺公和政局》（第 3 卷），岩波书店，1951 年版，第 14 页

谋略、交涉的时期，要表示国民的决心，最重要的是将其反映到国际政局中"。还有，"整个期间都要努力利用好言论机关""军部的指导要非常秘密地在自然中营造气氛"[①]等。

遵照这一方针，各师团与在乡军人会联手在各地举办了演讲会和展览会，并进行各种宣传和议事活动，让报纸进行报道，非常成功地制造了脱离国际联盟的舆论氛围。日本新闻协会在事变发生两个月后的11月14日，向国际联盟和世界各国寄发了内容为"'九一八'事变是日本自卫权的行使，也是关系到日本帝国的存亡的问题，即使赌上国家的命运，也必须解决这个问题"的声明书。《朝日新闻》在11月17日的社论《向国际联盟理事会的要求》中写道："国际联盟要求日本撤兵，这是绝对不可能的。"并向《伦敦时报》和《纽约时报》发去了电文。

但是，事变是由关东军阴谋发动的这一事实，虽然在日本国内被隐瞒了，但是在国际联盟方面，中国提出了证据并要进行追究，而日本没能提出有力的反驳，陷入了顾头不顾尾的境地。

在以电报电话为依托的媒体时代，李顿调查团的第一次报告，在1932年4月30日以电报的形式从沈阳发往国联行政院，并在5月4日正式发表。20万字的正式报告书则在10月2日在日内瓦、南京、东京发表。国际联盟不承认所谓

---

①《西园寺公和政局》（第3卷），岩波书店，1951年版，第14页

"满洲国"的存在，判定日本阴谋策划的这起事变以及变本加厉的军事行为是侵略行为，为日本的百般外交狡辩做了结尾。日本在正式报告书发表之后，退出了国联。

日本为了在调查团来之前，把已经侵占的东三省分离出来，在 1932 年 3 月 1 日将清朝最后的皇帝溥仪作为执政者，将满洲从中国分离出来，成立了伪政府。斋藤实（海军大将）代替在"五一五"事件中倒下的犬养首相成为了首相。斋藤首相在这个阶段还是继承了犬养首相的方针，没有承认伪满洲政府。急得发火的关东军在 6 月 8 日向日本政府提出了立即承认伪政府的要求。14 日，由政友会、民政会两党提出的立即承认伪政府的议案在众议院大会上得到了批准。就像是在嘲笑李顿调查团一般，伪政府的建设被一步一步向前推进着。

1932 年 7 月，原来担任满铁总裁的内田康哉坐上了外务大臣的位子。内田是外交界的长老，曾四次担任外务大臣，也是满蒙强硬论者的带头人。他和另一个满蒙强硬论者政友会的森恪之间有过关于"焦土外交"的争论。在 8 月 25 日的日本众议院大会上，森恪态度强硬地提出了满洲承认论，而内田外务大臣则用更强硬的态度说应该死守满洲的权益，使森恪非常吃惊。内田外务大臣说："满蒙事件是基于我帝国行使自卫权而发动的。为了解决这个问题，应该举国一致，就算将国家全部化为焦土，也要将这个主张贯彻到底，不能有稍微的让步。"

内田的"焦土外交论"震惊了森恪，森恪继续强调说："如果真的将国土都变成了焦土，就不能达到目的了。为了不致形成这样的局面，事前在对于国民的有目的的诱导方面应该讲究策略，这就需要灵活运用外交手段。"

9月15日，日本政府承认了伪政府，在《日满议定书》上盖了章。其主要内容有两条：一是遵照中日之间以往的条约和协定，尊重日本的权益；二是为了日满共同防卫，允许日本军队在满洲驻留。日本盖这个章就是为了在李顿报告书发布之前造成承认"满洲国"的既成事实。

三、东三省电信主权的丧失

从1895年日俄战争之后，日本逐步确立了在东三省的统治地位。至1930年，日本对外投资的70%在中国的东三省，总额为17.5亿日元，且南满洲铁道株式会社（简称"满铁"）握有1135公里的南满、安奉两路，还控制吉长、四挑、洮昂、吉敦等铁路充当其"培养线"。它还经营大连、安东、营口诸港口以及鞍山、抚顺和新丘钢铁、煤炭企业。开业时有2亿日元资金的满铁，1928年度的利润高达7400万日元。而东三省则提供了日本所需煤炭的64%、铣铁的46%以及大豆的76%。同时，日本工业品大量销往中国东北，仅棉布一项年值4000万海关两。东三省已是日本重要的原料供应地和商品销售、资本输出的市场。

　　现代企业的发展及效率的提升，有很大部分来源于沟通速率的提升。电报在各铁路间的有效运作保证了铁路交通的畅通，同时，铁路的延伸也带动了电信网络的延伸。所以，当日本在东北进行军事侵略时，也在电信事业上进行了侵略。1930 年，关东军就拟定《关于统治满洲占领地区之研究》，第一章《交通通信》就分别对占领地区的铁道、海上及河流交通、道路，邮政以至通信各个项目的对策，进行了规划。九一八事变发生后，日本递信省就"派员十余人赴东三省调查接收邮电事宜"，"研究日满邮电交通联络问题"。[①] 后侵占沈阳的电信设施，占领沈阳电话局、电报局，"11 月 13 日，日本军队在北大营纵火，将长波无线电台焚毁，杀害五名中国员工，位于沈阳马路湾的广播无线电台被日本人占领后用作宣传。沈阳电报局曾于 9 月 19 日被日本军队占领，11 月 16 日正式被日本接收管理，局长是日本人岐部与平，总管理人为日本人饭田"。[②] 原东北电信业管理处撤离到北平，大部分电信职员暂时撤离到锦县临时办公，1931 年底日本攻陷锦县，全部工作人员则撤离到北平。日本人随着军事的推进，陆续占领了沈阳以外的东三省其他地区的电报、电话及无线电局，没收各种设备器材，监视电信职员。东北电信管理处于 1933 年 4 月被国民政府并入河北电政管理局，意味着国民政府完全失去了在东北的电信管理权。

---

① 大公报社论：《承认伪国接收邮政？》《国闻周报》，1932 年第 15 期
② 国民政府中央设计局东北调查委员会：《东北交通概况 电政》，1945 年

东北电信界的职工，基于民族义愤，抵抗侵略，拒绝为日帝、日伪效劳，拆毁设备、线路，纷纷离走，致使电气通讯陷于瘫痪。当然，这些停止运转的设施也悉数被关东军武装占领。日本在 9 月 22 日召开对东北三省政策的幕僚会议，"提出了基于对苏防御关于国防及外交，由新政权委托日本掌握，并管理主要交通通信的基本方针。继而，在 10 月 2 日制定满蒙问题解决方案时，与前述方案一样再次确认将交通、通信由日本掌握的意向。"1931 年 10 月 5 日，关东军住谷主计大尉把当时的奉天日本邮政局局长岐部与平找到办公室，10 月 10 日岐部与平又正式会见高级参谋板垣；两人是同一用意：令岐部与平修理沈阳城内的电话局的自动电话，从此岐部成了关东军的"嘱托"（高级顾问）。同年 12 月至 1932 年 1 月，他又先后去吉林、哈尔滨向熙洽、张景惠传达关东军的命令：恢复电报电话，并与其他省连接。当时，在电信部门和政权部门一样，也拼凑了一个伪组织东北电政监理处，汉奸金璧东任处长，岐部兼任顾问。岐部窜到吉林、哈尔滨指手画脚，就是以伪东北电政监理处的名义而去的。据岐部供称：当时被纳入监理处属下的电报电话局，奉天城内就有 13 家，另外在满铁沿线各城市还有 30 个局。[1]对于东北蓄谋已久的日本在策划武力入侵的同时，鉴于全球经济危机使得市场及经济的争夺更为激烈的同时，各国政府也在想办

---

[1]1954 年 7 月 31 日，岐部与平笔供，《日本帝国主义侵华档案资料选编》，第一卷"九一八事变"，第 416-418 页

法维持国内的形势转嫁国内危机，在九一八事变前，美苏英等国在东北的投资一直呈上升态势。日本无法直接吞并满蒙，所以关东军提出了《解决满蒙问题方案》该方案，实际上是在东四省和蒙古建立以溥仪为首的傀儡政权，这一政权的内外及交通主要由日本掌管。在此基础上，日本石原莞尔提出了"石原构想"，形成了 10 月 24 日起草的《解决满蒙问题之根本方案》，构想在"大总统"下设四院，其中，电信行业由"行政院"下设的"交通部"管辖。关东军对入侵得来的东北地区的设想与日本本部有一定的分歧，但是他们总体的目标是一致的。伪满政府的构建从本质上只是日本转嫁"侵略"名义、堵塞国际舆论制裁的手段。九一八之后的日本在迅速占领东北各地区的同时也夺取了各地的电信机构，控制了当地的电信机构，配合战争需求，关东军修复了东北无线电台管理广播电台。1931 年 12 月 15 日，也就是日本参谋本部批准关东军进攻锦州的当天，关东军决定设立统治部。这个与幕僚部并立的由行政、财务、产业、交通、交涉等 5 课构成的统治部，采取文治主义，七八十名部员大部分来自满铁和关东厅。部长驹井德三也是满铁出身，事变后经陆军省军务局长小矶国昭的推荐，于 1931 年 10 月任关东军财务顾问，实际上是政治、经济最高顾问，他参与了关东军的一切重要策划与谋略。按他建议而成立的统治部，接替了司令部第三课的业务，不但统辖了伪满政府的建立工作，而且成了伪满政府出笼前的代行机构。1932 年 1 月 9 日统治部改称特务部。

1932 年 1 月，东北终于实现了短波通讯广播。与此同时，关东军为进行军事通信、广播宣传及指导已接收的通信机构，1 月 12 日，在军司令部内设立了特殊无线通信部（后改称为特殊通信部），负责进行当时的通信管理，同时就统一整顿前述杂乱的日中各通信设施，开始与特务部进行研究。恰巧致力于修复东北无线电台的满铁职员中谷彦太向关东军中野良次参谋建议，设置民营的通信会社，关东军义请陆军省通信学校干事安田武雄中佐来特务部，专门从事这方面问题的调查研究。

与日本的咄咄逼人之势相对，国民政府在日本武力侵略时，对外一是采取向国联求取公义的做法，二是加强与苏联的关系。对日本发动的侵华战争，国民政府采取了"不抵抗"政策，在国土沦陷时，在交通邮政上采取了撤邮措施。这些措施无益于当时的局势。当时在东北有投资的英美及苏联等国，则因为各自国家利益处于中立的地位。

从自身形势与国际舆论出发，日帝国主义积极在东北寻找殖民代理人，并与溥仪产生了交集。在日本的主导下，双方密切接触，形成了所谓"共识"，在 1932 年 3 月，后为伪政府总理的张景惠发表宣言，10 天后，溥仪同本庄繁以"换文"的形式签订了日"满"密约，将伪政权的国内外安全及人事任免权等"委"给日本。在日本正式承认伪满政府之前，日本与其是在"事实上的关系"之下运行的。日本在伪满"政府"半年后正式承认其成立，此间，日本运用电信等无线电手段进行的"自我辩护"和拖延政策实际上也有一定的成效。

电信作为与国防密切的部门及设施，日本在伪满政府成立之前，对东三省的电信不仅进行了事实上的掌控，并配合日本对中国东北的统治步伐，以条约、协定、密约等正式或非正式的手段固化了自己的利益。

九一八事变后，原东北交通委员会已经崩溃，为加强东三省交通的合作，在关东军的授意下，山口重次、小泽开作等多方奔走，在奉天特务机关长上肥原的指导和满铁的协助下，重新组成了东北交通委员会，主要处理铁路交通等方面事宜，必要时处理电信事务。后该交通委员会在 1932 年 3 月 18 日将其解散，其职能全部为伪满政府交通部所继承。1932 年 7 月 24 日，南京政府交通部部长黄绍雄以中国政府名义宣布关闭东北三省邮政。日本在东北按照日本的方式进行经营统治电信。中国电信网络成为两个阵营。伪满政府成立之后，为日本在东北的电信统治披上了"合法"的外衣。

第三章　磋商与委托：1932—1933

　　九一八事变的爆发主要是基于日本帝国内部资本主义财阀势力寻求世界市场的特殊结果，也是日本封建色彩下军国主义扩张诉求的侵略必然，但其更深层的原因则与近代以来日益形成的全球经济周期密不可分。其形成与1929年开始的资本主义世界大萧条有内在关联。九一八事变是世界性经济不景气引起的日本帝国主义经济与政治危机的全面转化。这一时期，日本以快速和赤裸裸的军力手段侵略中国东三省地区，在内外错综复杂的局势中，为麻痹中国人民，混淆国际视听，掩盖自己侵略的本质，推出清逊帝溥仪作为傀儡建立伪政权。伪政权的建立，使得日本在东北的殖民统治有了某种看似合法的外观，使其侵略统治更具欺骗性、迷惑性。此后，在日本的操纵下，伪政府确立了国防、治安秩序，发展了产业经济，使其在国防、政治、经济、文化等方面与日本形成了紧密的依附。这一切的形成有多方面的历史原因，而其过程则在近代科技手段——国家社会的神经系统即电讯电信系统的广泛使用中得以历史的见证。

一、"条约"中的电信

此处"条约"指的是日本与伪满政府之间的协约以及日本与伪满政权的相关条文规范，但都不符合国际法。

以伪满建国宣言为节点，东三省出现了新的政治态势。1932 年 3 月 1 日，张景惠发表宣言，宣称"当惟礼教之是崇，实行王道主义，必使境内一切民族，熙熙皞皞，如登春台，保东亚永久之光荣，为世界政治之模型"①，大肆吹捧"伪满"是日本"大东亚新秩序"的延长线。而且伪政府在宣言中继续承认了旧有债务。可以说，在日本的操控下，伪满的建立是日本追求自身利益最大化的选择，也含包着事实上意图把东北从中国"独立"出去的意愿。宣言从形式上想赋予伪政权以"国家"的权力，从形式上看，日本与伪政权之间的协议似乎具有了国际法的基础。

近代的电信业不单是一个企业，它还承载着国防的作用，也承载着媒体的作用。侵华的过程中，日本始终坚持把握东北三省的通讯权，"在推行我国的国策上是绝对必要的"。② 日本对中国东三省的电信直接攫取，强行掠夺，在建立伪政权之后，也不断地通过所谓"两国"协约来直接取得东三省电信事业的经营发展权。

①《满洲国建国宣言》，《满洲国政府公报》，1932 年 4 月 1 日
②满铁经调会：《满洲通信事业方策》，"极秘"，第 1 页

发动侵略的九一八事变后，日本承受的国际和国内压力越来越重，如何化解这一压力？日本国内的报纸和通讯社迅速采取行动促使国内舆论统一与转移，释放国内舆论压力。

1932 年 3 月 9 日，溥仪以伪政权的名义同日本关东军司令本庄繁以"换文"的形式签订了日"满"密约。"密约"中规定：（一）伪政府"日后之国防及维持治安"委诸日本，而经费由伪政府负担；（二）"铁路、港湾、水路、本军队航空线等之管理并新路之布施"均委诸日本及日本规定之机关；（三）日本"认为必要之各种设施"，伪政府"竭力援助"；（四）日本人可任"参议"和"其他中央及地方各官署之官吏"，关东军司令官有"保荐"权、"解职"权；（五）以上各项在将来"两国"缔结正式条约时为"立约之根本"。[1] 溥仪 - 本庄繁之间的密约让日本帝国主义企图把中国东北变成日本殖民地的野心昭然若揭，伪政府的国防和治安由日本来维持，实际上已经让出了与国防与社会治安相关的电信管理权。虽然此时由于国际舆论巨大压力等原因，日本政府并未正式承认伪政府，而只是造成"事实上的关系"，但这也只是日本为了不在国际地位上处于被动而做的暂时妥协，也是日本对所扶持的傀儡政权的一种威压，以承认来换取溥仪及其努力的更为屈从。

1932 年 3 月 12 日，日本政府犬养毅内阁公布了《处理

---

① 李倩：《试析双重政治体制下的傀儡政权》《东北史地》，2009 年第 4 期

满蒙问题方针纲要》,"纲要"第一条:"对于满蒙,力求在帝国的支援之下,使该地在政治、经济、国防、交通、通讯等各种关系上体现作为帝国生存的重要因素的作用。"①不仅"将满蒙地区作为帝国对俄对华的国防第一线",还要恢复并扩充日本在东北的权益,"以新国家为谈判的对方"。强调了电信在东北的重要作用,以及电信的国防作用。伪政府建立后,邮政、电报、电话由伪交通部设立的邮政务司管理,为了各国事实上承认伪政府,避免消息外漏等原因,伪交通部总长丁鉴修宣布从 4 月 1 日起强行接受东北邮政及有关接受的七项命令。十天后,《大公报》社评对此进行评论:"伪满接受东北邮政机关,为最近一大事件。邮政本自国际性质,伪国由日本手造,世界周知。承认问题,无从说起。日人乃唆使接受此国际交通之重要机关,逼使各国不能不与伪事实上之接触,以为法律上正式承认之引诱,其计甚狡。"②同时,伪政府向万国邮政联合会发出公告:伪政府"……成立之同时,邮政及其业务,自 3 月 1 日起,已脱离中华民国之羁绊,本总长奉命向各邮政管理局发布命令,对邮政及其业务,开始予以接管。"③民国时期的电报派送需要邮政人员完成,邮政与电信营业经常是一体的,在接收邮政的时候,电信营业也受

---

① 复旦大学历史系:《日本帝国主义对外侵略史料选编(1931-1945)》,上海人民出版社,1983 年,第 65 页
② 《大公报》,1932 年 4 月 11 日
③ (日)满洲国史编纂刊行会:《满洲国史(总论)》,黑龙江省社会科学院历史研究所译,1990 年,第 367 页

到了影响。

1932 年 4 月 11 日日本内阁会议作出了《关于帝国对满蒙新国家的具体援助和指导问题》的决议，其中规定："第一，为确定新国家的财政经济政策，巩固建国基础，并提高对外信用，进而实行日满两国的合理的产业统制，实现日满统一的自给自足经济体，需要有权威的指导者"；"第二，鉴于帝国及新国家的国防及经济方面的需要，新国家的铁路和其他交通机关，须由我方掌握管理实权。"[①]1932 年 7 月 2 日关东军司令部正式提出了对伪政权的通信政策，其中的第三条规定："帝国在满最高指导机关应使日本人特别是帝国将校参与满洲电信电话公司的创设和经营，以贯彻帝国的政策和军事上的要求"；第四条规定："使公司的实权把握在日本方面的手中"。按照上述规定，伪政府的广播不能作为一种传播媒介，而是作为日本帝国主义的传声筒，只能"贯彻帝国的政策和军事上的要求"。[②]要由日本"在满最高指导机关"，亦即关东军司令官指导东北通信政策的实行；还要让日本人特别是日军军官参与东北电信电话会社的创设与经营，以贯彻"帝国的政策和军事上的要求"。在满洲电信电话会社设立时，更要通过投资"使会社的实权把握在日方手中"。

日伪对中国东三省的电信与邮政虎视眈眈，步步紧逼。

---

① 中央档案馆、中国第二历史档案馆、吉林省社会科学院合编：《日本帝国主义侵华档案资料选编 伪满傀儡政权》，中华书局，1994 年，第 6—7 页
② 满铁经调会：《满洲通信事业方策》，"极秘"，第 3—4 页

辽宁和吉黑两邮区一直拒绝日伪的强行接收，尤其是在伪满政府宣布成立后，两邮区服从中华民国停办邮政的命令，关闭全部邮政局所，2000 多名邮工撤退入关。辽宁邮政管理局记录课主任，邮务员徐冠伦被捕，"迫令供报各员工姓名、住址，急遽营救，使得幸免"。①对邮务长则以割断电话线，派警包围寓所相威吓。吉黑哈邮电、吉长辽黑各处的有线和无线电报，都被日军所掌握，长春电报局长田雨霖因漏报军用长途电话被日军逮捕，并迫令熙洽查办。吉林省城之电报局已由日军派员主持。沈阳南满邮政车站邮政局长向邮务局长巴立地密报，当地日本邮政局长利诱其"将我局里情形，向日本电话第五千号报告"。②东三省的电信资产被抢占。

　　1932 年 9 月 15 日，武藤信义与郑孝胥在长春签订了《日满议定书》。议定书明确表明承认和尊重日本在东北的一切权利，明确日帝国军队驻扎在东北境内，共同负担防卫国家的责任"。③《日满议定书》以条约的形式确认了日本在东北的一切既得利益和特权。同日，日本政府发表声明，正式承认伪政府。

---

① 《邮政储金汇业总局、邮政总局关于"九一八事变"以来办理东北邮务情形密呈稿》，《中华民国史档案资料汇编》第五辑 第一编，江苏古籍出版社 1994 年，第 533 页

② 顾维钧编：《参与国际联合会调查委员会中国代表处说帖》，商务印书馆 1932 年，第 393 页

③ 日本外交年表与主要文书（下），文书 215-217。除《日满议定书》外，日本与伪满还签订了三项协定：《关于铁路、港湾、水陆及航线的管理敷设协定》（1932 年 8 月 7 日）、《设立日满航空公司协定》（1932 年 8 月 7 日）、《制定日满两国国防上需要的矿业权协定》（1932 年 9 月 9 日）

1932 年 12 月 9 日日本内阁还特为此而做出决定，并且开宗明义首先强调，东北的有线无线电报电话和广播事业，须"与帝国的国策推行尤其国防上的要求相吻合"。具有特殊意味的是，"决定"以附件要求"日满"间须秘密换文，换文的内容规定为："日满"都对会社的业务进行监督、发布命令和做出认可，但意见分歧时以日方意见为准；日、伪满军"最高机关"虽对会社都可进行指示、监查和提出要求，但伪满政府方面这样做时，"须事先取得驻满日本国军部最高机关的同意。"[1]

在伪满政府成立之后，日本以条约的形式维持着其名义上的独立，服务于其侵略国策。在 1932—1933 年间，伪满政府与日本在东三省的政体上进行不断磋商，同时关东军的咨询机关——经济调查委员会，也致力于制定经济计划。经济调查委员会认为东三省的经济统制必须以"日满"经济集团为前提，进行经济开发，并提出了《满洲经济统制案》，即后来在 1933 年 3 月 1 日以政府公报号外发表的伪政府《经济建设纲要》，此纲要完全由日本帝国主义制定，包括序言、经济建设方针、统制经济之方策、交通、农业、金融、商业、私人产业及结论等部分，明确指出经济建设的四大方针：[2]

---

① 1932 年 12 月 9 日日本阁议决定《关于满洲电报电话事业之件》,《日本帝国主义侵华档案资料选编》第 14 卷，"东北经济掠夺"，第 12–15 页
②《满洲国政府公报》，1933 年 3 月 1 日

一曰 以国民全体之利益为其主观，凡开拓利源振兴实业之利益，务摈除一部阶级垄断之弊必使万民咸享其利而同其乐

二曰 举国内天赋之所有资源 开发无滥而谋经济各部门之综合的发达，特于重要之部门施以国家的统制，切实讲求合理之计划

三曰 当开发利源奖励实业之际，本门户开放机会均等之精神，广求资金于世界，尤应采取先进各国之技术经验，并汇集一切文明精华利用弗遗以收实效

四曰 以东亚经济之融合与"合理化"为其鹄的，先审察满日相依相辅之经济关系而注重其谐协，使相互扶助之关系益加紧密。

其实质是宣扬王道乐土，进行济统制，门户开放、机会均和日伪满满共存等四大重点，要实现所谓"日满一体化"的方针。在经济统制方法上，实行经济调查，对经济计划进行统制，对有关国防、公共、公益的重要事业实行官营或由特殊会社经营。《纲要》明确要统一电信，并对电信业务进行扩充，与日本对中国东北的统制相合。在 1932—1933 年间，日本与伪政府在统治东三省上是以条约磋商等"平等"方式下的合作，以实现对中国东北的统治。为了攫取更多的利益，日本在政治和经济上所采取的手段都包装成"合法"的形式。

为了配合日本在东北的殖民统治，日本打着"统制日

满电气通信事业"的口号，原分属于关东军、伪交通部、满铁、关东厅递信局四方的电信权力机关也开始逐步整合。伪交通部邮务司只是按照政府组织法名义上掌管电政、邮政权力。日本利用其与伪政权的关系签订了一系列的条约，从条约上把电信业划入与国家安全密切的部门，掌管电信权力。

在实际权力的攫取中，日本与伪政权也签订了一些更为直接的条款增加对东三省的掌控。一是所谓的《中国问题处理方针要纲》，内容共七项，它规定了日本在东三省的主导地位。如第一条："关于满蒙，在帝国之支援下，务使该地在政治、经济、国防、交通、通信等诸多关系上，能体现出帝国存在这一重要因素的效能"，以及第七条："为贯彻帝国关于满蒙的政策，必须迅速设置统制机关。"① 二是《满蒙新国家成立后对外关系处理要纲》，虽然是作为对外关系的方针，但在第六条中也规定了："关于外交及内政的实权掌握问题，初期尽可能采用少数日本人担任官吏或顾问，逐步加以充实。"② 在这些文件指导下，日本通过政府机构的设置及向伪政府各机构委派官员及顾问，实际上控制着伪政府及其内政外交。

从九一八事变到伪政府再到日本承认伪政府，日本在不断地通过与伪政府的"条约"强化其对东北的统治，强化伪政府的傀儡性质，"和约"中也逐步加强了对东北电信的统

---

① 中央档案馆、中国第二历史档案馆、吉林省社会科学院合编：《日本帝国主义侵华档案资料选编 伪满傀儡政权》，中华书局，1994 年，第 4 页

② 中央档案馆、中国第二历史档案馆、吉林省社会科学院合编：《日本帝国主义侵华档案资料选编 伪满傀儡政权》，中华书局，1994 年，第 6 页

治。然而，日本并不满足于"和约"形式的参与，它想直接对中国东北电信事业进行统治。因为电信事业不单具有国防、宣传等政治性，还具有企业的盈利性。1933 年 3 月 26 日，日本政府与伪政府签订《关于设立日满合办通信公司的决定》，最终决定在东北合办通信公司作为管理机构，统一管理东北电信业务，正式开启了以"国策会社"形式对东北的电信统治。双方决定在当年建立满洲电信电话株式会社作为统一的管理机构经营东三省内的电信事业，投资共 5000 万元，双方各自任命 15 名委员并设立委员会。

二、"合办"通信的提出

日本非常注重东三省的电信统治。伪政府建立后，日本通过各种条约强化了其在东三省的各种利益，东三省的电信事业名义上划归交通部管理，虽然这与事实并不相符，但日本仍不满足。在此期间，各方讨论了如何管理这一业务的问题，最后也成为了伪政府的"官方经营"。然而，在东三省旧有的电政系统中，有政府自营设施，有俄国经营的设施，有日本经营的设施，还有民营设施，系统错综复杂，其普及和使用状况也有很大差异。因此，由于企业的合并而导致资本的双重投资，不仅带来巨大的不利和经济损失，而且由于系统的不同运作，相互联系几乎变得不可能，从用户的角度来看，这是不利和不便的，这严重阻碍了通信任务的实现。因此，中国东北的文化和产业经济的迅速发展和兴盛，迫切需要建立一个综合机构，以充分执行通信在政治和国家防御方面的特殊重要使命。

电信行业需要巨大投入，初期沉没资本较多。当时东三省的通信设施的普及程度非常低，对于建设这个地方来说，需要大量的资金。电信业与国防关系密切，是政府密切关注的产业。电信业又是公共事业，公共事业在理论上可以由国家自己经营，官营明显比民营具有易管理的特点，而在日本和伪满政府经营的电信事业作为一个整体经营时，存在如何避免双方"主权"之间关系的根本问题，以及如何筹集所需资金等各种问题。

发展电信业的资金和电信的管理的矛盾，使得采取官营还是民营的管理方式上产生了争论，官营方式与日本经济危机国家资本主义的膨胀和军国主义的兴起有关，"一是能有效保守国防机密；二是军事上有优先使用的便利；三是可以成为公益事业；四是民营涉及法人的归属国问题。主张私营者认为：所谓'民营'，即可办成如'满铁'一样的半官半民的会社，置于国家严格监督之下，又能广泛吸收民间资金，迅速改善扩大设施，官营不易排除不讲求效率的弊病。"[1]

对于伪政府产业管理的选择还与日本此时流行的国家资本主义思潮有重要的关系。20世纪30年代左右，面对经济

---

[1] 沈燕：《伪满电信电话株式会社》《朝阳文史资料》，2005年，第135页

危机，日本多年由自由资本主义经济发展起来的经济体系，已不能适应时代的需要，日本各界人士不断地寻求改变日本经济状况的途径，从他们各自的立场阐述了不同的主张，比较有影响力的以北一辉为代表的国家主义经济思想曾和学界中以野吕荣太郎、猪俣津南雄等马克思主义学者为代表的日本资本主义论战；还有小岛精一等提倡的计划经济思想，财界中以中岛久万吉、乡诚之助为代表的"自我革新"思想，政界中以岸信介、吉野信次等为代表的强化经济统制思想，军部则有以石原莞尔为代表的统制经济思想等。这些思想都带有国家统治的色彩。

受苏联推行的五年经济计划的影响，日本国内出现了参照苏联的某些经验对日本的经济体制进行改革的思想动向。在这方面，小岛精一、有泽广巳、藤由敬三等学者在当时颇有影响。小岛精一在《日本计划经济论》中写道："近二三年间，资本主义备尝苦恼，现已陷入极度衰弱状态，到了必须放弃独自的救济之策而试投计划经济新药的时刻。事态至此，吾等已无需议论计划经济的当否，当务之急是更进数步，有组织地提出计划经济的具体方案。"[①] 否定自由放任的经济政策，要有计划地开发国内资源，建立强大的国家计划机关如经济参谋本部、国家资源开发局、国民投资局等，制定合理开发国内资源的计划，并在国家的统治之下实施。小岛等人

---

① （日）小岛精一著:《日本计划经济论》，千仓书房，1932 年，第 5 页

的计划经济论影响不可低估，事实上后来成为统制经济直接推动者的新官僚和军部人士一定程度地接受了这种计划经济的思想主张。

统制经济思潮的出现为日本走向统制经济时代做了必要的准备，侵占中国东北则加速了实行统制经济的进程，官僚和军部直接推动统制经济体制建立，且以岸介信为首的"满洲帮"，直接在中国东北推行了统制经济实验。

岸信介有"昭和的妖怪"之称，他不仅与战时统制经济有着很深渊源，而且还是活跃在战后的重要政治人物。早在1926年和1930年，在商工省任职的岸信介曾两赴欧美，重点考察德国在"国家统制化"名义下开展的产业合理化运动。在这个过程中，岸信介考察了德国的产业合理化运动并接触了苏联推行的计划经济，由此萌生了统制经济思想。当时正值1929年经济大危机爆发，岸信介的考察报告引起了滨口雄幸内阁的注意，滨口内阁遂责成商工省负责推进日本的产业合理化，由此，该省成为了制定和实施危机对策的核心。在商工省次官吉野信次和岸信介、美浓部洋次等主持下，制定并实施了《重要产业统制法》《工业组合法》《出口组合法》等一系列法律，展开了政府对大企业和中小企业的干预。由于在商工省的出色表现，岸信介逐渐引起了军部方面的注意，他所倡导的统制经济与军部的"国防计划经济体制"相合。1932年，他结识了陆军省军事课的铃木贞一以及刚从中国东北回国的军部人士有末精三等人，由此，岸信介与军部发生了联系，其经济思想也逐渐向战时统制经济转化，成为军部所认为可以实现战时经济统制的人才。

在日伪的经济统制政策中，特殊公司制度占有重要地位。所谓特殊公司，就是日伪官方或日本资本家与伪政府，或日本资本家单独出资经营的企业，它带有官方或半官方的性质，独立地从事重要资源的开发或基础产业的经营。这种特殊公司，都是垄断某一行业的大企业，在日本榨取中国东北的经济中起着特殊的作用。

1932 年 4 月，关东军命令"满铁经济调查会"第三部第六班拟制《满洲电信及广播事业统制方案》。1932 年 7 月 23 日，关东军司令部正式提出一套方案，这是日本明确提出对于东北伪满电信事业的总体原则和办法。其中第三条规定日本帝国将校参与伪政府"电信电话公司的创设与经营，以贯彻帝国的政策和军事上的要求"，并强调将"公司的实权把握在日本方面的手中"；第四条规定帝国政府在东北电信电话公司"筹措资本时，使之主要向事业上直接有关方面募集，并加以指导使会社的实权把握在日本方面的手中"。[①]1932 年 12 月 22 日，日本政府批准了外务省关于《日满关于缔结满洲国通信条约草案》。

1933 年 3 月 1 日，伪满政府的《经济建设纲要》，明确实行国民经济统制[②]：

---

① 满铁经调会：《满洲通讯事业方策》（极秘），第 1 页
② 伪满《经济建设纲要》，《满洲国政府公报》，1933 年 3 月 1 日

　　一　带有国防的或公共公益的性质之重要事业，
以公营或令特殊公司经营为原则
　　二　在上项以意外之产业及资源等之经济事项委
诸民间自由经营，但为注重国民福利维持其生计起见
对外于生产消费两方面施以必要之调剂。
　　……
　　五通信
　　甲　国内通信以统一联络为主体，对于海外通信
亦力图便捷扩充
　　乙　统一经营有限无线之电报并改良扩充经济干
线及附属支线又主要都市之电话设备及放送设备亦实
行改良与扩充

　　电信事业具有国防性且具有公共性，从伪政府的角度为
东三省电信整顿提供了依据。对于经济目的及所缺少的资金，
也提出"以东亚经济之融合与'合理化'为其目的，先审察
满日相依相辅之经济关系而注重其谐协，使相互扶助之关系
益加紧密"，实际上对日本在伪政府的经济的地位给予了政治
上的肯定，为日本资本为主体的特殊公司提供了法理依据。
　　日本与伪政权在通信事业上是双重投资，且双方有竞争
关系，不仅不能发挥通信事业的机能，还违反了伪政府成立
后的"亲善"关系，而对帝国推行国策特别是国防上的要求

也不利。经过日本思想上的整理，关东军认为采用日满合办、半官半民的会社组织形式改善和统一电气通信事业，是最为恰当的方式。1932 年起满铁对即将要成立的公司给予了各种准备。

日伪满两方经过周密的谈判协商，在双方的共同监督下，成立了日"满"合办、半官半民的特殊公司，以此来合并和统一日满的通信业务，并吸收私人资本，改善设施，从而实现合理经营，这走所谓"合法的"路线。以日本为主导方的日本与伪满关于设立的双方合办的通信股份有限公司协定在 1933 年 3 月 26 日由双方全权委员会签字，在 5 月 16 日由溥仪签字盖章公布。[①] 在伪政府公报中对此进行了详细的记载，关于这一条约有中日两种文字，根据条约规定，以日文为主。条约的名称为《关于设立满洲满日合办通信公司之协定》，共 23 条。

从名称内容和条约内容看，新成立的电信公司的名字以"满洲"为前命名，而不是一些著述中称的"日满"，其内容有以下地方值得注意：

（1）公司的性质问题。公司号称日本与伪政府双方合设，该公司所管理的通信事业以日本占领区与伪行政区为主，不包含专用的铁路航空及政府和警备电信网络，意味着成立后的公司以民营电信为主要业务，所有业务必须服从双方的

---

① 《关于设立满洲满日合办通信公司之协定》，《满洲国政府公报号外》，1933 年 5 月 16 日

命令，包括为其他专用网络服务。该公司享有"官营事业者相同特权"，但也履行国家企业的义务，提供"铁路航空警备"等必要的通信义务。公司适用于双方法律解决公司的问题，但以公司体制运作，其运营具有独立性，在第十三条明确规定，因军事等问题使公司利益受损时，需要"补偿"。双方"政府"在公司的存在上占据绝对的权力，"两国政府认为本公司有解散之虞时得以相当价格收买本公司所有之电气通信施设及其附属设备"。但是根据条约设立的双方合办股份有限公司国籍归属问题，我国研究者认为该公司可能完全由日本管理，实际的经营管理权在日本，所以很少对此进行探讨。而作为满铁的关系会社，日本对此也是有疑惑的，有人认为该公司是双重国籍。①

（2）公司资本组成为有限股份制。协议对公司资本来源做出了规定，由双方所管理的设备充作股份，伪政府和日本股份比例，由日本完全操控。该公司投资以政府为主体，兼容其他公司及民间投资。关于双方设施作价问题，双方在协议的批准过程中对第四条做出了协调谈判，武藤信义与谢介石在照会中达成共识，公司名义资本5000万元，100万股，"日本国政府之出资不含在间岛方面之电气通信施设关东州芝罘间海底电线及佐世保关东州间海底电线，并日本国政府

---

① 《满铁铁道株式会社第三次十年史》对九一八事变后满铁投资进行统计时，对于伪满电信电话会社的国籍提出疑问，"是否应看成具有日满双重国籍？"《满铁档案资料汇编 第二卷 巨型殖民侵略机构——满铁》，社会科学文献出版社，2011年，第400页

现物出资之价格定位日本国币一千五百万元以上一千八百万元以下",而伪政府"现物出资之价格定为日本国币四百万元以上六百万元以下"。[①] 日本的现物资产要远大于伪政府所拥有的资产。在公司成立时,双方商定日本政府出资 1650 万日元,33 万股;伪政府出资 600 万日元,12 万股;按照约定是现物出资,占资本总额的 78%。[②] 股权利益分配时以民营股份优先。

(3)公司董事会和监察人人员任用由双方"政府"认可。在公司成立之前伪政府和日本各派设立委员 15 名,受两国政府监督,办理关于设立公司之一切事宜。设立委员会根据双方政府认可订立规章,进行招募股东,设立公司,并在股东第一次缴款之后召开创立会,创立会设立委员,最后移交公司。

公司董事和监察人员必须是伪政府人员和日本人,人数根据持股多数决定。因为日方持股较多,巨额股东就自然而然地成为董事会主要管理和决策方,掌握了公司的命运,而伪政府人员一方虽名义上为共同出资的合伙人,但在公司内部毫无话语权。

除了针对通信的这一具体措施,日本内阁还在 1933 年8 月 8 日通过了《"满洲国"指导方针要纲》的决定。政治

①《日本帝国特命全权大使武藤照会》,《满洲国政府公报号外》,1933 年 5 月 16日

②伪满电信电话株式会社:《统计年报》(1933.9.1—1933.12.31),第 14 页

上，"对于满洲的指导，根据现行的制度，在关东军驻满洲司令和大使的内部控制下，主要是通过日本官员进行实质性的指导。"经济上，"以日满共存共荣为指导思想，凡属受到帝国国防要求制约的部分，均应置于帝国的实权之下……"。另外，"交通与通讯，由于同国防及治安关系密切，因此，应在帝国之实权下，尽可能迅速地统一健全和发展各项设施"。[①]《要纲》具体体现了日本帝国主义对我国东北地区统制政策的基调，明确规定了日本对伪政府的政治、军队、经济、财务、交通通信等各方面的控制方针。

三、"电电会社"的成立

日本与伪政府在中国东三省虽然达成了某种程度的一致性，但并不意味着所有行政事务的完全统一。在电信事业上，双方就存在着某种程度的对立，由于系统的不同运作，相互之间的联系效率相对低下，双重的投资也会带来经济上的不利和损失，不利于用户和通信任务的实现。在伪政府建立之后，新兴的文化和产业经济的迅速发展和兴盛，迫切需要建立一个综合机构，以充分执行通信在政治和国家防御方面的特殊重要使命。

相对于日本本土来说，中国东北当时的通信设施的普及

[①] 中央档案馆、中国第二历史档案馆、吉林省社会科学院合编：《日本帝国主义侵华档案资料选编 伪满傀儡政权》，中华书局，1994年，第26-27页

程度非常低。日本直接侵占东北的土地和满铁的附属地的面积大约 3700 多平方千米，户数 22 万多，人口 130 多万，伪政府当时面积大约 141 万多平方千米，[①] 约为日本本土面积的18 倍，相对于日本本土，中国东北三省的人口密度低，有线电信电话的线路、电报的利用率以及电话的利用率都很低。东北三省的电信事业在伪政府成立之后依然处于日本和伪政府的双方统制之下，这与电信要达到的互联互通的目的不符，在实际的电信联络中也有技术、实践、符号、方式手续的对接困难，对于日本在中国东北的统治和日本要展开的侵略政策都是不利的。日本在九一八事变之前和之后一直关注电信的建设，而这个建设需要大量的资金。无论日本政府还是伪政府，都不能解决。满铁在"电电"公司的成立中起了重要的作用。

　　事变前的中国东北，日方和伪政府的同种通信事业互相对立，形成双重投资局面，通信联络方面也有很多缺点，造成了无益的竞争，阻碍了事业的发展。这不仅不能发挥通信事业的机能，还违反了伪政府成立的"亲善精神"，而对帝国推行"国策"特别是国防上的要求也不利。关东军司令部看到了这一点，认为采用日满合办、半官半民的会社组织形式改善和统一电气通信事业，解决这一社会的和国家的重要悬案是最为妥善的捷径。"从昭和七年以来，我社在向中央政府

----

① 这些数字因为统计机构和年代不同，不一致，所以采用 1932 年约数。日本所占面积虽小，但多为中心城市，所以在"电电"股金作价时远高于伪满

献策的同时，进行了种种准备工作。"①

满铁对于即将成立的"电电"公司的目的，一是实现电信的互联互通的高效性，二是要实现日本与伪政府的"亲善精神"，从而达到日本在中国东北的统制和实现军事上的侵略。

在"电电"协议中，日本和伪政府作为经营电信事业的整体，保证了公共事业与政府相关的密切性；"电电"公司具有较大的独立性，又有了筹股的权力，可以获得公司开展的资金；以企业的形式运行，一定程度上避免了双方关于"主权"关系及认定等问题。

根据双方协定，日本在1933年5月16日、伪政府在同月24日各任命15名成员成立委员会，委员长为山内静夫，副委员长孙其昌，在29日、30日和31日在长春召开筹备委员会第一次会议，对于重要事项进行了讨论并向双方汇报。6月5日决定在大连的日伪满满合办通信会社设立总部，为了与双方保持随时的联系，在长春和东京都设立了办事处，筹备委员会人员由日本与伪政府管理及相关人员组成，7月14日会社成立申请提交伪交通部，15日伪交通部指令第九十三号文件批准设立。8月29日、30日筹备委员会第二次会议在长春召开，8月31日总部成立，根据协定制定的相关业务规定及资金也纷纷投入。

_____

① 《满洲电信电话株式会社的成立和满铁的投资》，苏崇民主编《满铁档案资料汇编 第6卷 水陆交通和运输工人》，社会科学文献出版社，2011年，第210页

　　会社的开设资金建立在日本和伪政府双方约定的物资基础之上，除了统治原有的电信，需要把原有的电信连为网络，在需要的地方设立电信、电话和广播业务的业务管理局，并在关键地点设立管理这些业务管理局的部门。为了加强电信网络的便捷性，还派出在日本的机构，在东京分社和大阪、新潟、下关、敦贺设立了事务所，等等。公司所进行的整顿与计划都与资金的投入有密切的关系。单纯从经济的视角看，"电电"是一个具有完备公司建置和发展计划模式的公司。其所要推动的电信网络和公司运作需要资金的支撑，这些在日本与伪政府双方协议时已经对此进行了约定。按照约定，公司还要进行股份的招募，从现有资料来看，由于公司属于当时的新兴发展产业，日本方面的股份招募顺利。从三井、三菱等老牌大型垄断财团及日本广播协会共募集资金 2250 万日元、30 万股，日本方合计占了"电电"出资额的 78% 和股票额的 60% 以上。这一公司的推动者——满铁在该成立之后分别在 1933 年 8 月、1936 年 11 月进行过资本认购与补缴，向成立的电信公司注资，实缴资本共计 3500000 元，[①] 持股比例约占公司股份的 7%，所有公司股份实缴资本不足应缴资本。在南满铁道株式会社的会报中对这两次股份投资有记录。1940 年 2 月满铁持股出让。伪政府方面，伪政府中央银

---

① 一记载为：满铁投资实缴 3500000 元。南满铁道株式会社：《关系会社统计年报》1938 年，第 1273—1274 页。另一记载为：实缴 3625000 元，出资率占"电电"7%，1936 年利润率为 6%。《伪满电信吉林省社会科学院藏满铁资料》，《满铁档案资料汇编 第二卷 巨型殖民侵略机构》，第 411 页

行为 5 万股，从民间募集资金 500 万日元。[①]伪政府剩下的都向民间招募。[②]11 月，溥仪接见了"电电"公司总裁山内静夫等 9 名职员并发表训词："满洲通信会社，……开始经营。为时不过三月，而已观成有日，闻两国公募资本，各界人士争相认缴，我满洲已超过股额二十倍，日本则更超股额、竟达四十五倍。……举如便利国防、发达文化、安良除暴、通商惠工，凡国内外公私事业，实与之息息相关，必无一处不脉络贯通，无一事不精神团聚，而后通信会社之裨益我国群众者，宁可数计，此固予所殷殷期望，亦在事诸君子所宜互助策励者也。"[③]可见，"电电"公司股份对于商业资本具有一定的吸引性。

1933 年 8 月 31 日，满洲电信电话株式会社成立大会召开，正式宣布满洲电信电话株式会社的成立，9 月开始正式营业。业务的开展也直接由日本政府监督办理，会社是日本和伪政府管理东北电信业务的最高机关，但是其内部管理和主要业务也都由日本人掌控，这些都体现了会社的殖民性质，是由日本垄断经营的电信业管理机构。日本和伪政府把双方的电气通信设施以股份的形式归于伪政府电信电话株式会社。《满洲电信电话股份公司章程》第 37 条规定："本公司设董事五人，监察三人"，"董事及监察人总数中两国国民所

① 关东军经理部：满洲电信电话株式会社概况，C14030513900，1934 年 6 月 28 日
② （日）矢内原忠雄：《满洲问题》，东京：岩波书店，1934 年，第 95 页
③ 辽宁省档案馆编：《溥仪私藏伪满密档》，档案出版社，1990 年，第 37 页

占比例，以其选任全体董事和监察人时所属国之政府、公共
团体及法人所持股数之多寡，为标准而定之。"[1] 创立时职位
一览表。[2]

"电电"创立时职位一览表

职位	姓名	前任职位
总裁	山内静夫	陆军中将
副总裁	三多	奉天皇陵守护
理事（总务部长）	井上乙彦	陆军中将
理事（营业部长）	前田直照	递信省
理事（经理部长）	西田猪之辅	满铁
监事	西山左内	关东厅
监查役	范培忠	哈尔滨电政管理局副局长
监查役	八木闻一	满铁

　　会社刚成立时，总部临时设立在大连，内设总务部、营
业部、技术部、经理部和东京办事处。总务部下设文秘课、
人事课、调查课、监查课；技术部下设庶务课、线路课、机
械课；经理部下设主计课、用度课、营缮课，各部各司其责，
对中国东北境内的电信业进行统制管理。这些部门因形势的
需要也有所变更。1934 年会社新总部在新京大同广场（即现
在长春人民大街 2599 号）开工建设，1935 年 8 月竣工。此
后，满洲电信电话株式会社总部迁往新址长春。

① 哈艳秋：《伪满 14 年广播历史概述》《新闻研究资料》，1989 年第 3 期
② （日）白户健一郎：《满洲电信电话株式会社——基于媒华史的研究》，东京创
　　元社，2016 年，第 51 页

设立了职员培训机构，在长春、大连、大阪设立了职员培训机构；在公司总部设立了中央保健局作为职员保健机构；在大连、奉天、哈尔滨、齐齐哈尔设立了保健所等。如果不以政治的眼光看，这是一个较为完备的公司建置和发展模式。

第四章 统制与整顿："电电会社"

日本帝国主义对中国东北乃至整个中国的觊觎之心是不争的事实，但在当时的国内外情况下，日本很难以独占的方式吞并已经得到的东北三省，它不断地致力于让东三省成为一个表面上独立的所谓"国家"，也试图以此情感来对抗当时的国民党政府的国家观念，同时也以"皇道"宣传妄图以此来引导东北人民对日本的顺从。在经济与交通领域，日本则是以"建设"的名义进行了攫取式的掠夺，形成交通网络，以一种非直接的方式——会社——实现日本事实上的统治，推进交通和电信的发展以强化其政治上的统治，达到其侵略的最终目的，伪满电信电话株式会社成立并掠夺东北电信直到日本投降。

一、"电电会社"概况

"电电会社"公司作为商业运营组织，总部设在长春。公司的相关制度经过日本和伪交通部陆续批准，正式运行。关于会社的管理机构，根据会社章程规定，设董事5人，监察3人，并对董事和监察人员做了规定，董事和监察人的定额总数以双方所持有公司股份数额来确定，从持有 10 股以上的股东中选出，所选出的监察人和董事之任命与卸职，都需经日本与伪政府双方批准。在 5 名董事中选出总裁 1 人，副总裁 1 人，理事 3 人，公司董事（取缔役）任期 3 年，公司监查任期 2 年，在 3 名监察人中选举监事 1 人。总裁代表会社兼任董事会议长，管理会社一切业务，副总裁在总裁有事时可以代行职权。

总部除最初设立的四个部门，公司成立后一年总部的设置已经有了一定的调整：

总务部	文书课	人事课	调查课	监查课
	社员养成所			
营业部	业务课	规划课	外信课	放送课
技术部	庶务课	线路课	机械课	无线课
经理部	主计课	会计课	用度课	营缮课
东京出张所				

伴随"电电会社"公司各项业务的持续发展，其内部设置设立的部门、机构以及管辖管理范围也不断地扩展。会社在 1938 年，对内设部门及机构进行了再次调整，将原有的 4 个部门改为 5 个部门，分别为：总务部掌管文书、人事、调查和考查等事务；广播部掌管广播、无线电话、广播接收机器的相关购买销售；电务部掌管电信、电话、无线电信以及

无线电话等业务；技术部掌管电信、电话、无线电信、无线电话及广播无线电话等技术事项；经理部掌管预算、决算、会计、股份、费用财产管理及营缮等事务。后因物质需求的缺少，在 1939 年 4 月又将原来经理部一科的物资科独立为需品部。1941 年 4 月，该公司决定设立监察官，监督公司业务的运行状况，以促进公司的发展。太平洋战争后，公司成立了一个简明的机构，于 1942 年 4 月对总公司机构进行了重大改革，创设了 1 个临时行政部，文书科、人事科和总务科三个临时行政科作为临时行政部的直属机构，并将电务部和广播部合并，成立了一个业务部，将需求部并入会计部，同一时期为了避免牵涉与特别行政有关的处置事务，又成立了一个特别行政委员会，作为三部、三科、一个委员会和一个监察官，与技术部和监察官一起。总公司的 8 个外局分别是广播总站、消费者事务所、经理部罗津事务所、技术研究所、中央中继控制所、建设事务所、新京中央工作局、器材试验所等。公司成立时，总公司的总经理由董事和技术总监（作为员工，作为董事）担任，但后来随着部门的增加，采用了董事和员工混合部长制。1941 年 4 月，采用了员工部长制。董事专门参与公司业务的政策和方针，担任最高业务指导，普通业务由员工部长负责。1942 年 4 月完全采用了董事部长制。

公司下设大连管理局、奉天管理局、新京驻在员和哈尔滨管理局，作为现业局及工务所的指导监督机关，1935 年 10

月，在原有的基础上，在承德设立地方局，1938年，考虑到东北东部的工业、文化、经济和防御方面的特殊情况，在牡丹江设立了管理局，并于4月将承德地方局升格为管理局。管理局的管辖范围也在经常变更。

公司除经营东北地区的电报、电话、广播外，还可以经营与之配套的业务，但不包括铁路、航空业务的配套业务和政府机关、警务专用业务，公司专门以公众为对象经营通信业务。根据建设伪政府时所决定的"经济建设纲要"的宗旨，统一经营东北地区的有线无线电信，改善经济干线及其附属支线，改善主要城市电话设施，改善广播设施。"电电会社"经营的民营电信业，包括有线电信电话事业、无线电信电话事业、放送无线电话事业，其他电信事业和伪政府及日本双方认可的电信事业。成立之后，又根据会社业务情况，对于下设的电报实体经营机构分为11类，包括（1）电报电话局，经营电报及电话交换通话事务；（2）电话局，经营电话交换及通话事务；（3）电报局，经营电报及电话通话事务；（4）无线电报局，经营无线电报事务；（5）放送局，经营放送无电话事务；（6）通话所，经营电话通话事务；（7）电报电话取扱所，经营电报电话交换通话事务，包括邮政委托业务；（8）无线电报取扱所，经营无线电报事务；（9）电报取扱所，经营电报事务；（10）通话取扱所，经营电话通话事务，包括个人委托业务；（11）电报通话取扱所，经营电报和电话通话事务。电报电话业务委托邮局、车站、船舶、县公署、开拓团等设立电报电话处理站和呼叫处理站作为电报电话业务的委托机构，并分别设立建筑和无线电施工站作为负责通信设施建设和维护事务的机构。

鉴于广播事业的重要性，1935 年 4 月，将原来营业部的一个部门——广播课独立设立。1938 年 4 月，设立了专门负责广播收听用接收设备的供应业务及收听加入事务的广播营业所（1942 年 4 月改称为广播普及局），同年 12 月，在管理局所在地设立了修缮所（1942 年 1 月改称工作局），作为电信设备的工作及修理机构，旨在完善通信设施自给自足体系。1940 年 1 月，设立了无线电技术局，作为处理无线电电报、无线电话和广播无线电话技术业务的机构，1943 年 4 月，为了在政治、经济或军事上的重要地点，远离管理局所在地的偏僻地方，促进业务管理的发展，并将协调其他联络等，指定锦县、安东、通化、北安、延吉、东安、佳木斯、白城子、海拉尔、孙吴各电报电话局为指导局。

在东京分公司和管理事务所公司成立时，在东京设立了办事处，作为业务的联络机构。后来，为了迅速应对公司事业的突飞猛进，1939 年 4 月在大阪设立了办事处，以争取物资和筹集资金。1941 年 4 月将东京办事处升格为东京事务局，并将大阪办事处改为大阪事务所，隶属于东京事务局。之后，1943 年 4 月，东京事务局重新设为分公司，旨在提高和加强内地中枢机关的地位。1939 年 10 月在新潟、1941 年 10 月在敦贺、1942 年 10 月在下关设立了办公室，以图营商运营网络的扩展。

电信事业是具有高度公共公益性的事业，尤其日本对控制中国东北电信事业"国防性"的要求，所以公司不会因为经营主体的官与民而动摇，政府对公司有必要的管制监督。同时，由于公司是日本和伪政府的特殊法人，是代行国家政策的机关，也有了一些特殊性：

（1）业务受双方的监督，股东仅限日本和伪政府双方的人，以保证公司的绝对控股权力；

（2）广泛免除税收，避免其他公共事务，免除因经营电信而产生的损害赔偿等；

（3）在经营业务需要时，如土地使用、电力线路建设、交通工具使用、收费等，享有与政府业务相同的特别权利；

（4）在业务需要时，使用铁路和航空业务的电信设施或专用保安的电信设施；

（5）限制对公司设施和其他附属设备的扣押；

（6）由于成立的宗旨和业务的性质，公司还具有作为东北的预备通信部队的特殊使命，在战争时与军队作战通信，构建电信网络通信和军事合作，在建立治安、加强政治经济实力、进行文化活动等方面发挥了重要的作用。

"电电"的成立意味着东北电信事业在名义上实现了行政的统一。其经营有线及无线电报电话、无线电广播的通信公司，事权的统一使得信息通信网络的构建有了实现的可能，也是在资料中经常见到的"一元化"。"一元化"与经济上的

"统制"两字是相对应的，这两个概念内在有一致性，视角略有不同。"一元化"更侧重于业务和营业的整体性，"统制"更侧重于宏观的政策调控，同时也兼顾营业管理的一体化。在电电公司成立之后，以"国策会社"的方式运行管理东北地方的电信业务，直接体现了政府的统制性，电信业务上也有互联互通的要求，在业务的推行上也要求业务的一元化。

1936 年 10 月伪政府以敕令的形式颁发并实施《电信法》，[①] 划定东北电信事业之经营范畴、经营原则、资格审查、监督权限等一系列条款，与之相配套的法令陆续还有：1935 年 6 月颁发的《暂行无线电电信资格审查规程》，1936 年 10 月颁发的《广播收听无线电规则》，同年 12 月颁发的《电信业务特别许可规则》与《电信设施规则》。1937 年 3 月颁发的《关于公署用电器通讯施设之件》与《关于公署用电器通讯施设规则》，1940 年 7 月颁发的《防空通讯规则》，1941 年 1 月颁发的《加入电话统制法》等。

1937 年初发布的《满洲产业开发五年计划纲要》中，详细制定了交通通信建设规划，其中通信事业建设所需资金指标为 5000 万日元[②]。诺门坎战役之后，伪政府推行以交通设施建设为主线的"北边振兴计划"国策，其中通信设施建设的计划规定：由电电公司负责加速大干线的电缆化以及建设为

---

①《电信法》(1936 年 10 月 8 日)，《满洲国政府公报》，1936 年 10 月 8 日
②（日）满洲国史编纂刊行会编：《满洲国史（总论）》，黑龙江省社会科学院历史研究所译（内部发行），1990 年，第 555 页

开发地区的电气通信网，并规划利用辅助设施建设新设有线电线路，全长约40000公里。除此之外，新设广播电台，设置广播塔50台，公共收听设施约2000处[①]。1942年12月伪政府发布推行的《基本国策大纲》中强调继续加强在通信设施上的整备与扩充。伴随上述计划的逐一实施，作为国策落实主体的电电公司极大地扩展了电信网络，配合了伪政府的"国策"。

二、"一元化"电信网络的构建

1. 既有电信网络的整顿

1933年9月1日，电电公司成立的同时，日本与伪政府在东三省的电报通信合并，伪政府和日本关东厅与满铁附属地的电信设施、业务、人员全部移交给电电公司。电电公司根据当时不同领域的电信发展情况进行整顿，从实际上扩展了电信网络。

在统一的电信系统管理之下，电信设施的维修，通信领域扩大，必然对电信业务进行整顿。在电报费用方面，1933年8月31日，为增加业务，电电公司公布了新的电报收费制

---

① 《北边振兴计划概要》（1941年7月），中央档案馆、中国第二历史档案馆、吉林省社会科学院合编：《日本帝国主义侵华档案资料选编（14）东北经济掠夺》，中华书局，1991年版，第272页

度，这个收费制度主要目的在于调整先前不同管理机构之下
的东三省、日本在东三省附属地与日本内地之间的电报费用。

电报费改订前后变化[①]

发报地		电电设立前	8 月修订费用	1934 年修订费用
满洲	关东厅－伪政权	日语（7字）：10 钱 欧汉（7字）：10 钱 经过每 7 字 10 钱	日语（7字）：10 钱 欧汉（7字）：10 钱 经过每 7 字 10 钱	日语（5字）：6 钱 欧汉（7字）：8 钱 经过每 5 字 6 钱
	伪政府内	日语（7字）：1 角 欧汉（7字）：2 角 经过每 7 字 1 角	日语（7字）：1 角 欧汉（7字）：2 角 经过每 7 字 1 角	日语（7字）：1 角 欧汉（7字）：2 角 经过每 7 字 1 角
满洲－朝鲜		日语（5字）：5 钱 欧汉（7字）：10 钱 经过每 5 字 5 钱	日语（7字）：10 钱 欧汉（7字）：10 钱 经过每 7 字 10 钱	日语（5字）：5 钱 欧汉（7字）：8 钱 经过每 5 字 6 钱 7 字 8 钱
满洲－日本	关东厅－日本	日语（5字）：10 钱 欧汉（7字）：10 钱 经过每 5 字 5 钱	日语（7字）：13 钱 欧汉（7字）：13 钱 经过每 7 字 13 钱	日语（5字）：8 钱 欧汉（5字）：10 钱 经过每 5 字 8 钱
	伪政府－日本	日语（7字）：16 钱 欧汉（7字）：16 钱 经过每 7 字 16 钱		

　　在这次电报价格修订之前，电电公司就对电报数量、电
报与书信的关系，电报语言、字数等与价格的关系进行了详

①《第一次电报费用修行》,《大连商工月报》, 1934 年 4 月 224 号

细的市场数字分析。调整之后的电报费用根据线路而费用不同。关东厅管辖下的电报的费用最低，以字母表示的英文电报和以四个数字表示一个汉字的中文电报费用降低。该修订方案鼓励发往日本内地的长文电报使用者较多的关东厅和居住在满铁附属地的工商业者发简短电报和短文电报，实际上长文电报的费用上涨，在9月1日施行后，以大量使用字数多的电报进行贸易的大连工商会议进行了反对。8月31日，大连商会召开董事会，31人出席了会议，从中选出了7名组成电报价格对策委员会，发表反对声明。之后，安东商会、大连进口协会、大连海运联合会、满洲进口工会联合会、抚顺实业协会、开原实业和满洲书籍杂志协会等纷纷反对电报费用调整。从这些机构的使用情况可以看出，调整电报费用后的电报价格明显比未调整之前的费用增加了。充分说明本次电报费用的调整对以英文和汉字发的电报使用者来说非常不利。奉天、鞍山、长春、抚顺、铁岭各地的商工会议所也加入了反对此次电报费用调整的队伍中。这次电报费用的修订也遭到了日本国内名古屋商工会议等的反对。日本国内和《满洲日报》都对此次反对电报加价运动做了报道。电电公司初以"中日亲善"的借口，保持沉默。后在1934年3月1日对电报费用再次进行了修订，于4月1日实施。再次修订后的电报费用有了下调，反对电报加价的急切度才有了改善。反映了电电公司急于获取盈利而进行的价格变化，电报价格体系的一元化统制不能忽视用户的利益进行。电报营业费用有了增加。

九一八事变和伪政府成立后，日本的势力范围扩大，电信通信联络得以扩展，电电公司对电报费的修改是日本对所掌控地区电信价格一元化的尝试，也是其强化在东北统制的一种方式。当时的电信一般都是通过扩大电信网络可连接的范围，实现网络一体化的盈利。电电公司是按日本希望设计来统制东北电信的公司，电报费用调整的波折也没有影响其地位。

电电公司还对市内电话和长途电话线路及业务进行了整顿。1936 年修改多年悬置的长途电话，各地设置电话机线监督，极力提高电话效率，设临时电话制度，以便一般情况下可以低廉的电话费利用电话。1937 年 3 月安东—沈阳间有线工程完成，1940 年由沈阳延至长春，1941 年延至哈尔滨。在电话业务少的地方委托于邮局或县旗公署，1937 年末电话取扱所数约 490 处，电话用户 69249 户。①

1940 年 6 月 1 日，修改电话规程及电话费，此对于东北电话之统一至关紧要。电话费除大连、沈阳、长春及哈尔滨四大都市采取次数制外，东北其余地方分为九级，在各该地区之电话费，采取与次数无关之划一制度，又于四大都市试办简易通话制度。设《加入特殊设施电话规程》，依照与鞍山昭和制钢所以下本溪湖煤铁株式会社等其他数社之电话利用

―――――――――

① （日）河村编：《满洲帝国概览》，满洲事情案内所，1940 年，第 266 页

契约，方便矿工业界的特殊用途。

受政治军事的影响，电电公司为与警备电话联络协定，设地通信机关之增设、回线之增设并交换方式之变更等通话。在七七事变后，就开始向战时通信转变，并配合1937年伪政府的产业开发五年计划，向边远地方扩充电话，后因战局的影响，电话材料不足，电话供不应求，电话价格暴涨，在1941年公布《电话统制法》，1942年实施，禁止转卖电话，电话市场才逐渐稳定。

按1941年的标准，电话局按用户数分为六等：10000户以上的为一等局，5000户以上的为二等局，2000户以上的为三等局，500户之上的为四等局，200户之上的为五等局，100户之上的六等局。经过整顿的电话业务，办理电话局所数逐年增加。[1]

1933—1942年电话局数量变化

年度	局所数	年度	局所数
1933 年	128	1938 年	444
1934 年	273	1939 年	468
1935 年	329	1940 年	509
1936 年	363	1941 年	520
1937 年	408	1942 年	525

电话费用也进行了修订。电话用户也有了增加。

---

[1] 东北物资调节委员会:《电信》，中国文化服务社，1948 年

电话用户变化 ①

地区	1933 年 9 月	1933 年 12 月
大连	8583	9092
奉天	5160	5676
长春	3278	3349
安东	1068	1142
哈尔滨	4133	0
吉林	1048	1048
总计	31139	32334

电电公司扩展电信网络的覆盖区域。电电公司在公司初期，为谋求电信网络的扩展，伪政府进行了电信网络没有覆盖地区的交通、通信线路、人口、经济状况在内的全面调查。刊载在电电公司期刊《业务资料》上，主要有《热河省交通网络一斑》(1934 年 1 月)、《地方状况调查》(通辽 乌丹城 辽源县 林西 黑山县 缉安 西安 赤峰县)(1934 年 2 月)、《地方状况调查》(平原县 朝阳县 钱家店)(1934 年 5 月)、《吉林省东北部调查》(梨树镇 勃利 平阳镇 密山 虎林)(1934 年 8 月)、《北满视察经过概要》(1935 年 1 月)等。1934 年，电电公司新设 47 条电报线路。如果单从商业的角度，东北地区电信线路的铺设要收支平衡，但是作为国策会社，线路的铺设还要接受军方的指示。电电公司每年都要向军方提出铺设通信网络的计划，报告公司的预案，如在紧急情况下构筑什么样的通信网，利用哪些电信网，派遣多少人员等。另外，

---

① 伪满电信电话株式会社:《统计年报》(1933 年 9 月 1 日至 1933 年 12 月 31 日)，第 186 页

为了满足军方的要求，不少地方还铺设了电报电话线路。特别是在与苏联接壤的地区。哈尔滨管理局在 1935 年有 83 个局，1937 年增长为 209 个局，增加了约 1.5 倍。1938 年哈尔滨管理局下又设牡丹江管理局，两局共有 141 个局，1939 年为 179 个局，1940 年为 245 个局，人口增加下，用户也增加了。

1935—1942 年电电公司电信局所 [1]

年\管理局	1935	1936	1937	1938	1939	1940	1941	1942
大连管理局	126	133	138	142	148	172	177	178
奉天管理局	142	150	168	179	213	267	267	281
新京管理局	138	153	153	163	193	177	175	182
哈尔滨管理局	83	102	129	72	88	127	132	147
牡丹江管理局				69	91	118	179	197
齐齐哈尔管理局	47	53	77	86	101	84	93	101
承德管理局	19	25	26	33	36	37	37	36
总计	650	695	784	860	937	981	1050	1122

日本对东三省侵略统治的深入，开拓团和日军的进入，日本与伪政府在政治经济文化的牵扯更加紧密，日文电报营业增多，需要更多可以处理日文电报的电信人员。在 1932 年电电公司成立之前，伪政府与日本有过《连络协定》，对于要处理的日文电报要求由日本人担任。面对上涨的日文电报，日本举行日文电报讲习所，对日文电报的收发人员进行了专

---

[1] 日本电信电话公社编《外地海外电气通信史料》(6 卷)，电气通信协会，1951 年，240 页

门的培训。1937年，奉天管理局的人员可以处理日文电报。日文电报的广泛使用，扩大了日本人在东三省行走的范围，更多的日本人进入到中国，也可以说，电信网络的构建和日文电报的广泛使用对日本在东三省的侵略进行了加深，包括日本在东三省的"考察"，也包括日本的开拓团。电信网络的扩展，缩短了这些在东三省生活的日本人与日本本国的距离。同样，日文电报的推广和广泛使用，也在逐渐地改变着东三省的本土居民的意识。

电电公司电信网络的扩展与日文电报的推广与日本的移民是紧密相关的。1935年日本向东北的移民到达一个新阶段。经中村拓务技师调查选定密山县的城子河地区和哈达地区作为日本移居地，先派遣85人进入后，主力的城子河地区169人与哈达河组133人即分别从清津、敦贺出发，经京图线、林密线，在1936年到达。第四次移民，城子河组268人，哈达河组190人，合计458人。[①]第六次日本移民为集团移民，被移入到朝阳屯村、永安屯村、黑台信浓村、黑台村，移居者292人。[②]1937年后，日本又施行更大规模的20年移民百万户的计划。移民人数的增多也是电信业务增长、电信网络扩展的重要原因。两者之间是相互作用的。

森山四郎在《满蒙小资本开业案内》（1932年）一书中

① （日）闭锁机关整理委员会:《闭锁机关与其特殊清算》，闭锁机关整理委员会，1954年，第415页
② （日）满洲制铁铁友会:《铁都鞍山的回顾》，满洲制铁铁友会，1957年，第23-24页

对于东三省的电信联络有过这样的记载：日本内地与关东州的电报联络除了满铁各站地外，很难到达黑龙江、奉天等地，非常的不便利。在日文电报推行之后，则便利了在东三省活动的日本人。

除新设电报线路，电电公司还利用原有的电信设施扩大电信网络。委托邮局、火车站、铁路局在负责当地的电报电话业务基础上，与附近的原有的电话局所进行联通。电电公司直接管理的电报电话局、电报局、电话局、放送局、无线电报局、通话局共 276 所，委托的电报取扱所、电报通话取扱所、无线电报取扱所、通话取扱所则有 374 处，这种业务上的对接有效地扩大了电电公司原有的电信网络。1937 年，《公署用电气通信设施的敕令及规则》颁布，委托处理所的范围被扩大到公署，委托局从 1936 年的 374 个局增加到 1937 年 473 个局（直接管理的 31 个局），1938 年 515 个局（直接管理 34 个局）。电信网络以这种方式得到了延伸，1937 年地方警备电话取代了电话公电。

电电公司还整修无线电报设施。无线电网络的扩展主要目的是增加中心城市与边境城市联络的。1934 年，电电公司在长春、大连、奉天等东北最为核心的城市和牡丹江、延吉等城市装备了无线电设施，同时，在苏联与中国的边境的黑河、满洲里、齐齐哈尔等地靠国境线的地方也增设了无线电。这些无线电信网络的设置在战争中发挥着重要的作用。

1941 年太平洋战争爆发后，日军陷入了双向作战，在军事的后备保障上更为不足，所以，电电公司对于电信网络的构建主要以军事为主，设法就地生产各种电信用品，扩充该会社直营修缮工厂，辅助在东北境内建设生产工厂。如电信用品中的印刷电信机及自动电信局零件，均委大连修缮所及奉天工作局制造；到 1945 年已经生产大部分自动电信机及全部印刷电信机零件；能自行安装搬送式电信机以外之实验室内装置（配线盘、配电盘、承转器及测验台等）；并加强培植辅助建设电信机工厂，如沈阳之满洲通信机株式会社（真空管工厂）及大连之冲通信机株式会社（简单电信机械）等。

2. 路权亦电权：中东铁路的电信权

清末为了王朝的生存，清政府采取了某种意义上的"以夷制夷"外交政策。甲午战争失败后，清政府被迫签订了《马关条约》，为了抵御日本对华的不断侵袭，在沙皇俄国的威逼利诱之下，清政府派李鸿章赴俄参加沙皇加冕典礼，并与沙俄在莫斯科签订了《中俄御敌互相援助条约》（即《中俄密约》，其中第五条规定："俄国于第一款御敌时，可用第四款所开之铁路运兵、运粮、运军械。平常无事，俄国亦可在此铁路运过境之兵、粮，除因转运暂停外，不得借他故停留"，据此，沙俄派财政部次官拉曼诺夫与清政府驻俄、德等国公使许景澄进行谈判确定筑路细节，最终签订《合办东省铁路公司合同章程》（即中东铁路合同），之后将铁道修建合同交予俄国的道胜银行。1897 年 8 月中东铁路举行开工仪式，1898 年 8 月东清铁路在中国东北正式修建，由六处同时开始相向施工，分东、西、南部三线。1903 年 7 月 14 日，东清铁路全线通车并营业。此路东至绥芬河，西至满洲里，以哈尔滨为中心，南经长春到大连和旅顺，总长度达 2800 余公里，像一个巨大的"丁"字。在《合同章程》的第六条中对铁道沿线的电信做了协商：

> 第六款　凡该公司建造、经理、防护铁路所需之地，又于铁路附近开采沙土、石块、石灰等项所需之地，若系官地，由中国政府给予，不纳地价；若系民地，按照时价，或一次缴清，或按年向地主纳租，由该公司自行筹款付给。凡该公司之地段，一概不纳地税，由该公司一手经理，准其建造各种房屋、工程，并设立电线自行经理，专为铁路之用。除开出矿苗处所另议办法外，凡该公司之进项，如转运搭客货物，所得票价，并电报进款等项，俱免纳一切税厘。

铁道沿线自建电信可铁路专用，经营管理权也属于俄国。铁路通车后，沙俄在东北的势力和影响迅速增长，形成了以中东铁路为中心的俄国在华"势力范围"。

哈尔滨位于松花江南岸，是中东铁路的枢纽，具有优越的自然和经济地理条件。哈尔滨本来是一个鲜为人知的小村庄，其名最早见于清乾隆二十六年（1761）。中东铁路修建完成之后，其地得到迅猛发展，逐步变成为一座具有拜占庭风格色彩的半殖民地城市，同时它也是中东铁路的所谓"行政中心"，并成为中国东北北部工商业经济、贸易的中心。

依据中俄签订的不平等条约，沙俄将哈尔滨市区的一部分划定为中东铁路管理的附属地，由中东铁路公司直接予以控制。当时的哈尔滨范围还比较小，它仅由旧哈尔滨（今香坊）、新哈尔滨（今南岗）和埠头区（今道里）组成，面积计2.1万亩（相当于130平方公里）；中东铁路建设局迁至哈尔滨后，俄国总工程师茹戈维奇用8000两中国银强买阿城中国老百姓的田家烧锅30多间房屋作为中东铁路的办公地点，并宣称要把哈尔滨建成"东方的彼得堡"，由此开始了大规模的城市建设工程。"今划入界内者，一百三十二方华里，已建石屋三百所，尚兴筑不已，盖将以为东方之彼得堡也。兵房已容四千人，亦兴筑不已。"[①]

俄国殖民者最先抵达和居住的地方即旧哈尔滨（今香坊），其地"多系土房"，是沙俄修筑中东铁路时的所谓"行政中心"，是中东铁路建设局、华俄道胜银行哈尔滨分行、中东铁路员工住所和铁路护路队所在地。"该处有一暂用教堂，仅容一百五十人，容俟扩充，以为长久教堂之用。"从1900年秋季开始，城建的重心逐步扩展，由旧哈尔滨（今香坊）转向新哈尔滨（今南岗）和埠头区（今道里）。所谓新哈尔

---

① 钱单士厘：《癸卯旅行记·归潜记》，湖南人民出版社，1981 年，第 62 页

滨，即中东铁路的所谓"未来行政中心"。陆续建有中东铁路管理局、俄国外阿穆尔边防军司令部、邮政局、电报局、医院、学校（如商务学堂等）、铁路员工住宅、私人店铺和客栈等。"已建一大教堂（即尼古拉教堂，俗称喇嘛台），可容五百人者，为俄人奉经之所"。埠头区规划建设为商业区和工业区。"皆系铁路所用局厂，近邻停船码头"。当时中国最大的中东铁路临时总工厂即设在这里。"巡捕（即俄人警察局）、救火兵（消防队）权且暂设，实属不敷。"还有"店肆住房，亦如内地。而商业之兴盛又过之"。① 在中东铁路沿线的重要地点如旅顺和大连，俄国也是大兴土木。电信通信作为交通和交流的重要载体，在中东铁路沿线发展起来。以铁路为主要线路设在重要站点的哈尔滨、满洲里、昂昂溪等地的电报局约有 75 处，担负了铁路的交通，同时也承担着对俄国的公众通信服务。

　　哈里·施瓦茨在《中俄关系史》一书中说："中东铁路是在中国疆域内建立的俄罗斯帝国。满洲的铁路区域以及邻近铁路和兼并入该地带的广大土地完全受俄国的政治和经济的控制。在这个区域，是俄国的法律和俄国的法庭在发生作用，警察和武装力量掌握在俄国人手中。俄国人利用铁路为基地，迅速将它的'经济渗透'向满洲推进。俄国轮船获得在广阔的满洲河流上的航行权；松花江的航运成为中东铁路的活动

① 陈晖：《中东铁路问题》，上海新知书店，1936 年，第 238—239 页

范围中的一个重要部分。铁路又开办了许多煤矿和林场，并
且在全区到处经营着学校、图书馆、俱乐部的网络。这就是
中国疆域内已经建成的一个俄罗斯帝国。"[①] 在这样的实际中，
中东铁路局已经超出了铁路的管理，对于公共的电信设施也
是重视的。1909 年后架设了电话线路，并与铁路管辖之外的
中国领土互联互通。市内电话主要有哈尔滨、满洲里、海拉
尔等 21 个局所，用户约有 900。

　　中东铁路最初的股权全部为俄国控制，引起了日本的不
满。早在 1890 年，日本军阀巨头山县有朋就抛出了"大陆是
日本生命线"的侵略理论。为了实现"大陆政策"之野心，
第一步是占领亚洲的太平洋沿岸，然后以朝鲜为跳板，插足
中国东北，最后吞并中国东北，占领中国乃至整个亚洲。日
本自沙俄带头"干涉还辽"后，对沙俄一直怀恨在心，伺机
报复。1903 年 4 月，沙俄向中国清朝政府提出 7 项无理要求
作为撤军的条件，实际上是拒不撤兵，这就进一步激化了与
日本的矛盾，日本公然表示："我日本所注意者，莫过于东三
省之事"，"俄得志于东三省，我日本亦大有不利"。实际上，
从 1902 年起，日俄两国为争夺中国东北地区的控制权便展开
了激烈的外交战。沙俄在谈判中也狂妄宣称："我们在满洲是
主人，这一点已毫无疑问；而在朝鲜那还得走着瞧！""沙俄
自以为如果两国开战，他们无疑是胜利者"。谈判毫无结果。

<hr />

[①] 转引：杨培新：《华俄道胜银行和欧亚大陆第一桥——未透露过的沙俄侵华内
　　幕》，中国金融出版社，1992 年，第 29 页

这时，英国对沙俄独占中国东北极为不满。它想与日本结成同盟，以共同对付俄国。美国也想利用日本对付沙俄，以消除在亚洲推行"门户开放"政策的障碍，因而极力怂恿日本与沙俄开战。在英国和美国的支持下，日本政府于 1904 年 2 月 6 日宣布中止谈判，断绝同俄国的外交关系。

对于俄国在华东北取得的垄断性利益，日英美都持反对态度。日本与英国在 1902 年缔结了针对俄国的同盟，得到了美国的支持。沙俄在国际压力的情况下与日本就中国东北和朝鲜进行了谈判，并在中国的国土上发生了日俄战争，在美国的调停下双方又谈判签订了日俄《朴次茅斯条约》，俄国将南满铁路的支线转让给日本（包含旅顺口、大连湾、长春至旅顺口的铁路线），在此之上日本成立了"南满铁道株式会社"。

中东铁路所经营的电话包括各个火车站间的电话以及地方电话。中东铁路建设之后，在 19 个重要火车站之间已经正式设立了非常简单的传呼电话。由于铁路的正式开通，沿线居民的增加，交换式电话开始逐渐运用，1903 年后，沙俄控制下的中东铁路沿线主要火车站设置有交换式电话网。1909 年 10 月，哈尔滨、宽城子之间首先设置了各火车站之间的长途电话（延长了 237 千米），1910 年 6 月在哈尔滨、昂昂溪之间也建立了长途电话（270 千米），1922 年在哈尔滨、横道河子、牡丹江之间设立了长途电话（354 千米），在横道河子、绥芬河之间也设立了长途电话（275 千米）。至 1928 年，设置交换式电话网的站点有 23 个，计有：满洲里、海拉尔、博克图、免渡河、扎兰屯、昂昂溪、富拉尔基、安达、满沟、哈尔滨火车站、哈尔滨（自动电话）、阿什河、乌吉密、一面坡、石头道河、横道河子、海林、穆陵、绥芬河、双城堡、松花江、窑门、宽城子。电话总数 8861 个，铁路专用数 1658 个。

中东路铁路电话已经不是单一的铁路专用电话，有中转和联网的要求。此时，在傅家甸、吉林、齐齐哈尔、长春等地有较大的电话网络，为实现互联互通，1915 年，哈尔滨与傅家甸电话网连接，并签署了如下协定：[①]

第一条　哈尔滨市和傅家甸市电话网的联结应该在附属地区的边界上，双方商定的地方进行。

第二条　必须在哈尔滨市和傅家甸市两中央电话局之间设置联结线，以使哈尔滨市和傅家甸市的电话用户能够经过自己所属的电话局相互通话。

根据电话用户的要求，必须在哈尔滨市电话用户和傅家甸中央局之间以及傅家甸市电话用户和哈尔滨市中央电话局之间建立直通电话线。

第三条　在铁路附属地区的俄国办公机关以及位于傅家甸市的中国办公机关应该能够使用此联结电话线。

---

① 王玉利：《哈尔滨电信历史资料汇编》，内部发行，1992 年，第 71-72 页

备考

为了防止电报线路的破损以及给人畜带来不幸，必须严格地注意，防止与具有大电流的电力线接触，以保护电话线。

第四条 1.对于哈尔滨以及傅家甸中央电话局之间的联结线的使用费问题，居住在铁路附属地区内的普通电话用户除了交纳铁路附属地区内电话线路的原定使用费以外，还要征收十五卢布费用，把它作为中东铁路厅的收益。

备考

一年的电话使用费，可以每三个月交纳一次。

2.在附属地以外居住的电话用户，他们使用两个中央电话局之间的电话联结线路之使用费是每年十二个卢布，并且应该一次交清或者一个月交纳一个卢布，把此费用的收入作为电话网拥有者——滨江商务会的电路线路收入。

第五条 1.关于从附属地区城内电话用户在附属地边缘架设的专门电线线路，安装的电话机的收费问题，按照距离附属地缘的远近，对于哈尔滨市的电话用户应该遵照一般规则征收费用。

2.对于在傅家甸市架设的特别电话的征收费用问题，可以按照滨江有限股份公司的电话规则第二十条第十二项进行收费（对于最初的二里收十卢布，二里以上者，每里收五卢布。）

第六条　在附属地区域内，公用（电话局）电话的用户，可以免费地使用哈尔滨和傅家甸中央电话局之间联结线路设施。中国商务会对于自己的电话用户关于其电话使用费也可以设立某些特殊政策。

第七条　从上述人员签字之日起，本协定生效，对于双方都有约束力。

第八条　本协定以俄文、中文两种文字写成，双方在本协定书上签字盖章。把本协定的一份文本交给中东铁路厅保管，另一份交给电话的拥有者的商务会保管。当对此协定发生异议的时候，以俄文本为准。

一九一五年四月二十日于哈尔滨

东清铁路厅长官陆军中将哈鲁吾次托

东清铁路厅对外交涉委员埃·达尼埃

中国方面签名者傅家甸中国商务会长张

该协议是在滨江商会的建议下推进实施的。但是这些联网电话多是旧式的电话机，并不适合长距离的通话。1925 年之后，在 8 个地方设置了中继装置，安达火车站—扎兰屯之间，哈尔滨—满洲里之间，哈尔滨—绥芬河都可以直接通话了。

1917 年俄国相继发生二月资产阶级民主革命和十月苏维埃革命，对在远东地区的中东铁路附属地也产生了较大影响，在此过程中，也是以电报电信等方式连接了俄国国内与哈尔滨之间的舆情信息，并因此点燃了中东铁路俄国人的革命斗争。当 1917 年二月革命的消息传至中国哈尔滨之后，俄国人欢欣鼓舞。他们认为革命能给他们带来和平、面包和自由。但是，和沙皇政权关系密切的人群却对此深感困惑，如中东铁路管理局的局长霍尔瓦特对于突发事件不知所措。他随即拍发电报给沙俄远东的总督关达基请示。关达基回电令他"专力于消除惹起社会骚乱的一切因素"。霍尔瓦特于是以中东铁路局长的名义发出通告，要求中东铁路附属地的居民及俄国全体职工，"务须各安其职，静候新政府实行的改革"[①]，在中国哈尔滨的俄人各界纷纷举行庆祝会。其中所谓哈尔滨市自治会（市议会）向俄国资产阶级临时政府拍发了贺电。中东铁路总工厂的俄国工人手持三色旗，举行游行庆祝活动。俄国市民纷纷聚集街头，欢呼二月革命的胜利。

此后又爆发了十月革命，新成立的苏俄政府非常重视拥有重要战略意义的中东铁路，但是苏俄政府仍把中东铁路视为俄国领土，电令在哈尔滨的俄国工人士兵苏维埃武力夺取霍尔瓦特手中的行政权力并建立苏维埃政权机构，这显然是继承了沙俄的衣钵，仍是对中国主权的侵占。作为中东铁路附属地"行政中心"的哈尔滨，在 1917 年的革命时期，陷入了时代的起伏中，革命与反革命的斗争不断尖锐化。一方是

---

①《远东报》，1917 年 3 月 20 日

以留金为首的工兵苏维埃的激进派，他们与苏俄国内布尔什维克保持着同步密切的联系，并接受布尔什维克的领导；另一方是以霍尔瓦特为首的沙俄旧政权的残余势力，他们得到了哈尔滨美、英、日等国领事的支持，并且还操纵着中东铁路的职工委员会。这两派在革命时期，围绕着中东铁路附属地的行政权展开了激烈的生死斗争。

彼时的哈尔滨成为国际帝国主义列强在远东角逐、侵占中国权益、实现势力划分的矛盾焦点。哈尔滨市以及中东铁路附属地的社会秩序陷入混乱，各派政治势力各自为政，当地治安处于瘫痪状态，抢劫事件不断发生，已经危及当地居民生命财产的安全。基于此，外国领事团向霍尔瓦特当局提出增派军警保护各国侨民的安全。在这一问题上，日本总领事佐藤尚武积极推动。他认为利用这一混乱时期可以为日本攫取中东铁路创造较好机会。为此他多次拍发电报给日本外相本野一郎，要求日本政府增强在中国哈尔滨的日本军警力量。本野外相同意在非常紧急的情况下增派日本警察。11月19日夜，当地发生美国和英国侨民被抢事件。美国领事莫思尔立即向霍尔瓦特递交一封措辞强烈的抗议信，表示："这是一次挑衅性的行为"，"如果不对美国人的生命和财产采取保护措施"，美国政府将"立即采取必要的手段"。[①]11月21日，在外国领事团团长、日本总领事佐藤主持下，召开了有日、

---

① （日）关宽治著：《现代东亚国际环境的诞生》第一章，哈尔滨·苏维埃的建立，第53页

美、英、法、俄、荷6个国家参加的领事会议。美国领事莫思尔抢先发言,认为现在"采取任何手段都是绝对必要的"。英国领事波特提议改善俄国的警察现状,而法国领事则认为,改善俄国警察已经行得通,"宁肯先派日本和中国军队",然后"让各国军队进入市内"。最后领事会议通过了派遣国际警察进行干涉的方案①。不久之后,佐藤又向霍尔瓦特提出日本单独派遣军队的问题。在此形势下,霍尔瓦特利用了外国领事团的势力,向工兵苏维埃激进派施加压力,以图维护他个人的权力和地位。同时,他也了解日本人的野心,不愿他国势力插足俄国中东铁路附属地。因此,他借口向俄国驻华公使进行请示但未对此作出直接答复。

　　12月4日,在中东铁路的工兵苏维埃收到了苏维埃人民委员会署名的电报。命令在中国哈尔滨的工兵苏维埃"夺取一切权力"。该电报引起了各国领事团的焦虑,更使霍尔瓦特当局惶恐不安。当夜,日、美、英三国领事召开秘密会议,一致认为形势严峻。他们对霍尔瓦特当局的命运十分担心,认为霍尔瓦特有可能被工兵苏维埃逮捕起来。美国领事莫思尔表示,紧急情况下,霍尔瓦特可到美国领事馆予以避难,给予保护。三国领事认为:"不能承认布尔什维克的工兵苏维埃政权",也不能同意由工兵苏维埃维护社会秩序,主张

①(日)关宽治著:《现代东亚国际环境的诞生》第一章,哈尔滨·苏维埃的建立,第53、58页

各国派出各自的军队保护侨民的安全①。列强对霍尔瓦特的关切，主要是因为他们的远东利益和霍尔瓦特当局有千丝万缕的联系。如霍尔瓦特当局被苏维埃政权取代，各列强在远东的权益也将受到极大损害。

在此期间，在哈尔滨的俄国人中间，存在着代表新旧不同利益诉求的派别和组织。从 12 月 10 日至 12 日，苏维埃派留金与霍尔瓦特当局连续举行会谈，主要围绕着是否由工兵苏维埃派遣行政机关的监督官这一话题展开激烈的争论。霍尔瓦特以当时的中东铁路附属地及哈尔滨地区面临日本出兵干涉的危险，希望留金做出让步，放弃派监督官的主张；而代表苏维埃的留金表示他代表了苏俄下级军官和士兵"希望尽快建立苏维埃政权"的意愿。双方有所僵持，留金拿出拟好的宣言表示："布尔什维克党虽然把铁路长官放在现在的位置，但对他实行监督，实权仍掌握在我们手中。外国人的生命财产，我们予以保护。"②会谈后，工兵苏维埃在当日的机关报《劳动之声》上发表了建立哈尔滨工兵苏维埃政权的宣言书。

12 日夜，工兵苏维埃又收到彼得堡的电报："把勾结外国军队开进哈尔滨的官吏，统统逮捕起来，并向外国使节劝告：

---

① （日）关宽治著：《现代东亚国际环境的诞生》第一章，哈尔滨·苏维埃的建立，第 74 页

② （日）关宽治著：《现代东亚国际环境的诞生》第一章，哈尔滨·苏维埃的建立，第 88 页

'外军队必须撤退。'"①17 日，工兵苏维埃军事革命委员会发布了第 1 号命令：撤销霍尔瓦特铁路局局长和拉琴诺夫等人的职务，同时任命斯拉文为铁路长官、卢茨基大尉和乌罗比少尉为副长官。任命律师普托诺夫作为哈尔滨俄国总领事馆的人民委员。需要强调的是：虽然这一过程以革命的形式出现，但以留金为首的过激派在向霍尔瓦特夺权时，实际上仍然是在夺取旧沙俄非法攫取的中国主权的权益。同时，这一"夺权"结果由于中国军队进驻中东铁路而最终未能达成。

霍尔瓦特在被工兵苏维埃罢免之后，向中国地方当局提出由中国出兵解除工兵苏维埃激进派的武装。旧俄驻华公使库达舍夫也到当时的民国北京政府外交部请求中国出兵，由于对日本有所提防，称"不愿他国干预"。即不愿日本在此过程中插手。英国、美国等此时非常怕激进派夺权成功，也担心日本完全掌握了中东路权，纷纷请求中国政府给予出兵，英国公使朱尔典"请求中国派兵镇压俄激党作乱"。美国公使也劝中国"趁哈埠俄激党之乱接管中东路，以免他国捷足先登"②。

当时的民国北京政府采取了支持霍尔瓦特的策略，一方面是因为中国在一战中已经作为协约国成员国之一，有必要在外交上与协约国保持一致的立场。英美等协约国反对新诞

---

① (日) 关宽治著:《现代东亚国际环境的诞生》第一章，哈尔滨·苏维埃的建立，第 91 页
② 《中俄关系史料·中东铁路·大事年表》，台湾"中央研究院"近代史研究所，1969 年，第 1 页

生的苏俄政府，所以当时的民国北京政府也持相近态度。另一方面民国北京政府想利用这次机会，出兵遣散哈尔滨激进派的武装，可以收回部分中东铁路的主权权益，即护路权。

基于此，依照 1908 年《东省铁路界内公议会大纲》规定，民国北京政府决定派兵进驻哈尔滨和中东铁路。吉林督军孟恩远根据中央政府的指示，调集马步各营先后进驻哈尔滨，于 12 月 17 日成立了"吉林省中东铁路警备司令部"，统一指挥调动进驻部队。随后黑龙江省也抽调骑步兵 10 余营相继进驻省内中东铁路沿线。并宗莲（大总统府顾问）和张宗昌（大总统府副长官）作为中央特派代表抵达哈尔滨。

中国军队进驻哈尔滨后，留金和斯拉文拒绝缴械，扬言："哈埠一隅为俄国战胜所得，前已视同领土，并决定路线合同取消，以便自由行动。为图谋改革之根据地。"[1] 当时激进派控制有驻在哈尔滨的两个俄军国民步兵大队，即 559 大队和 618 大队，留金和斯拉文煽动士兵进行武力抗拒。

而此时，霍尔瓦特反对俄国国内的政权，与协约国站到同一方面。他在 1918 年 2 月和 4 月两次到北京与俄国的道胜银行晤谈，目的是计划以中东铁路为基地在哈尔滨组织政府。因此拟对中东铁路总公司董事会进行改组。

中东铁路总公司董事会是中东铁路总公司的权力机构，设在俄京彼得堡。设董事长（中国称之为督办）1 人，由中国

---

[1]《中俄关系史料·中东铁路·大事年表》，台湾"中央研究院"近代史研究所，1969 年，第 1 页

政府派员简任；副董事长（中国称之为会办）1 人，由俄人担任。董事 8 人，全是俄国人。1917 年俄国发生十月革命之后，苏俄政府已经封闭了设在彼得堡的总公司，董事会名存实亡。霍尔瓦特计划对董事会进行改组，旧俄公使库达舍夫将霍尔瓦特的意见面询中国交通部总长时，得到了中国政府的同意。

　　根据中东铁路公司的章程规定，郭宗熙新任督办，并以"督办之令"在中国政府公报和京津华俄日报上刊登召集临时股东大会的公告，宣布这次会议的主要议程是：（1）讨论新发生的情况；（2）推选董事会职员；（3）日行事宜。[①]4 月 27 日中东铁路公司的临时股东大会在中国北京俄亚银行举行。这次临时股东大会上，持有总公司全部股权的 9 名股东均出席了会议。督办郭宗熙在会上宣布股东会依法予以成立。俄亚银行上海分行经理库尔日侨硕夫斯基被推举为主席。接着，郭宗熙就召集临时股东大会的原因作了发言。他表示："俄国政象纠纷，都城尤甚，以至驻在俄京之总公司于所负任务无力执行，办事机构完全丧失，而居驻中国境内之督办及总公司卜替罗夫（即普季洛夫）因照定章不足公司法定人数（董事五人），对于总公司主管事项亦无解决办法。于是，现在公司于事实上竟失去其统治机关（即总公司），此种情状之危害公司事业，固不待言，且陷当地铁路总局于困难地位。盖总

---

① 黑龙江省档案馆编：《中东铁路》（二），内部出版资料，1969 年，第 313 页

局遇事既不能与俄京往返筹商，亦不得俄京总公司指授方略或主裁。其应办事项迫不得已，惟有违背定章自行主裁，或将关系紧要、刻不容缓事件暂行搁置，以待总公司原状之规复，即缓至万难确定之时期再行核办，其妨害事务之进行，影响尤巨。故以督办及卜（替罗夫）董事之急，欲脱难关，惟有查照公司章程之所预定，暂将总公司驻在地点移至北京之一法，但以现驻俄京之总公司董事迄未来华，一时恐难到齐，必须另行选举补充其缺。此督办召集临时股东大会布告内所以有选举董事之通告也。"[1]

股东大会上所有股东听完郭宗熙督办的发言后，一致赞同他的意见，并经股东大会议决，将中东铁路总公司由俄京彼得堡迁至中国北京。最后经投票选举，当选的 8 名董事是：霍尔瓦特、高尔察克（旧俄海军上将）、乌斯特罗果夫（俄国资产阶级临时政府交通次长后任哈尔滨工业大学教授）、埃赛斯基（华俄道胜银行东方总经理）、葛诺瓦洛夫（哈尔滨税务司司长）、施路透（中东铁路管理局商务部部长）、普季洛夫（华俄道胜银行总经理）和颜世清（中国吉林省吉长道道尹），董事会由董事长（亦称督办、由中国吉林省省长郭宗熙兼任）、副董事长（亦称会办，由俄人文哲尔担任，在俄京彼得堡）和上述 8 名董事组成。值得关注的是，在这次股东大会上增选出了 1 名中国董事颜世清，改变了原来俄国人完全占据董

---

[1] 黑龙江省档案馆编：《中东铁路》（二），内部出版资料，1969 年，第 327 页

事会的局面。这次股东大会和董事会考虑到会办文哲尔在俄京彼得堡，未能赴任，因此，推举霍尔瓦特为中东铁路总公司会办；并任命原工程师拉琴诺夫代理中东铁路管理局局长（铁路总办）。此次股东大会对董事会的改组及对经营管理人员的调整，原中东铁路的最高负责人霍尔瓦特事实上放弃了对铁路业务的最高领导，而把全部精力投入到了反对苏俄新政权的斗争中去。此后，由于中国政府的一再反对，以及中国东北复杂的国际环境，霍尔瓦特的政府建立在中国境外。

协约国方面虽然反对苏维埃政权，但是在扶持苏俄哪个政权上存在着分歧。美国、日本和一些欧洲国家在美国政府的倡议下，于1918年年底开始对有关西伯利亚铁路和中东铁路进行共管的谈判，并在1919年1月与日本签订了《关于监督西伯利亚铁路和中东铁路的协定》，当年3月，中国、俄国高尔察克政府、法国和意大利加入了该协定。协定缔约各方于3月14日公布了关于在干涉军活动区域建立中东铁路和西伯利亚铁路国际共管的宣言。

从1919年3月一直到1922年11月，不到4年的时间里，是所谓国际监管（协约国监管）中东铁路的时期。为了实施共管建立了盟国铁路委员会，上述协定参加国的代表进入了该委员会。为了组织对铁路的实际领导，还建立了两个机构：以史蒂文森为首的盟国技术委员会和由日本人领导的盟国军事运输委员会（后来称为军事交通委员会）。

因对中国权益有所损害，民国北京政府以条约合同为依据，向美、日两国政府提出严重交涉。围绕中东铁路的护路权问题，中国和日本展开了激烈的斗争。在由协约国各国代表组成的监管会上，由于中国政府的严正立场和据理力争，最后议决：中东铁路由中国军队保护。这是中国捍卫国家主权，维护中东铁路路权的一次胜利。

　　1919 年 3 月 5 日，英国、美国、法国、意大利、俄国、日本和中国的代表，在海参崴召开大会，成立协约国共同监管西伯利亚铁路和中东铁路委员会，简称"协约国监管会"，或"监管会"。会上推选俄国代表、"全俄政府"交通总长乌斯托罗果夫为会长。14 日，宣布西伯利亚俄路和中东铁路交由协约国监管。监管会的成立，"实始于日、美之争。美欲争得亚俄各路实权，以牵制日本势力。日本力图抵制，并欲攫取东省路权，以扼美之吭。英、法、义（意大利）亦相与抗衡，以占远东地位。各国几经磋磨，始达今日协议管路之结果。"[1]3 月 17 日，正式公布《管理东清（中东）及西伯利亚铁路章程》，简称《监管章程》，该章程是在东京协议的基础上，稍加修改而成的。

　　4 月 26 日中东铁路公司督办郭宗熙发布了《为联军国监视中东铁路事布告》，其中摘抄了霍尔瓦特承认协约国监管中东铁路的电文：[2]

---

[1]《中俄关系史料·中东铁路（一）》，台湾"中央研究院"近代史研究所，1969年，266 页

[2] 黑龙江省档案馆编：《中东铁路（三）》，内部出版资料，1986 年，第 204 页

本督办在北京行辕,接准霍坐办三月二十三日电开:"现联军国及中国各代表会议议决,为改良西比里铁路及中东铁路运输起见,特设一万国共同会,专事监视上开各铁路,并由七国代表组织技术会,指示管理一切方法,兼担任财政上之料助。并在会议案内切实声明,决不侵犯主权。于联军撤退时,即构新设各会一律取消,等因,在案。查中东铁路系根据中俄两国条约办理,联军各国所议办法,既能保全合同本旨,又与铁路行政章程毫无变更,而尤获技术上之协助,是以本坐办除将各国议定办法铁令公司遵照办理外,别无他法。谨此电闻,切盼赞同。"等因。准此,除电复霍坐办,云联军国共同监管会对于东省铁路既能保全中俄合同本旨,复得技术上之援助,贵坐办认为可以照办,本督办亦应予以赞同,即希查照外,合亟通告中东铁路沿线各站一体知照,特此布告。

这份布告反映了中东铁路公司督办郭宗熙和霍尔瓦特所持的态度是一致的。在中东铁路权的争夺中,因为电信是附属在铁路上的权力,所以其管理权是中东路权争夺的一部分。苏俄与远东的争夺也体现在苏俄对华的两次宣言上。但是苏俄两次对华宣言在当时的情势下只是一个政策性的作用。而在苏俄的革命之后,东北形势混乱更甚,其态势变化,虽无人以电信来梳理，但从政策的推行及谈判中都可以见到电信作为辅助的线而存在。路权之争亦是电权之争。

1920 年 3 月，中东铁路发生驱霍大罢工，这一事态对推动中国地方当局收回中东铁路行政权、维护中国主权起到了很大的作用。3 月 14 日，中东铁路督办兼中东铁路护路军总司令鲍贵卿，以督办名义正式通告霍尔瓦特，宣布解除他的职务，收回中东铁路行政权。

在 1907 年，哈尔滨无线电信局兼有中东铁路转交给中国电报局的电线线路设施，从而成为东北无线电电信局在东北地区的无线电网的根据地。随着中东铁路护路队的解体，1920 年后哈尔滨无线电信局就被转交给中东铁路电信科管理。在协约国出兵西伯利亚的时候，当时的哈尔滨无线电信局归中东铁路和日本军共同使用。

1922 年 10 月，苏俄驱逐侵入俄境的日本干涉军，俄内战和外国武装干涉阶段基本结束。中东铁路的国际共管局面也难以继续维持。英国、美国、法国、意大利和日本就解散盟国铁路委员会和技术委员会以及把中东铁路暂时转交中国托管达成了协议，条件是中东铁路必须对各国贸易开放。1922 年 12 月 1 日，盟国铁路委员会正式解散。12 月 30 日，苏联成立。

从当时的形势可以看出，哈尔滨聚集了国际人员，为便于通话，1922 年哈尔滨电话局装备了自动电话装置，哈尔滨电话局的电话号码，也增加到 5000 个左右，用户逐年都在增加。

1922 年 9 月 29 日，中国夺回了哈尔滨无线电信台，并把它移交给东北无线电信局管理。东北无线电电信局于 1922 年末在奉天和长春设立了马可尼式无线电台，1923 年又在齐齐哈尔、吉林、营口、满洲里、绥芬河以及横道河子（最后的这三台无线电台是临时性的）设立了无线电电台。在 1924 年，把以前的无线电台进行改造，并设立了新式无线电台（兰普式），在奉天（10 千陆）、哈尔滨（5 千瓦）、长春（2 千瓦）、齐齐哈尔（1 千瓦）、营口（1.5 千瓦）和葫芦岛（1.5 千瓦）设立了新式无线电台。其中，奉天无线电台在 1924 年开始发送电报，其他的无线电台在 1925 年以后开始发送电报。此外，在富锦（松花江下游）还利用哈尔滨无线电台的旧无线电电信装置（在 1912 年装备的）设置了无线电台，从 1926 年 1 月以后开始运营。在这些无线电台中，受理发送普通公众电报的无线电台有奉天、哈尔滨、长春、营口等地。

1924 年 5 月 31 日，北洋政府外交总长顾维钧与苏联全权代表加拉罕签订《中俄解决悬案大纲协定》，第九条关于中东铁路内容[1]与苏联 9 月 20 日和东北地方签订的《奉俄协定》内容基本一致。苏联否认了第一次对华宣言中"无偿归还中东铁路"的立场，提出在中苏两国会商由中国赎回该路以前，中苏两国"暂行"共管中东铁路。同日还签订了《暂行管理

---

[1]《中外旧约章汇编》（第三册），生活·读书·新知三联书店，1957 年，第 424–425 页

中东铁路协定》，对中东铁路管理的具体事宜做了规定：由中苏两国各派 5 人设立铁路理事会，由中方担任理事长即督办，苏方担任副理事长即会办，两国各派 5 人组成监事会；苏方担任铁路局长，中苏各派一人担任副局长；其他铁路的各级人员，平均分配担任；如不与中苏解决悬案大纲协定抵触并不妨碍中国主权，1896 年的中东铁路公司章程在未完成修订前将继续适用①。在《奉俄协定》中也有体现。

《中华民国东三省自治省政府与苏维亚社会联邦政府之协定》②

第一条 中国东省铁路缔约双方政府同意将东省铁路问题解决如左：

一、双方政府声明，东省铁路纯系商业性质之机关，缔约双方政府彼此声明，除该路营业事务直辖于该路外，所有关系中华民国国家及地方政府权利之各项事务，如司法、民政、军务、警务、市政、税务、地亩（除铁路本身必需地皮外）等，概由中国官府办理处置。

二、一八九六年九月八日、八月二十七日订立之建筑、经营东省铁路合同第十二条内所载之期限，应

---

① 《中外旧约章汇编》（第三册），生活·读书·新知三联书店，1957 年，第 430 页

② 《中外旧约章汇编》（第三册），生活·读书·新知三联书店，1957 年，第 467 页

由八十年减至六十年，此项期满后，该路及该路之一切附属产业均归为中国政府所有，无须给价。经双方同意时，得将再行缩短上述期限（即六十年）之问题，提出商议。

自本协定签订之日起，苏联方面同意，中国有权赎回该路。赎时，应由双方商定该路曾经实在价值若干，并用中国资本以公道价额赎回之。

······

四、缔约双方彼此同意，东省铁路之前途只应由中国及苏联两国取决，不准第三者干涉。

上述协定在中东铁路上具有同一内容，确立了中苏两国共同管理中东铁路的基本原则和具体方法，也保护了苏联在远东的政治利益。

1928年发生皇姑屯事件，张作霖被炸死。张学良火速返回奉天（沈阳）接管了东北的军政大权，在12月时通电表示服从南京国民政府，史称"东北易帜"。从形式上，国家实现了统一。日本对此形势表示了强烈的不满。1927年底，南京国民政府已经宣布与苏联断绝外交关系，1928年，为了营造新的"自主"形象，扩大税源，南京国民政府借清末所签订的条约到期换约之际，进行了改定新约运动。1929年7月提出电政权归属国家主权，除铁道专用线路，要求苏联将哈尔滨和中东铁路电信电话移交给中国政府。这是中东路路权收回的重要内容，后来演变成武装冲突。"中东路事件"中方败北，《伯力会议议定书》则致力于"恢复"到1924年《奉俄协定》的内容。

路权之争并没有阻碍电信网络的扩张，电权之争附着于路权之争。1927年苏联与南方政府还缔结了市外电话连接的协定，实际上承认了苏联在长途电话的营业权。1928年改定新约运动中，强制收回了哈尔滨市区电话，其他电话在1929年收回，"中东路事件"后，电话经营又被苏联收回。之后一直以中方购买的方式进行谈判。

九一八事变爆发之后，在国际上引起了强烈的反响。与中国有地缘关系的苏联在中国东北的利益被直接威胁，中东铁路成为苏日交涉的关键。苏联认为日本政府违背了《九国公约》《国联盟约》和《朴次茅斯条约》，强烈谴责日本在东北的行为，同时也为自己在中国的利益努力，与日本进行了积极交涉。日本为了避免与苏联的正面冲突，避免南北两线作战，向苏联保证不入侵中东铁路。苏联以自己国家利益为重，表明了自己在日本侵华事件上表示"中立"。苏联副外交人民委员加拉罕1931年10月9日会见日本驻苏大使太田时，正式声明了这一态度，采取"不干涉主义"，不支持中日双方。苏联外交人民委员李维诺夫在11月4日再次表示苏联严守中立，"苏联之采取严格的不干涉政策，乃起自不可更改历来之和平政策"。[1] 实际上，这是苏联为了维持远东局势和自

---

[1] 王秉忠、孙继英：《东北沦陷十四年大事编年》，辽宁人民出版社，1990年，第24页

身安全的妥协的借口。在黑龙江省沦为日本殖民地后，中东铁路就很快陷入了日本与伪政府的包围之下。

日本积极地攫取中东路权，破坏中东路的经济价值。苏联为维持自身利益会做出有损中国的选择，在1933年5月9日，国民政府外交部对此做出声明：[1]

> 关于中东铁路之地位与管理，最近似已发生某项问题。中国政府兹特郑重声明，认为仅中、俄两国在该路享有合法权益。中国在该路之权利，绝不以任何方面之行动而受丝毫之影响或损害。至任何方面无合法地位，或非法占据该路经过之地域，其行动自更不足以影响中国之权利。关于中东路之一切事宜，应继续依照1924年中俄两国所订之协定处理，由中俄两国取决，而不容第三者干涉，自不待言。任何新订办法，未经中国同意者，自属违犯前项协定，应视为无效。中国政府绝不承认，并由驻俄颜大使晤俄外副加拉罕面致节略。加拉罕答称：苏联政府并未提议出售中东路，日伪亦均无购买该路之准备，渠深信日人之策略，系用种种方法，破坏该路，使其在经济上财政上成为毫无价值之物，而无待于收买。

---

[1] 宓汝成：《中华民国铁路史资料》，社科文献出版社，2002年，第721页

　　这一声明与说明并没有影响苏联继续实施两面的手法。日本与苏联就"转让"中东铁路的正式交涉起于 1933 年 6 月，非正式交涉可能在 1932 年底，即伪政府建立后不久就开始了。

　　苏联的《真理报》就日本对中东铁路的侵扰进行了报道。伪交通部要求中东路机构改组，被拒绝后，就片面进行了改组，削弱苏联中东路的管理权。日本还打着"反共"的旗号，这与协约国和南京国民政府的要求相一致，指示伪警察搜查和侦察中东铁路的共产党、共青团、工会和其他组织，同时对在哈尔滨和中东铁路沿线地区的居留民展开严密调查，加以监视。据不完全统计，1930—1932 年间和 1933 年上半年，日、伪政府使用暴力袭击列车，破坏铁路，捕杀铁路员工的事件超过 3000 起。其中被绑架的人员超过 1100 多人。[1]日本的蓄意破坏，中东铁路已经无法正常营业，战略意义和经济利益已经丧失，而苏联在远东的防守体系还未完全建立的情况下，为了自身的利益，苏联要放弃中东路权，以实现缓冲。

　　日本驻伪政府大使 1933 年 9 月 9 日向东京外务大臣报告，说要使中东铁路和中东铁路的整个机构服从于日本有益的法律及计划[2]。伪政府和苏联关于中东路的谈判在东京进行，期间日本对中东铁路的骚扰仍在，直接影响了苏联对中东铁路的要价。苏联代表团以建筑铁路所耗费的实际费用和铁路

---

[1] 邢丽雅，丁志宏：《试论苏联向伪满转让中东铁路的性质和影响》《齐齐哈尔师范学院学报》（哲学社会科学版），1995 年第 10 期。

[2] （苏）《真理报》，1933 年 9 月 4 日

当时的实际价格,提出赎买价格为 2.5 亿金卢布,折合当时
汇率为 6.25 亿日元。伪政府代表的报价为 5000 万日元,当
日汇率折合为 2000 万金卢布。苏联《真理报》上还专门描述
了苏联"在谈判过程中表现了最大的诚意和忍让精神",与伪
政府顽固地坚持其提出的价格相反,苏联代表团为了使谈判
获得成功,准备不断做出重要的让步,把它原来提出的价格
减少 5000 万金卢布,以便使双方的提议接近。苏联在价格上
的让步,也从侧面反映出苏联急于确立苏日互不侵犯的状况,
避免卷入中国战场的心理。1935 年 3 月 23 日,在日本东京
签署了《苏联和"满洲国"关于向"满洲国""转让苏联对中
东铁路权利的协定》。按照协定,苏联以 1.4 亿日元(相当于
1.64 亿金卢布)的价格把它对中东铁路的"所有权利"转让
给伪政府。还称协定施行之日起,中东铁路为伪政府完全占
有,并属于其单独管理之下"。[①] 同日,伪政府与满铁缔结了
《北满铁道委托经营及借款契约》,伪"政府将北满铁道之经
营委托于满铁"。[②]

　　苏联的行为完全违背了 1924 年的《奉俄协定》,是对中
国主权的侵犯。协定双方主体是苏联和伪政府,也是主体双
方逃避国际舆论的方式。日本和其扶持的伪政府是一致的,
所以中东铁路的权利实际上落入了日本之手。以伪政府为签
约对象,事实上承认了伪政府,也是对中国主权的侵犯。为

---

① 宓汝成:《中华民国铁路史资料》,社科文献出版社,2002 年,第 720 页
② 宓汝成:《中华民国铁路史资料》,社科文献出版社,2002 年,第 720 页

此，南京国民政府外交部谴责了苏联的这一行为，但并没有改变事情的结局。

苏联在中东路事件上所遵守的原则是自己本国的国家利益。中东路卖出 9330 万的现货交易，4670 万现金支付，支援了苏联国内的经济。获取铁路实际经营权的日本则强化了自己在东北的统治，通过铁路所获取的资源流成为了战争准备。日本所扶持的伪政府看上去更加具有政治"独立"性。国民政府因为国内外形势，以及事实上的外交软弱性使得中东路事件只能"停留"，中国的主权被盗卖。

协议签订后，苏联职员撤离，伪交通部接收中东铁路，而该路沿线的通信事业也由伪政府交给了电电公司。电电公司实现了东三省区域内电信通信事业的统制。

3. 县民营电话的统制

电话在 1876 年被发明之后，迅速商业化，也迈向了中国市场。至 20 世纪 30 年代，电话已经从人工转接电话向半自动电话和自动电话过渡，根据人工电话电流的方法，电话又分成了磁石式电话和供电式电话，前者由干电瓶保持电话工作的能力，后者由磁石发电机供给，供电式电话的电力集中在电话局，费用较少，且易于管理。

20 世纪 20 年代，东北在张氏父子统治之下，经过"联省自治""区域自治"，东北税收增长，民族经济有了发展，交通运输方面兴起了建设热潮，经济有了较好的发展，所以在抵制列强经济侵略方面也获得了一定的成效，这股具有民族保护色彩的经济发展热潮，体现在交通方面，即东北近代交通"质量在全国中均占最优越之地位"。[①] 近代的铁路建设促进周边产业的发展，在东三省建立民营和县营电话公司，补充了东北的主干电信网络。

1934 年，基于电信网络的互联互通性质和电信的垄断性，电电会社对东三省的民营电话公司进行了调查，以伪政府统治下的省域为调查范围，包括三江省、黑河省、兴安省、热河省、龙江省、锦州省、滨江省、安东省、吉林省、间岛省；调查内容包括民营或县营电话公司所在地、经营主体及组织、设立的时间、通话的区域和材料、电话交换方式及数量、用户人数、电话机使用的类型、电话局下设机构、与市外联通的地点、电话线的种类及长度、电话杆和电池、员工、经营收支、投资和现有评估价格等方面的信息，此外电话公司所处区域的人口经济以及三年内的业务情况也有具体的分析，从形式和内容上可以看做是一次商业调查，也显然是为电电公司对这些公司的收回做了初步的准备。

从调查的情况看，各地方拥有的电话公司数（不包括下设的电话所）分别为：三江省有 10 家、龙江省 18 家、锦州省 12 家、滨江省 33 家、安东省 17 家、吉林省 17 家、间岛省 6 家。[②] 设立地点多为政治、军事或经济繁华地，创设时间

---

① 王奉瑞:《东北之交通》，台北：文海出版社，1982 年，第 34 页
② 满洲电信电话株式会社 总务部 调查课《地方电话调书》(1–8)，1934 年

多是在 20 世纪 20 年代，用途多为公用、行政用、警备、铁道等。这些公司的投资较少，设备也良莠不齐，用户不多。从 1934 年起，这些市内电话公司逐渐被这些电话局乃至多数被电电公司"收购"。

哈尔滨傅家甸电话局，1908 年由滨江商务分会创办，1910 年改称滨江电话股份有限公司。1935 年 4 月被电电公司强行购买，改称道外分局。

铁岭有商办电话局和行政电话局。前者是铁岭县知事陈艺 1915 年筹建的，在县公署东侧（现繁荣路曙光百货批发商店后院），当时筹集商股大洋 6 万元。为沈阳第一批商办电话，主要为市内各机关商号安装电话。后来，在政府的督促下逐步向区乡发展，并安设长途电话。总理（局长）吴桂芬，由股东自行经营管理。铁岭行政电话局是 1924 年县知事投资 10 万余元大洋创办的，附设在商办电话局内，专门经营区乡电话。行政电话局创立之后，两个电话局业务上有了侧重：行政电话局主要经营县公署、乡村电话，而商办电话局则经营市内各商号电话，仍聘任吴桂芬为总理（局长），由县公署经营管理。1936 年 5 月 1 日，这两家电话局被电电公司收买，电报电话统一经营。行政电话局，被伪县公署占有，改称警备电话局，局址仍设在城内西大街伪县公署东侧。有职工 38 人，其中：日本人 28 人，中国人 10 人。在全部职工中有：书记员 2 人（日本人）、事务员 24 人（18 名日本人）、配达手 4 人（2 名日本人）、工手（话务员）5 人（3 名日本人）、技工 3 人（日本人）[1]。

1919 年 3 月 21 日，抚顺县公署设"筹设电话事务所"，同年 11 月抚顺县电话事务所改称抚顺县电话局。1937 年被电电公司收买。

年度	收买局数	用户数
1934 年	3	822
1935 年	7	5044
1936 年	12	2257
1937 年	37	3757
1938 年	12	786
总计	71	12666

有文章记载，当时东北民营电话有 173 家，电电公司收买的只有 13 家，其余的，日本"唆使伪交通部，假藉所谓统制通信事业之名义，对于各县商办之电话事业，厉行没收政策。对此并设有作为接收委员会之组织"。[2] 截至 1938 年 6 月，共"收买"电话公司 71 家，用户达 12666。[3] 每个电报电话公司的创设都有其必要性，都有其运行的规律。电电公司强行收买手段无疑打破了这一进程。为避免发生混乱，电电公司对于县营和私营电话，也采取了逐渐收买政策，大致 1940年前后完成了收买统一工作。

---

① 铁岭市邮电局《邮电志》编辑委员会：《铁岭邮电志》（1890-1989），铁岭邮电局，1990 年，第 55 页
② 《东北商办电话将悉被没收》，《黑白半月刊》，1934 年第 2 卷
③ "满洲邮政总局"：《"满洲帝国"邮政事业概要》，"满洲通信协会"，1942 年，第 118 页

4. "间岛"电信网络的统制

伪政府公报这样描述"间岛"[①]:

> 间岛为吉林省北部和龙、汪清、延吉、珲春四县所属地方之总称。东控俄境,南接朝鲜,位居国境地带,自古即因经济的及地理的关系,鲜北农民前来垦植者甚多,故间岛之发展,彼等之力非少也。但在三十年前,不过一荒芜之地,自宣统元年间岛协约成立,龙井村、延吉、百草沟、头道沟四处开放为商埠地,同时承认朝鲜人在间岛之居住权及土地所有权,于是日本在间岛设立总领事馆,中国则特置行政机关奖励移民,遂有今日之盛况。居民计本国人十七万五千人,日本人及朝鲜人四十三万余名,开垦土地二十三万余日顷。……以言面积,合延吉、和龙、汪清、珲春四县约计面积一万一千一百六十一里,其中可耕之地约四十万日顷,即耕地面积达二十三万日顷有奇。

间岛地区电信开始于 1886 年秋在珲春设立电报分局。1893 年,珲春电报分局与俄国诺俄奇业伏斯科电报局接线,

---

① 《满洲国政府公报》,1934 年 3 月 7 日

并开始通报。1905 年，清廷在延吉设立军用无线电台。1907
年 9 月，日本驻朝鲜统监府开工建设朝鲜会宁至龙井村的电
报电话电路，并于 10 月 1 日开通。12 月 20 日，清廷在延边
架设电路，即从珲春至宁古塔、敦化，并建立延吉厅报房和
额穆索报房。1917 年，延吉府在局子街设立电报局。1920
年 8 月，创立延吉电话股份有限公司，其总局设于龙井村。
1921 年 10 月，在百草沟正阳大街开设汪清县电报局。同年，
开办延吉电话分局、头道沟电话分局。1923 年 9 月，成立延
吉电话股份有限公司延吉分公司，开办市内和长途电话业务。
在《交通史电政编》对延吉电话股份有限公司经营状况及设
备有详细的备案记载：[①]

　　　延吉电话股份有限公司　民国十二年九月高鹏
翮茹任海创办是月立案并发给执照　资本日金七万元
合国币四万九千三百三十三元三角三分　设置百号
磁石式交换机四台　司机生座四座　电力用干电瓶
线路　市内用十四号铁线　市外用八号至十二号铁
线　话机有磁石式墙机一百九十具　磁石式乙号桌机
六十二具　司机生十三名　用户二百五十二户　每月
收费墙机月租五元六角　装费四元　桌机六元四角
装费四元　移机费二元四角　历年营业十二年　盈

七百四十五元六角

九一八事变前，间岛地区日本所设电信由朝鲜都督府会宁邮便局名义上管理，下设 4 个分局，分别为龙井、头道沟、延吉、珲春。清末日本出兵时建造了电话线路，日军撤退时，电信线路被留下来成为了当地的公用事业。

电电公司建立后，间岛地区的电信机构大部分也被接收和收买。延吉电话股份有限公司的全部设备，总价为 155,000 元日币，1935 年 2 月被电电公司收购，并把原电报局与电话局合并称为延吉电报电话局。营业时间以根据季节不同：3 月 1 日起至 10 月 31 日，每日上午 8 时至下午 8 时；11 月 1 日起至翌年 2 月末，每日上午 9 时至下午 7 时。"间岛"的电信主要设在经济和政治的中心。1934 年 12 月 1 日，以原吉林省的延吉、汪清、珲春、合龙 4 县和奉天省的昌图县设省，伪省公署先后驻延吉县延吉街、间岛市，均为现在的吉林延吉市。1943 年 10 月 1 日"间岛"归东满总省管辖，1945 年 6 月 1 日仍直属伪政府管辖，在伪政府灭亡前"间岛省"所辖市县沿革如下：

间岛市，1943 年 4 月 1 日析延吉县延吉街置。驻地即今吉林延吉市。

延吉县，原属吉林省。驻延吉街（今吉林延吉市）。

汪清县，原属吉林省。驻百草沟（今吉林汪清县西南百草沟镇），1938 年 11 月迁驻春明村大肚川（今汪清县驻地汪清镇）。

和龙县，原属吉林省。驻和龙（今吉林龙井市东南智新镇），1940年7月迁明新村和龙（原三道沟，今吉林和龙市驻地和龙镇）。

珲春县，原属吉林省。驻珲春街（今吉林珲春市驻地珲春镇）。

安图县，原属奉天省。驻安图村（今吉林安图县驻地明月镇东南松江镇）。

日本在这些地方加强电信的同时，也注重铁路专用通信线，为了维持电信线路的畅通，对抗日武装进行打击，加紧对电话线路的延长与警戒，在延吉及邻近地区共设了5条警戒线。

电电公司接管间岛地区电信后，在邮局和车站设取扱所，对电报线路进行了实际上的延伸，1934年3月在延吉火车站设电报代办所，通达延吉至图们、延吉至宁安、延吉至龙井等，电报线路有延吉至龙井、汪清、珲春等。延吉电报局设备有单信音响机和单信印字机。1936年4月电电公司收买该地区内通信等设施，进行直接经营，联络伪政府和朝鲜电话，通过朝鲜可以和日本进行联系。①

电电公司增设电报电话局所，扩展电信服务区。1934年10月，图们市成立图们电报电话局。随后龙井、明月沟、老

———————

① 《电电会社业务扩展》《大同报》，1936年4月1日

头沟、二道沟、小三岔口、朝阳川、八道沟、铜佛寺、头道沟、春阳等地成立了电报电话局、所。1935 年，大肚川（今汪清县汪清镇）成立电报电话局。之后，敦化电报电话局与珲春电报电话局成立，当时有：图们、辉春、大肚川、大荒沟、小三岔口、春阳、百草海、八道沟、延吉、明月沟、老头沟、铜佛寺、头道沟、朝阳川、龙井、开山屯、东兴镇、安图、敦化、额穆、大石头、二道沟等电报电话局。1936 年 3 月 1 日，珲春电报局、电话局合并，成立珲春电报电话局，同年，龙井村电报电话局改为龙井电报电话局。

伪政府时期的间岛地区居民以日本人及朝鲜人为主，具有特殊地位。1934 年 4 月 1 日，为扩展电报业务，延春电报电话局开办日文电报业务。1935 年 4 月增设延吉至牡丹江线路，分别经图们、宁安至牡丹江。是年成立康平街电报电话分室，办理国内外电报业务。1937 年敦化县开设日文电报局。同年，春阳（今汪清县春阳镇，原名为小城子）成立电报电话局。当时延边地区电报电话局实装电话数量如下：图们 611 部、环春 354 部、大肚川 48 部、大荒沟 66 部、小三岔口 67 部、春阳 13 部、百草沟 33 部、八道沟 55 部、延吉 658 部、明月沟 90 部、老头沟 11 部、同佛寺 3 部、头道沟 34 部、朝阳川 39 部、龙井 410 部、开山屯 64 部、东兴镇 100 部。[①]

---

① 吉林省延边朝鲜族自治州邮电局编：《延边朝鲜自治州邮电志》，民族出版社，1988 年，第 250-251 页

三、1932—1945 年东北广播网络的构建

1. 建设广播网络

广播的优势特点决定了广播诞生之后的迅速发展。与传统的媒体相比，广播是以声音传输内容的，其具有传播范围广、传播速度快、受众更为广泛、传播的内容多样且感染力强等特点。因此，广播一经产生，发展迅速。1920 年美国的 kdka 广播电台在匹兹堡诞生，率先在预定的时间里每天定时进行广播，被公认为世界上第一个真正的无线广播电台。1923 年 1 月 23 日，美国人奥斯邦在上海开办了中国土地上第一座广播电台。

广播传入中国后，中国开始寻求创设自己的无线电广播，将上海美商设立的电台收购，并在北京、天津电话局利用无线电话机件改装，试行播音。对于播音事业的名称用日语"放送"，还有"无线电话""传声""播音"等词，后来交通部核准，按照英语"broad-casting"的意译，统一为"无线电广播"，在全国开始通用。① 当时原交通部无线电专家吴梯青被聘任为东三省陆军整理处工务处通信科科长，说服了张作霖，创办东北无线电专门学校，并在沈阳大北边门外二台子

---

① 吴梯青：《有关北洋时期电信事业的几件事》《文史资料选辑》(66)，中国人民政治协商会议全国委员会文史资料研究委员会编，第 158 页

东面创设国际无线电台，是我国最早的无线国际电台，打破了外商水线电报公司对我国的垄断，当时很多的国际联系都由该电台中转。沈阳无线电台在 20 世纪 30 年代前后，成为东北无线电通信指挥的调度中心。1926 年 10 月 1 日时，追随吴梯青的刘瀚自装话筒和收音机，把军方马可尼野战电话机改装为广播发射机，进行广播试验，后开始临时广播，是为哈尔滨广播无线电台，呼号 XOH，功率 50W，播音语言使用汉语和俄语，这是中国人自办的第一座官办广播电台。至20 世纪 30 年代，广播已经在中国的大部分地区存在了。

日本在 1925 年开始自设广播电台。1925 年 3 月 22 日，日本东京放送局开始临时广播，6 月，大阪放送局开始临时广播，7 月，东京放送局和名古屋放送局正式开始广播。日本本土广播的运营很快在中国的东北得到运用，同年 8 月 9日，关东军递信局在大连进行了实验广播，设立广播电台，这是日本在东北设立的第一个广播电台。该电台发射功率500 瓦，呼号为 JQAK，J 为日本电台标志。该电台开始播音时，采用日语，后来加入了汉语播音节目。1927 年到 1928年，日本在哈尔滨和沈阳试验无线电台，但是资料不可考。在九一八事变发生前，东北已经初步形成了大连、沈阳、哈尔滨、长春为中心的无线电广播。

日本重视广播的作用，与伪政府当时的实际情况有重要的关系。一是中国东北当时的面积大，人口密度小，人口分布分散，自然环境对于交通而言不便利，联络问题和宣讲问题成为当时必须解决的难题。同时，中国东北当时的人口、民族构成复杂，中国、日本、俄罗斯、蒙古、朝鲜等各国各民族人口聚集，对于日本的殖民统治认同感差。无线广播比报纸和当时的其他宣传方式具有更强的穿透力，它传播的范围和速度更广、更快，能够解决日本在东北的通信与传播问题。二是当时人们的受教育程度较低，1940 年前后，初等教育的普及率不到 45%，农村的民众识字率不足八成，[①] 而阅读新闻报纸的民众至少需要认识汉字 4000 字左右。声音与文字相比，在当时受众的文化程度上，接受性更好。

九一八事变将日本的大陆政策推进到一个新的阶段。沈阳广播电台在东北军的不抵抗中停播，日本占领沈阳后，由日本的和登洋行经营沈阳广播电台，并以"奉天广播局"的名义，开始军事宣传活动。1932 年 1 月，关东军特殊无线电通讯部（2 月改称关东军特殊通讯部）成立，管理广播。为此，日本广播协会提供了广播所需要的要员和器材。1932 年 2 月 5 日，日本侵占哈尔滨，成立哈尔滨电话总局，接管哈尔滨无线电台，7 月改名为哈尔滨放送局，呼号 COHB，波长 445 米，频率 674 千赫，发射机功率降到 500 瓦，进行广播。[②]

为了加紧对东北的统治和对外的宣传，日本对在东北无线电广播设立的目的是直接参与伪政府"王道主义"的国家

---

① （日）白户健一郎:《满洲电信电话株式会社——基于媒体史的研究》，东京创元社，2016 年，第 79 页
② 赵玉明，艾红红，刘书峰主编:《新修地方志早期广播史料汇编》（上），中国广播电视出版社，2016 年，第 330 页

建设，实质就是要加强对东北人民的思想控制和殖民宣传。日本在侵略中强行掠夺接管了当时东北的无线电通信机构，并在已有大连、沈阳、长春、哈尔滨4个广播电台的基础上构建了东北的无线电广播网络。

伪政府成立后，关东厅递信局接收了大连广播局，伪交通部名义上接收了沈阳、长春、哈尔滨广播局，并在4个城市周边设立无线电广播。1932年10月，"新京电话局"设立的演播室开始播音。"新京中央放送局"设在长春电电公司北部大楼的北翼。日本关东军特殊通讯部还在长春南广场设立了"新京放送局"，于1933年4月正式广播，发射功率为1千瓦，呼号为MTAY（以后改为MTCY），这座由日本关东军直接控制的殖民地性质的广播电台，开始为宣传日本帝国主义的侵略政策服务。

电电公司设立后，伪交通部将名下的广播电台"移交"，电电公司将已有的和未成立的广播电台全部纳入了自己的管辖之下。四城市的广播设施无法实现对中国东北整个区域的播音，无法实现对东北地区人民的渗透。因此，电电公司修建广播基站、改善广播技术、培养广播人才、普及收听等措施构建广播网。1934年3月修筑哈尔滨广播电台大楼，并加强其广播电力，将发射机功率由1千瓦扩大到3千瓦。哈尔滨放送局由电电公司哈尔滨管理局管理，呼号改为MTFY。1934年7月，长春到哈尔滨和到大连的广播专用中继线敷设完毕，日本加强广播的宣传功能，对东北实行"全满联网广播"，减少各地电台自办节目时间。地方台既无记者，又无自选新闻材料的自由，因此，哈尔滨放送局虽然可以有15分钟自选节目广播，但基本上不自办节目，经常转播长春放送局的节目，有时也转播伪政府通讯社统一发布的消息。大功率电台的建设与使用，为日本扩大在华殖民宣传，与台湾省等进行"交互广播"以及"双重广播"提供了技术支持。

随着伪政府的建立与广播权力的"委托"，东北无线广播的中心转移到长春，实行强电力之广播，同时又利用广播中继线，向各市区内转播，以方便听众。1935年12月伪政府统治下的东北地区广播的用户，只有2640人。所以电电公司广播前期实施"普及第一主义"的方针，把初期广播的目标定为整备扩充电台，增加听众。1934年11月在长春的宽城子建立了无线电发射台，孟家受信所为电电公司的无线电接收台。宽城子无线电发射台，为地下1层，建筑面积1.1万余平方米，引进了全新的100千瓦大功率发射器，广播信号理论上得以覆盖整个东北地区。但是该发射台一段时间内都不能满功率运转。电电公司在大连、沈阳、长春、哈尔滨、抚顺及安东市内设无线电问事处，当年听户达1万以上，但其中之82%为日本人；1936年，听户达19764户，其中日本用户仍是东北用户的7倍。1936年11月，长春放送局又增设10千瓦发射机一台，用于日语广播，称第一放送；原来的100千瓦发射机专门用作汉语广播，称第二放送，它可以覆盖全东北地区，以日语广播的第一广播和汉语广播的第二广播为中心。伪政府广播还根据广播电台对应的区域，播音语言的选择也有不同，进行多语言广播，以朝鲜族居多的延吉广播采用朝鲜语，在蒙古族较多的海拉尔广播电台采用蒙古语。此外，还在主要的城市之间设中继广播线路，如 1934 年 7 月在长春—哈尔滨间，11 月大连—沈阳间、沈阳—长春间进行了中继转换；1937 年，安东—沈阳间线路改为广播线路专用，哈尔滨—牡丹江间的市外电话线则建立了有线中继线路。通过中继线路的整备，东北各广播电台的节目交换成为可能，哈尔滨放送局的交响乐团演奏、沈阳放送局的李兰香的"新满洲歌曲"都可以在东北地区推送播放。另外，与日本的广播转播也通过短波得以成立，东北可以同时收听日本国内的议会、选举等情况，包括日本外务省的动向。1937 年 4 月 25 日，殷汝耕对日本和伪政府的演讲就通过有线中继转播，可以在东北和日本收听。

放送用中继线路设备 [①]

接续局	回线数	方式	摘要
大连—沈阳	2	一回线 BC 搬送 一回线 CN 搬送	放送专用
沈阳—长春	2	一回线 BC 搬送 一回线 CN 搬送	放送专用
长春—哈尔滨	2	BC 搬送线	放送专用
沈阳—安东	1	BC 音声线	放送专用
哈尔滨—牡丹江	1	CN 搬送	市外电话线公用
哈尔滨—齐齐哈尔	1		市外电话线公用

---

① 伪满信电电话株式会社：《满洲放送年鉴》，满洲文祥堂印刷部，1939 年，第 52 页

对战争的应对促进了广播网络的进一步构建。七七事变后，电电公司派社员参加对华北的侵略，并设立承德广播局。日本为了应对中日战争，致力于在东北地区养成具有战时体制宣传的机构职能，一方面对广播进行限制，另一方面对于广播的新闻报道极其重视。1937年，在收听较不方便的牡丹江、承德及安东各地分别设立广播电台，并完成哈尔滨、牡丹江间沈阳、山海关间及沈阳，安东间之有线中继设施，加强新设各电台与旧有各电台联系方便。该年度听户达88876户。

1938年，日本颁布了伪政府的综合经济计划，即《产业五年计划》，为配合伪政府的五年计划，电电公司制定了《广播设施五年计划》，这是关于设置一个广播电台及转播设施的基本方针及具体设置的方案，采取大电力方针，要建设的广播电台的发射功率不能低于500瓦，以"建设第一"的方针，对于收听人数都有一定的标准，要在日本人1000人以上、中国人15000人以上的城市达到白天电波覆盖，电台要以日本和伪政府为中心，进行日语和汉语广播，同时，要插入俄语、蒙古语、朝鲜语。五年间，"计划实现广播覆盖满洲1.5万人以上的城镇和1000人以上的村落，到1941年实现收听人数达50万人的伟大目标"。[①] 电台数达到20个局。同时扩充营口、海拉尔、富锦、佳木斯等偏远区域的广播电台，以控制

---

① 齐辉：《试论抗战时期日本对华广播侵略与殖民宣传——以日本在满洲国放送为中心》《新闻与传播研究》，2015年第9期

东北城乡、围剿抗联。

因业务渐多，1938 年，电电公司将长春、大连、沈阳、哈尔滨四大广播局升级为"中央广播局"，把营业部下属的广播课改为广播部，成立了"广播参与会"，专门负责广播的宣传工作，为广播宣传进行策划。各电台所属之办理无线电关系业务之机关，亦均改为无线电营业所（后又改为广播普及局）而独立经营。1938 年 4 月延吉、齐齐哈尔、佳木斯各电台也开始广播；1938 年末在海拉尔及黑河各设电台一处。东北广播电台共有 12 处，听户在五月即已突破 10 万，年末又增至 13 万户。

1939 年营口、锦县富锦电台成立，东北各重要都市均有广播电台。此后，电电公司对于无线电的建设主要是整顿，并为战争服务。1941 年在北安设立广播电台，意在加强阻抗苏联向东北之广播。电电公司新设立的无线电台有：长春广播电台（第二部广播、第一部广播）、大连广播电台（海外广播）、安东广播电台（第一部广播）、牡丹江广播电台（第一部广播）、承德广播电台（第一部广播）、大连广播电台（第二部广播）、沈阳广播电台（第二部广播）、黑河广播电台（第一部广播）、齐齐哈尔广播电台（第一部广播）、海拉尔广播电台（第一部广播）、延吉广播电台（第一部广播）、佳木斯广播电台（第一部广播）、长春广播电台（海外广播）、营口广播电台（第一部及第二部广播）、锦县广播电台（同）、齐齐哈尔广播电台（第二部广播）、海拉尔广播电台（第二部广播）、富锦广播电台、哈尔滨广播电台（第二部广播）、通化广播电台（第一部广播）、北安广播电台（第一部及第二部广播）、牡丹江广播电台（第二部广播）、承德广播电台（第二部广播）、佳木斯广播电台（第二部广播）、东安广播电台（第一部及第二部广播）、通化广播电台（第二部广播）、黑河广播电台（第二部广播）、哈尔滨广播电台（第三部广播）、孙吴广播电台（第一部及第二部广播）、赤峰广播电台（第一部及第二部广播）、兴安广播电台、吉林广播电台（第一部及第二部广播）、本溪湖广播电台、鞍山广播电台（第一部及第二部广播）、抚顺广播电台等。

太平洋战争开始后，日本在中国东北实行利用无电荷电缆之有线中继；对海外则由长春用 20 基罗瓦特之广播机两架，一基罗瓦特以下者数架，大肆作宣传广播，听户骤增至 45 万户之多。1941 年底，电电公司完成了东北境内主要基础广播网和广播设施的建设任务，广播信号基本覆盖了东北地区。1942 年末，电电公司的 18 家广播电台全部实现了中日语双重广播，用户收听数达到 48 万，基本上完成了五年计划。

太平洋战争爆发后，日本侵略战争的战线过长，各战场转入不利局面，战争消耗使得日本国内及伪政府的财政严重不足，无力增加广播的投资；同时也为了防止英美的空袭，缩小广播电台的目标，日本的广播方针也发生了转变，即转大电力建设方针为小电力方针。之后相继建立的电台都是小

型的、开支不大的电台。如1942年后建立的密山（当时称
"东安"）、孙吴、赤峰、兴安、吉林、本溪、鞍山、抚顺8
座广播电台，其中最小的发射功率只有10瓦，最大的也不过
50瓦。

九一八事变之后，日本为达到其统治东北的目的，配合
其大陆政策，十分重视广播的作用。日本殖民者曾这样描述
战争中广播目的："广播的最大目的以知道舆论、统一舆论为
大前提，全国广播要做到表里一体，要作为前卫分子、作为
触角，伸向满洲各地"，"广播的全部目的是极力促进战力增
强的宣传"。① 因此，在日本东北沦陷时期，日本不断地整修
原有电台及线路，采用新设备，构建广播网络，以达到增多
听众实现统治渗透的目的。不仅如此，日本在这一时期，还
从用户——听众的角度对广播的收听机械给予了改进和普
及，以提升广播网络的实际效果。

2. 推广收音机

广播网络的建立需要收音机才能真正实现广播的目的。
20世纪20年代成立的东北无线电监督处是我国早期的广播
管理机构。由于电波的交叉性，政府注重规范收听器材的管
理，1924年交通部颁布了《装用广播无线电接收机暂行规
则》。1926年经东北地方政府批准，在东北颁发了关于无线

---

① （日）大塚力夫:《决战下的地方放送》《业务资料》，1943年12月号

电广播相关的三个规章:《无线电广播条例》《装设广播无线电收听器规则》和《运销广播无线电收听器规则》,这三个规章共 43 条,在一定的范围内付诸了实施,较交通部的公布更全面与完备。除了要在东北设立无线电广播及相关内容的规定,《运销广播无线电收听器规则》第四条和第五条规定:在东三省境内,任何人或任何机关不得私运、私售或私设任何无线电机器并经营广播无线电事业;中外商行可以在绝对遵守运销规则的条件下,运输销售东三省境内所需的收听器暨附属品以及零件等项。鉴于当时中国的技术,东北的收听设备,主要是收音机及其零件主要依靠进口。东北地方政府对于收音机器材采取了严格的进口措施。同时还对听众及听取的内容做了限制。当时有收音设备多为商人或上流人士,还有就是在中国的日本人,但是懂修理技术的人少。收音机的购买人数少,且流程复杂,所以用户较少。

要实现广播在中国东北地区的功能,在构建网络的同时就必须使更多的人收到信息。伪政府交通部的日籍官员岸本俊治对比日本与东北地域广播收听的情况,日本国内的广播是由商人自由竞争而实现的广播普及,广播听众居住集中且数量较多;而在东北地区,听众少,人口密度小,如果采取日本使用的市场选择实现收音机的普及则很难成功。[①] 既然依靠市场难以直接实现收听设备的普及,依靠"行政"的推行

---

① (日)岸本俊治:《对于满洲的放送——我见》《业务资料》,1936 年第 4 号

就成为必然。

电电公司设立后就颁布了《广播无线电话听取规程》，利用收听收音机登记和缴费等规定来限制听众的自由。同时电电公司为了推广收音机的销售，设置了专门的收音机接收器和服务机构的据点——"收音机商谈所"，电电公司派遣专门的营销和技术人才到各个商谈所，负责收音机的贩卖、维修等业务，方便普通民众购买、使用和维修收音机，也扩大了广播事业的规模，增加了收益。1934 年 11 月，先后在大连、沈阳、长春、哈尔滨、安东、抚顺等 6 个城市设立收音机商谈所。不仅如此，电电公司还把收音机的销售工作委托给收音机企业和广播电台，还让已有的电报电话局兼营销售、修理和接待收音机事务。为了更加积极地开展电报电话局的销售业务，1937 年，由地方电报电话局选拔技术人员进行技术培训，电报电话局有专门的收音机维修人员。1939 年末，"收音机商谈所"增加到 59 所，电报电话局兼营的就占半数以上。可见，收音机的普及在政治控制之下的普及，且由于价格的原因，广播的普及有较大的难度。1936 年前，日本在东北地区销售的收音机主要是进口，类型主要有"普及型"、"标准型"和"电池型"，"普及型"收音机售价在 16—24 元，比当时抚顺煤矿中国员工每个月的最高工资 15.7 元还要高，一般的家庭很难购买得起。

为了在普及收音机的同时，控制听众收听国民政府和苏联政府电台的抗日反满宣传，同时也为了与在东北销售广播

器材的英美公司相竞争，进一步把东北作为其商品市场，日
本在电电公司统制东北电信后，电电公司1936年开始售卖
"电电型"收音机，这种收音机只能收听伪政府广播，售价
比英美进口的收音机便宜。为了推销这种收音机，电电公司
在公司内设"商事股"，直接负责推销收音机，减少流通环节
成本，降低收音机售价，以适应中国人的购买力。还让一般
商人代卖，方便一般人购买。甚至在一些地区，还尝试用分
期付款的方式来刺激民众对收音机的购买。电电公司还动员
了许多不从事无线电广播业务的电报电话业务等人员，每年
进行数次大销售活动，一般在春季的四五月和冬季的十一二
月进行。如果有防空演习等特别活动，就会与县公署等合作，
进行促销活动。如在七七事变之后，日本对情报的收集的有
了更高的要求，电电公司与伪公署在防空训练中合作，采用
按户出租兼试用收音机的方法，将库存的收音机销售了6000
台，1937年度的收音机用户人数突破8万人。电电公司还采
取抽签、广播展览会等形式，以电报电话为据点，进行无线
电广播的普及活动，全面发挥了电电公司经营电报、电话、
广播的公司经营特性。

　　"电电型"收音机，1936年可分为普及型一号、普及型
二号、普及型三号、标准型一号、标准型二号、标准型三号
和标准型四号7种。1937年增加了普及型四号、普及型五号
等多种型号。在电电公司的大力推广销售下，具体销售情况
如下：

1936 年度—1938 年度"电电型"收音机销售情况 [1]   单位：台

管理局 年度	大连	奉天	新京	哈尔滨	齐齐哈尔	承德	共计	备注
1936 年度	1894	1528	2233	866	158	130	6809	
1937 年度	8386	12906	12933	7194	3258	1223	45927	
1938 年度	8795	16187	11975	6226	4456	931	51828	新设牡丹江管理局销售 3258

在电电公司不断调整销售手段的情况下，各管理局每年销售的收音机数量都在增长。因销售上的推广普及，到 1942 年，东北地区的收音机 80% 都变成了"电电型"。

"电电型"收音机主要由日本国内制造商制造的。1939 年，电电公司向日本国内的广播制造商订购了 12.5 万台收音机，当年日本向东北的广播出口额超过 369 万日元，占当时日本收音机出口的 90%。这些制造商包括日本的早川金属工业株式会社、山中无线电机制作所和松下电机产业株式会社。这些大型电器通信企业通过收音机出口和军需无线电制造积累了资本和技术。由电电公司采取了多种方式推广销售收音机，如广播宣传汽车、在农村进行"农村电池式收音机普及运动"等。收音机的推广，使得广播网络真正地运转起来。1938 年末，东北主要都市听户每百户的普及率情况，大概如下：大连 25.2%，沈阳 15.3%，长春 24.7%，哈尔滨 8.7%，吉林 11.7%，安东 7.6%，牡丹江 12.7%，抚顺 7.9%，齐齐

---

① 据资料整理。伪满电信电话株式会社:《满洲放送年鉴》，满洲文祥堂印刷部，1939 年，第 152-155 页

哈尔 12.1%, 鞍山 10.9%, 锦县 7.6%, 营口 5.2%, 四平街 10.2%, 公主岭 16.4%, 旅顺 15.9%, 佳木斯 7.7%, 甘井子 24%, 延吉 12.6%, 辽阳 4.5%。[①] 可以看出, 主要都市的收音机已经得到一定的普及, 在边远地区也有一定的普及度, 广播的内容可以在东北大部分地区实现收听。

随着太平洋战争的爆发, 日本在调整了广播电台建设方针的同时, 对收音机的销售政策, 也从自由贩卖转为了"重点"贩卖。"新京中央放送局"升格为"新京放送总局", 并极力推销只能收听到日伪广播的收音机, 并强制购买, 同时以取缔六灯以上的收音机的命令, 限制东北地区人民收听其他地区电台。

① 伪满电信电话株式会社:《满洲放送年鉴》, 满洲文祥堂印刷部, 1939 年, 第 139 页

第五章　电信运营与人员

　　福柯指出：技术设计实现了将不同物质功能化处理的权力效应，其最终落点在于调配、控制并利用人与人之间的关系，技术使得权力统治从威严的政治机构散布到了日常生活，技术规训成为了日常生活中权力组织的新形式。通讯技术产生以来就在不断地进行更新，丰富的电信业务促进了电信设备的更新换代。在电信业的发展早期，以网络的扩展为市场的重要指标，之后，以设备的更新，如从人工转为自动，增加电信用户的容量也是电信企业的方法。可以说，技术更新是电信企业的发展主题。

　　为了完成在东北和日本、朝鲜间建立快速、完备的通信任务，牢固地控制东北的经济命脉，更大规模地从东北掠夺财富，电电公司除在管理上实施严格的集中统一外，还曾不遗余力在电信中引进了当时颇为先进的通信技术。电电公司先是投入资金对设备进行更新，在太平洋战争之后，因经济的问题，侧重于人员培养。

一、电信设备更新

1. 有线电信设备与技术

有线电信主要指有线电报。在电电公司成立的初期，公司投入了大量的资金在设备上。如电报方面，1933年基本建设预算约200余万元（其中包括长春新设无线设备费193万元）。对电话设备的更新投资更多，仅1935年就投资了390万元。[①]1934年，日本递信省松前重义博士研制成功搬送式高周波通信（即载波通信）的无负荷电缆。电电公司相当重视，首先于1935年利用这种技术"敷设日、鲜、满连络之长距离电缆"，总共投资1400万元。在东北首先着手建设丹东沈阳间全长260公里的长途地下电缆，1938年竣工。以后，运用此技术陆续修建了沈阳长春段318公里地下电缆，长春哈尔滨段258公里地下电缆，以及牡丹江一穆陵一绥阳段电缆（此段后废弃），分别为三路或六路载波。"满洲电电"采用新技术的结果，就是使日本与东北间的通信效能得以提高，加上长春与东京间开通无线电话，使5000公里以上距离间实现了通话。

电电公司比较重视设备制式统一，提高通信能率。1936

---

① 满洲递信协会:《关东递信三十年史》第六章，1936年

左右，完成了将印字机的单信设备改用音响单信设备，整备统一电源，又着手扩充高级通信机（自动电信机）等。之后，步入扩充设施阶段，装设无电荷的电缆，新设置搬送式电信装置，扩充日本式印刷电信机等，积极革新电信技术，采取高速度通信制，同时积极使工作机械化，从效率和成本两方面进行技术改进：一是普及印刷电信机，极力减少莫尔斯印码机，以减轻训练技工经费，减少成本；二是以搬送方式实施多层通信制，以期节省线路经费；三是重要电报局间采取自动印刷通信装备，保持工作之迅速与正确。

至 1945 年日本战败，共有搬送式电信装置，已成立 14 端局，搬送式电路约 40300 公里，电报电话双用线约 45100 公里，实线约 26100 公里，共达 111500 公里左右，搬送式电路主要用于各大都市间，采用的搬送装置，多数为日本式的音响周波十二通信路，大部分用在安东、沈阳、长春及哈尔滨间无电荷装备之电缆区间。[1] 东北各地域电话电路则装备电报电话双用线，连接电话用电路的中继机，所用电线种类为 2.9 公里及 3.5 公里的铜线，或 4.5 公里的铁线。电报发信收信装置有印刷二重电信机（38 架）、自动二重电信机（71 架）、音响二重机（53 架）、音响单信机（651 架），电话机（227 架）、九五型电信机（144 架）等数种。此外大连中央电报局设海底电线用现波装置 3 座。沈阳电报局设有日本式之

---

① 东北物资调节委员会：《电信》，中国文化服务社，1948 年

一〇Ｂ型电传照相机一架，长春电报局设有日本式之一号模写电信机一架，前者对大阪、后者对东京，均用长途电话电路，收发电报。

1933—1935 年东北地区电报设备情况 [1]

设备名称	1933年	1934年	1935年	1936年	1937年	1938年	1939年	1940年	1941年	1942年	1943年	1944年	1945年
单字码机	306	241	172	109	35	17	10	8	2	2			
单声码字码兼用机		29	69	51	38	13	5	3	2				
单声码机	197	284	297	377	424	489	552	558	675	638			651
双声码机	10	12	23	27	36	43	53	52	68	82			53
单波码机							1	1	1				1
双波码机	2	2	2	2	2	2	2	2	2	2			2
单自印机					4	4	6	6	4				
双自印机	2	2	2	4	6	6	18	24	27	31			38
双自动通信装置	27	32	32	30	27	41	43	57	63	71			71
专用电话机	15	22	41	149	38	69	71	31	151	152			227
电传照相机								1	1	1			1
模写电报机													1
合计	559	624	637	749	606	684	758	743	897	884			1054
集信机（各种）	14	14	15	15	4	4	4	1	1	1			
双自动中继机	14	14	15	15	21	29	30	28	44	50			65
电信监督机	2	2	2	2	4	5	5	4	4	5			5
搬送式电信装置（一通话路）				2	2	3	3	4	4	6			14
搬送式电信装置（六通话路）									2				1
搬送式电信装置（十二通话路）				2	2	3	3	7	7	10			14

---

[1] 东北物资调节委员会：《电信》，中国文化服务社，1948 年

续表

设备名称	1933年	1934年	1935年	1936年	1937年	1938年	1939年	1940年	1941年	1942年	1943年	1944年	1945年
自动报时机	3	3	3	4	4	4	4	4	4	5			6
蓄电池				1390	2131	2312	2387	3346	2585	2742			2996
干电池				7250	6695	9374	9859	9520	10332	9797			8344
浸液电池				4588	3637	2487	3066	3486	3968	2802			1367
达尼尔电池				100									
勒克兰电池				409	101	24	20						

传真电报是当时电报技术中最新技术。1925 年美国电报电话公司（AT&T）贝尔实验室采用光电管技术和真空管技术研制出了实用型的传真机，1926 年该公司正式开放无线相片传真业务。很快就运用到了电电公司中。

东北的搬送式电信装置，采用一通信路式、六通信路式及十二通信路式三种；其中以十二通信路式为最新技术，并分四线方式与二线方式两种。搬送电流则利用多周波电动发电机供应，其周波数以八五周波为基本。

1933 年东三省内电报局所数只有 363 所，发送电报量为年 1013 万件，电报多数是国内电报。到了 1945 年，东北电报局数增长到 1030 所，1944 年的发报量为年 4600 万件，远至欧美国家都可以发送电报业务。

电信所用的电源：各大都市主要电报局设蓄电池和电动发电机或金属整流器，以备充电。较小电报局，则专用干电池。全东北各大都市主要电报局，计有重油发电机 1 台，电动发电机 34 台，金属整流器 42 个，蓄电池 2996 个。这些电源设备同时供长途实电路中继用，设有自动二重中继盘；又为连接搬送式电路与实电路而设四号中继器，此类装备之总计数约有 65 台；此外设有电信电路测验台 17 架，监督机 5 架，报时机 6 架。在大连、沈阳、长春、哈尔滨及安东五局设有带式转运机。力求就地取材，保证器具供应，合理利用原有设备，注意节约。这在电电公司中后期尤为明显。海外供应的断绝迫使它不得不重视零部件在东北的生产和供应。先后在大连、沈阳生产自动电报机、印刷电报机、真空管，并用蓄电池、充电器取代干电池等。使小电报局用携带蓄电池与吞加充电器，后又将与蓄电池局连续之音响单信电路，改为闭电式，藉此每年可节省干电池 2 万多个。

由于电电公司更新电报线路，扩充新式设施，加上采取积极革新技术，力求使工作机械化和节省事业经费等措施，在提高通信效能、降低成本、增加收入等方面取得较大进展，以有线电报为例，如下表[①] 所示：

年度	局所数	电报份数（万份）	电报费（万日元）
1933	363	1,013	122
1934	576	1,232	451
1935	650	1,550	480
1936	685	1,771	519
1937	684	2,089	577
1938	860	2,650	754
1939	934	3,411	912
1940	982	4,135	1,045

①东北物资调节委员会：《电信》，中国文化服务社，1948 年，第 9 页

年度	局所数	电报份数（万份）	电报费（万日元）
1941	1,050	4,257	1,093
1942	1,122	4,263	1,541
1943	1,148	4,370	—
1944	1,051	4,600	—
1945	1,030	—	—

注：—为统计不完全。

2. 无线电信设备与技术

1897 年，意大利的科学家马可尼在赫兹实验基础上，实现了远距离的无线电信号传输，虽然在实验当时只有不超一百码的距离，但经迅速改进在一年以后就实现了船只与海岸的通信。这是无线电通信史上的里程碑，并很快运用到商业的发展中。无线电通信技术与有线电通信相比，具有不用架设传输线路线、传输距离远、通信比较灵活等优点。但其缺点是易受干扰，对传播距离和信号之间有要求。

东三省各主要城市，因为距离较远，所以不同时段的东三省的实际统治者对无线电的设施十分重视。伪政府建立后，日本对东北的殖民统治逐渐稳固，日本经营东北地区的活动也在逐步展开，"中央文化要想在满洲普及，必须要建立强有力的放送局，加强广播电力的功率，信号才能覆盖满洲全境"，即要为日本在中国东北的统治增设无线电设备。日本出资 100 万日元在长春建设了当时亚洲发射功率最大的电台，提高广播信号的传输力，使中国东北"报道事业发生了划时代变化"。[①]

电电公司在东三省装设的无线电发信机，有数基罗瓦特者，有数十或数百瓦特者不等，大致除重要电路外，均系手压声码通信机。东北境内往来通信情形，大致可分为下列中心局与地方局：

中心局	地方局	中心局	地方局
大连		哈尔滨	通河、延寿
沈阳	锦县、大石桥、营口、鞍山、抚顺、本溪、安东、阜新、锦西、通北、长白	齐齐哈尔	海拉尔、满洲里、奈勒穆图、嫩江、北安、黑河、孙吴、山神府、阿尔山、漠河
承德	赤峰、丰宁、古北口、兴隆、青龙、林西	牡丹江	东安、绥芬河
长春	敦化、间岛（延吉）、图们、珲春、青化、安图、开鲁	佳木斯	富锦、依兰、宝清、抚远、饶河

上述中心局和地方局，构成了东三省的无线电发展网络。至于其国际线路则主要以长春的无线电台作为中心，分为对欧洲及美国的旧金山、柏林、巴黎与罗马四条路线。对美的通信是 24 小时制，所用波长分为三种，即 12500、11775 和 9545 千兆。发信天线分为定向反射天线与垂直定向反射天线两种。对德国和对法国之通信，用 11000 千兆电波，与 A•W•H 型的天线，采用时间通信制。使用的电波发信机均是 20 基罗瓦特，收信机为二差别因数机，采取高速度之自动通信的办法。日本"南进"之后，对东亚各地的侵略要求通信

---

①（日）川岛真：《伪满洲国的广播政策》，近代中国东北部文化国际研讨会，2004 年，第 3 页

的迅捷，在 1942 年对爪哇、马来群岛、苏门答腊、菲律宾、缅甸及香港地区开始通信，波长用 11775 及 9945 千周，天线为双锥式。对日本之东京与大阪，对国内天津、北平、青岛、烟台、上海等都市的通信，指定利用长春、沈阳、哈尔滨及大连各电台。其发信机均为 500 瓦特以上者，大部分系双自动通信装置。

1945 年东北无线电信设备，大致已完成的有 60 局所，收信机架数约为 100 余架，分布在各电话局所中，小的收发装置只有 1W，大的达 1000W 上。被广泛用于公众通信、海上通信和新闻报道通信等用途。如大连局向航行近海之船舶通信时用 3 基罗瓦特或 1 基罗瓦特之发信机及中波通信。在全东北境内，办理一般公众通信与新闻报道通信的电信局所，有沈阳、大连、长春、哈尔滨、牡丹江、齐齐哈尔、佳木斯及海拉尔等八处。此外还设有专用与气象等委托的设备电路数处。

在无线电话之中，商业使用的无线电话作为国际电话的用途获得了极为显著的发展，电电公司在 1933 年成立之后便在新京（长春）设立了无线电话局，通过该局可使中国东北 90% 的用户与日本方面实现通话。在 1936 年又设置了大连无线电话局，使日本到中国东北之间的无线电话线路增加至两条，还实现了中国东北与台湾以及上海的通话。

3. 电话设备与技术

1932—1945 年期间，东北电话主要磁石式电话。磁石式电话，又称手摇电话机、摇把子电话，因在电话左侧有一个摇把而得名，使用电话前需要手摇给蓄电池充电。使用电话的工作原理为：当用户拿起电话机对着送话器讲话时，人体声带振动会形成声波作用于送话器，引起话筒金属盒内碳粒变为忽松忽紧、电阻变为忽大忽小、电路中的电流变为忽强忽弱，话音振动导致的电流变化沿着线路传送到对方电话机的受话器之内，听筒中电磁铁磁性反应变为忽强忽弱，薄铁片所受到的磁力变为忽大忽小，进而引起薄铁片的振动变化，从而发出与说话人相同的声音。

电话被分为人工电话与自动电话，人工电话主要依靠接线生进行通话转接。自动电话是可以通话双方可以直接接通的通话方式，需要用到自动交换机。也有鉴于两者之间的半自动电话通话。人工电话机因电流的供给方式可分为磁石式和共电式两种。前者用干电瓶供给通话所需要的电流，而以磁石式发电机供给发信号至电话局的电流，干电瓶与磁石发电机都装在用户的电话机内。共电式电话的电力则集中在电话局，通话和信号所需要的电流都依靠电话局里的蓄电池供给，用户电话机中没有电瓶和磁石发电机。共电式维持费较少，电力集中，管理容易，但是需要充电设备，价格较高。磁石式电话电力设备在用户，管理不易，更换人工费用高。东北的电信设备，这两种都有采用。自动电话是当时电话设备更新的趋势。至1945年8月，连、沈阳、长春、哈尔滨、齐齐哈尔、牡丹江拥有磁石式电话居所236所，复式大型交换机 18，复式中型交换机 9，复式小型交换机 9，单式百门交换机 333，特种百门交换机 228，特种 10，测验台1780。在电话用户逐渐增加的情况下，在人口稠密、商业发达的地方，又逐渐采用自动式电话交换机。电电公司对于拥有 1000 以上用户的交换局，改为自动交换机，重要都市间之市外电话电路，改为搬送式；1933 年以后相继在各地装设搬送式电话装备 62 台以上，并增加市内自动式电话交换机零件和线路。

1945 年 8 月自动式市内电话交换机数量[1]

电话局名		方式	客量	实际装置	设置年月
大连	大连中央	史特劳杰式	8500	8500	1923 年 4 月
	伏见	同	8000	5500	1934 年 1 月
	圣德	同	5000	2500	1941 年 11 月
	岭前	同	3000	2000	
	朝日	同		2500	1937 年 7 月
	甘井子	同	1000	400	
	貔子窝	同	800	200	1940 年 5 月
	金州	S·B		700	1943 年 2 月
沈阳	沈阳中央	基门斯哈耳斯凯式	8000	7000	1936 年 11 月
	春日	同	6500	6000	
	铁西	同	8000	3500	
	城内	同	3000	2500	1939 年 4 月
	抚顺	史特劳杰式	5000	4000	1939 年 11 月

---

[1] 东北物资调节委员会：《电信》，中国文化服务社，1948 年，第 9 页

续表

电话局名		方式	客量	实际装置	设置年月
沈阳	铁岭	同	2000	800	1939 年 2 月
	鞍山	同	5000	3200	1935 年 12 月
	本溪湖公原分局	同		1900	1941 年 10 月
	通化	同		1400	1933 年 4 月
	通化二道江分局	同		500	1945 年 5 月
	锦县	基门斯哈耳斯凯式	4000	2500	1937 年 12 月
	安东	同	6000	3800	1938 年 3 月
	营口	史特劳杰式	3000	2000	1941 年 8 月
长春	长春中央	基门斯哈耳斯凯式	8000	8000	1935 年 11 月
	大和	同	5000	5000	1929 年 8 月
	安民	同		500	1933 年 12 月
	官厅	同		1400	
	吉林	史特劳杰式	4000	3000	1934 年 3 月
	吉林龙潭分局	同		200	
	四平	同		1500	1943 年 3 月
哈尔滨	中央	基门斯哈耳斯凯式	9000	8200	1938 年 12 月
牡丹江	牡丹江	史特劳杰式	6000	4000	1937 年 1 月
	佳木斯	基门斯哈耳斯凯式	4000	2500	1938 年 12 月
齐齐哈尔	齐齐哈尔	史特劳杰式	4000	3000	1934 年 3 月
	海拉尔	同	4000	1700	1941 年 11 月
承德	承德	基门斯哈耳斯凯式	3000	1100	

续表

电话局名	方式	客量	实际装置	设置年月
合计	基门斯哈耳斯凯式	（14 局）	52500	
	史特劳杰式	（20 局）	48800	
	S·B 式	（1 局）	700	

　　自动交换机的增设与使用可以提升电话的效率降低人工成本。电电公司改市内单线电话为金属式，扩充长途电话中继所，同时对广播有线电路运用的技术及音质调节，按计划逐年改进；尤其关于长途发号中继方式研究成功后便在长春、沈阳之间应用。再对于无电荷长途电路之三通话路搬送式电路，在设施上仅稍加以变更，即可成为六通话路等。对于特别高压送电、扩充配电网、增设电车铁轨等引发的电话线路的干扰等问题，也专门进行了技术上的研究。

　　各大城市之间的长途通信包括长途电话的通话增加，电电公司在沈阳—长春间，长春—哈尔滨间，沈阳—锦县间等相继装设惠斯登式三通话路搬送式电话装置。1935 年，以长春为中心，积极增设市外电话电路，在安东—沈阳间，埋设地下电缆，各重要都市间正式开始增设裸线之搬送式电路。1938 年，计划于东北的东部及北部，增加电路，完成沈阳—长春间及牡丹江—绥阳间之地下电缆，逐渐完备电信网络。1941 年苏德开战后，伪满又在东部、北部、西部所谓伪满"国境地带"，扩充通信路线，多数是建设搬送式电路设备。1944 年以后的电话线路则主要用于军事。东三省重要都市大连—金州间、大连—貔子窝间、大连—旅连间、沈阳—抚顺间、沈阳—铁岭间、沈阳—鞍山间都采用的是短途市外拨号式，沈阳—长春间、长春—哈尔滨间采用长途拨号式。

电电公司还构建国际电话通话网络。1934年，开通长春—日本电话，12月开通经图们、南阳与朝鲜北部电话，1935年2月底成立所谓的"满鲜间电话业务协定"，在"日满鲜经济一体化"下，与日本递信省于1936年3月缔结了"关于办理关岛省收发通信协定"，4月1日开始电话联络。此外根据所谓"中、满电话联络会谈"，东北境内之各主要都市与北平开通电话。及至华北伪政权成立后，华北设有伪华北电信电话株式会社，东北与华北之通话区域，亦随伪华北电电会社之营业区域扩大而渐增，并实施市外专用电话制度，报社、通讯社及交易所等均得利用。1941年4月利用大连无线电话，与台湾及华中开始通话；并与大连航线汽船之一部通普通电话。至国际间电话联络，须经日本中继，但1930年8月，长春、柏林间竟直接通话。

东三省对日本的通话业发达务。1933年东北的电话户数人为11326户，东北电话用户数共33253户，1944年入户用户数达到49964户，总用户数达到130695户。

4. 无线电设备与技术

日本对广播要达成的目的具有很高的期望，所以其投降

时，东北的电台已有 50 多处，重要都市中的广播及中继设备
为最新的。

由东北向欧美各国间的交换广播，一般采用短波无线电
话；通话发起使用长春无线电局宽城子发信所之 20 基罗瓦特
短波无线电话发信机，与对欧美用的电台天线，接收方则用
长春无线局孟家屯收信所的差别式短波无线电话机，与对欧
美用的电台天线。长春广播电台与宽城子、孟家屯之间，用
广播联络电缆联系；向外是由长春广播电台微音器经宽城子
用短波播出；接收时由孟家屯达长春广播电台，再送至宽城
子向全东北广播。日本与伪政府间的联络广播在 1942 年完成
了无电荷电缆，施行有线中继。与朝鲜的交换广播，即长春
之孟家屯接收朝鲜京城之第二部广播 970 千周后，向全东北
无线中继，而朝鲜方面则接收长春之第一部广播 560 千周，
或大连之第一部广播 760 千周，或长春中短波，再用无线向
朝鲜境内中继。

七七事变后，与华北的联络广播，使用由北平或天津经
山海关搬送式联络，于沈阳广播电台加以调整之后，再向全
东北转播。

在无线电广播的建立、设置过程当中，存在着一些显
性的问题。首先是广播使用中遇到的波长问题，因广播电台
的数量激增，波长的分配开始变得越来越难，因此实行长波
广播。长波广播的好处或优势在于白天时具有较大的有效距
离，夜间时又没有衰退现象。1936 年 10 月 1 日，长春实行

双重广播。除使用原有波长外，又增设了一条 180 千赫（即
1670 米）的长波波段；其次是广播功率上的问题，即增加大
功率的广播电台，对外可保证东北地区的广播，兼可以对其
他国家进行国际上的宣传，这种状况说明各国都在争相做广
播电波战的先驱。电电公司下属的新京广播局将原来 1 千瓦
功率一举增加到 100 千瓦；再次是如何应对他国利用短波无
线电进行对内广播的问题，即如何让东北地区的听户无法听
到来自国民政府、苏联等不同阵营的短波问题。

　　此外，在体育场、剧场、音乐堂或其他举行仪式之地点
的实况中继广播，技术上可以实现。

　　伪政府广播成立之初，受到政府和财团资金的大力扶持，
但这种扶持并不能持久。作为股份公司，为了确保稳定持续
的资金支持，缓解公司内部财政压力，获取更大经济收益，
电电公司在 1936 年 11 月至 1940 年 4 月期间，进行了广告广
播的尝试。1937—1939 年，电电公司广告广播的业务是比较
成功的，广告播放逐年上升，1937—1941 年的广告播放量分
别为 2825 件、4777 件、7518 件，广告收益也随之上涨，分
别为 55860、69502 和 123402 元。对一个企业而言，是盈利
的，但是战时体制状态下，配合战争的需要，消费缩减，商
品广告也被减少。电电公司的国策性愈加重要。

二、人力资源与配置

1. 电信人员的养成

维持电电公司发展的是其职员。前述，电电公司的中高级职员多为日本人，监事、董事、高级管理人员等如总裁、副总裁、部长、总局长、管理局和地方局局长等均由参事技师等级以上的人员担任。在电电公司直接管理的大连管理局、奉天管理局、新京管理局、哈尔滨管理局、牡丹江管理局、齐齐哈尔管理局、承德管理局，电电职工分为参事、副参事职员、职员（分为甲职员和乙职员）和准职员，此外还有甲种仆员和乙种仆员。以 1940 年数据，电电公司总部人员 1810 人，日本人 1630 人，伪政府职员 180 人。整体人员中日本人比例非常高。7 个管理局共有 15000 人，其中日本人有 11276 人，伪政府有 3724 人。具体到各职位，高等级职位的日本人人数更多：参事，日本人 48 人，伪政府 1 人；副参事日人 124 人，伪政府 6 人；甲种职员，日本人 265 人，伪政府 15 人；乙种职员，日本人 1440 人，伪政府 87 人；准职员，日本人 8627 人，伪政府 1288 人；甲种仆员总计，日本人 1927 人，伪政府 973 人；乙种仆员总计，日本人 845 人，伪政府 1358 人。日本人总体占据了较高的职位。①

　　客观而论，电信工作的从业人员，需要相关的必备的业务技能和专业知识基础，也需经过专门的训练培养，工资差别是企业的正常选择。因为战争和局势的原因，电电公司需要的员工数较多，为了适应市场，公司主要侧重于普通员工的养成，一是以学校的方式直接培养，一是以提升在职人员的培训。

　　电电公司于 1933 年 9 月在东北大连成立了"电电社员养成所"（前身是大连电电递信讲习所，1927 年 6 月 16 日成立）。初设学制 2 年（后改为 1 年），设有技术科、电信科，并分为普通科与专修科。20 世纪 40 年代以后，该养成所迁到长春，成立了长春电电职员炼成所。此外，电电公司还于1934 年 7 月在哈尔滨的王兆屯设立社员养成所，主要培训培养能够从事日文电报的操作专业技术人员，该机构于 1935 年关闭。1937 年还在长春设新京社员养成所。电电公司设置的大连养成所从成立到 1945 年共举办了 13 期，培训 2000 多名初级有线、无线报务员、电话机线员以及中级（专修科）报务员、电话机线人员。除分派到大连电电管区"中央"电报、电话局、分局（室）、报话局之外，还分派到伪政府各地（包括热河、内蒙东部）电信部门为电电公司工作。

　　这些养成所招收学员多在报纸上进行广告宣传。1936

---

① 数据来源《资格别员数表》，伪满电信电话株式会社：《统计年报》（1940 年 1 月 1 日至 1940 年 12 月 31 日），第 22-23 页

年，电电社员养成所招考讲习生，A 科（中等学校卒业者）约 40 名，B 科（高等小学校卒业者或具有同等以上学力者）约 40 名，C 科（公学堂 高等科或公学校高级科卒业者）约 30 名。[①]1939 年电电社员养成所第一期学院卒业，卒业学生都是无线技术学习后毕业后全部进入电电公司"中央"电报局服务。之后增加入学人员到 600 名。[②]对招收学员有一定的前期知识的要求。

电电社员养成所招生广告 [③]

由于战争的扩大，电信人员需求急剧增加。1938 年，在关东军、电电公司和弘报处的支持下，建立了新京（长春）"社员养成所"，此后相继建立扩充了"大连社员养成所"以及"旅顺社员养成所"，日本国内更是为了直接便利地支持侵略地中国东北的电信建设，还建立了"大阪社员养成所"。"养成所"负责培养电信、电话和广播的专业人才，通过招

① 《电电社员养成所招考讲习生百十名》，《大同报》，1936 年 1 月 15 日
② 《电电社员养成所第一期生卒业式》，《大同报》，1939 年 3 月 12 日
③ 《电电社员养成所招生广告》，《盛京时报》，1943 年 1 月 28 日

收学员，集中统一培训，毕业后分配到各地电信局所，成为日本统制中国东北电信、电话和广播等宣传机构的重要基础。配合日本向华北的侵略，电电公司1938年派社员百名进行"献身的努力"，协助日本军队。"华北电政总局"1938年成立后，电电公司的315名社员被转入该局，电电公司对此进行了升级增薪的奖励。①

牡丹江于1941年4月1日，哈尔滨于1941年10月21日，齐齐哈尔于1942年6月1日，先后设立私立伪电信电话青年学校。为了得到更多的电信职员，电信养成所对学员的招生要求实际上也在减弱。

（广告）奉天电信实务学院招生②

宿名已久之本院，历经五载之光史，造就优良之通信人材越数百名之众，分别荐至各观象台及陆军无线电台通信队飞行队等并其他扼要之通信机关，其技术之优良品学之端方实为各关系者之赞许，本院为养成国家急需之人材计有志青年学子计，故积极养成优良之通信人材有志者可阅下文：一、本科一个年卒业年龄15—20（优级卒业以上）；学额一百名，八月五日迄随时入学。院址奉天大北边门外永安巷。

---

① 《电电社员入华电局》，《大同报》，1938年1月19日
② 《奉天电信实务学院招生》，《盛京时报》，1943年7月4日

学员的要求和培训年限等有所下降。奉天电报学校的招生则更简单。

奉天电报学校招生 [1]

资格　限国优卒业十九岁以内之男子

考试日期　八月十五以前随到随试

（但有校长推荐者得权衡入学）

另有详章函索付邮六分即寄

奉天市小雨街四段二五号

至 1944 年，大连电电社员养成所陆续将其招生简章发布到东北各地进行招生，对其所招收的学员不收学费，免费供食宿等，学习时间也较短，不足一年，但毕业后必须为电电公司服务三年。该所待遇为：发给每位学员一套校服、一件用更生布做成的大衣、日本战斗帽、一副绑腿带。大衣肩章、帽子上均有"满电电"徽记（MTT 满电电）。该所的师资及管理主要为日本人（如授课老师及校长为日本人，只有一位副校长是中国人）。全校在 1944 年有 20 多个班，每班有约 50 人，由东北各地招收来的新生至少超过 1000 人。学习的科目课程具有一定的难度，分为日语、电信科、技术科、代数、电磁学等课程内容。每个学员都发给一个电键模型，不接电

---

① 《奉天电报学校招生》，《盛京时报》，1943 年 8 月 5 日

源只用来练习手法以及拍发速度，主要需要熟记日文 51 个字母对应的通信符号及数码。[①] 学校的纪律严格，还要进行"思想政治"上的教育，说白了也就是更加服从地为日本帝国主义及其控制的伪政府服务。[②] 毕业后的学生进入电电公司。

业务繁忙，技术上的更新，电电公司以召开讲习会的形式对已有员工进行再培训提升员工的素质。"关东厅"递信局于 1934 年 9 月制订了《在职人员讲习规程》，设为普通班、干部班和特别讲习班。此外，每年从在职人员当中挑选那些"成绩优秀者"经过初步考试，作为递信修习生，选送到递信官吏讲习所进行培训。补充与解决递信局所辖各邮便局所需要的骨干力量——"中坚干部"。该制度进一步规定，从在职人员当中选拔出来的"成绩优秀"者，经过考试，会派遣到北平（北京）、上海、香港等地进行专门的学习，包括学习汉语、英语和俄语等语言。在职培训的内容主要有：现业干部讲习会、通信技术讲习会、电信业务讲习会、向内地派遣放送员、放送技术讲习会、自动交换技术讲习会、新人社员事务讲习会。这些讲习会类似于员工的入职培训和专门业务提升。[③] 自 1911 年至 1936 年，"关东递信局"一共举办了 21 期递信讲习班（其中包括通信传习生、通信生与讲习生）培训1292 人（报考 8864 人、录取 1404 人，中途退学的 112 人）。

① 齐红深主编：《抹杀不了的罪证：日本侵华教育口述史》，人民教育出版社，
　　2005 年，第 12 页
② 《电电社员养成生参拜建国忠灵庙》，《大同报》，1941 年 1 月 8 日
③ 《对电电社员施行再教育》，《大同报》，1940 年 02 月 11 日

递信修习生（在职学习的）27 期（1910 年至 1936 年）培训110 人，其中本科第一部行政科 24 人、第二部行政科 30 人，技术科 30 人、无线通信科 3 人，专修补习科 23 人。[①]在 1941年伪政府与德国进行无线电交换和通话时，为了便于营业，电电公司选拔了川上百合子等女士对于从事国际电话的人员进行强化培训英语。[②]

　　新的设备和技术的推进，需要电信员工有新的技术，就要加强对电信员工技术的训练。印刷电报机的普及、载波技术的推行，减少了因使用旧式莫尔斯机所必需的人力，但也相应提高了对员工技术上的要求。因此，电电公司在长春和大连开办了训练所，对员工着重进行单一技能的培训，这些训练不仅是针对日籍职工，而且在人力不足时也对中国工人进行培训。为养成技术员工及加强业务能力，积极扩充社员养成所之设施，经常举办各种讲习会，以期保护维持搬送式电信装置及高速度电信机；技术人员之训练，以养成单一技能，实际应用为目标。日本以培训和在职培训的方式大致完成了电电公司成员的自给，也支援了军事行动中的电信人员。

2. 电电公司职员

　　公司必须有职员来支撑，由于电电公司电信的扩充与业务的扩展，在 1932 年到 1940 年，公司职员人数呈上升态势：

①《关东递信三十年史》，第 119–121 页
②《电电选拔精锐女性》，《大同报》，1941 年 8 月 6 日

1932 年 5300 人，1933 年 5788 人，1934 年 6016 人，1935 年
6882 人，1936 年 7231 人，1937 年 8254 人，1938 年 9886 人，
1939 年 12706 人，1940 年 15000 人。[①] 如果以 1932 年作为指
数 100，那么 1937 年指数为 156，到 1940 年指数已达 283。
仅以这一个数据，充分表现电信业的扩展。

电电公司职员有着较为严格的等级级别划分。短期和单
项培训的员工多为低等职员，在公司中的待遇也各不相同。
一是级别高的员工工资高，总裁的年薪 1 万元，部长、总局
长等 7000 元，监事为 6000 元，此外每年约可分红利 1 万元
以上，总裁每年综合收入达 3 万元。职员为月薪开支，主要
依据学历、经验及担当的相应职务，分别制定工资额度。职
员最高的月薪为 450 元，最低 30 元，此外每年按照工作的
成绩、出勤的情况，分别按两期两次发给慰劳金。一般雇
员，每人每年可以分到的慰劳金逐级缩减，数量较少。雇员
采用的是日工资制，按工作日数进行计算，出勤进行工作就
计算工薪钱，未工作就不计算工资，当时日本人称之为"日
给者"。这些低级的雇员，每人每天可以拿到的工资不过 5—
6 角钱，最高也不过 1 元 5 角钱。二是中日员工有差别，日本
系职员工资高于中国职员工资，尤其在福利待遇上，日本员
工一般有住宿等，医疗保险也多是日本人享有。由此更可见
电电公司的殖民主义性质。

---

① 伪满电信电话株式会社:《统计年报》(1940 年 1 月 1 日至 1940 年 12 月 31 日)
业态图 8

电电公司的正式员工也有相应的员工待遇。1940 年以来，在大连、奉天、齐齐哈尔、哈尔滨等地设立保健所，使之从事保健及诊疗工作，并于 1941 年 4 月在总公司进行保健，以保持职员的健康和身体健康。还设立疗养院，为患病者提供公司的疗养。

1933—1934 电电公司职员国别人数[①]　　　单位：人

	1933 年	1935 年	1939 年	1941 年
日系	5741	4312	9470	12869
中系		2556	3236	3891
总计	5741	6868	12706	16760

1941 年，日本人逐渐在各个局的重要岗位上替代中国人，留用的一小部分中国人都充当杂役。当时延吉电报电话局职工为 109 人，其中日本人 98 名，中国人 11 名，其中设有局长 1 名，系长 4 名，主任 1 名，准职员 84 名，技工 1 名，工手 6 名，配达（投递员）7 名，雇员 5 名，员工的技术业务素质都很低，个别还是文盲，1942 年电报电话局员人数达到 129 人。[②]

日本把主要的职位留给了日本人，但是从所要面对的客户群——中国东北地区的人民而言，无疑是不够的。尤其是太平洋战争之后，广播的价值被充分地认识，舆情和民众的

---

① 据岸本一：《满洲电信电话株式会社十年史》（第 4 篇），伪满电信电话株式会社，1943 年统计完成

② 吉林省延边朝鲜族自治州邮电局编：《延边朝鲜族自治州 邮电志》，1988 年，第 92—93 页

认识已经影响到战争，广播的听众群已经从知识分子扩充到
普通人，而录用的日系人员某种程度上与中国东北地方语言
或"满洲语"有一定的差异，所以1942年电电公司广报处长
的武藤富雄主张采用中国东北本土的职员，理由就是"敌方
的思想战都是透过满人系统来运作""特别是今后的思想战必
须经由满系来执行。换句话说，必须确保获得更多作为我们
思想战斗士的满人""关于思想战这方面，无论如何都必须使
用满系的人"。[①] 之后，在电电公司系统雇用了更多的中国人，
比如播音员。至1945年6月，技术员工情况看，中国人的比
重虽然还是少，但纵向比较来看，人数增加了。

技术员工统计（1945年6月）[②]

国籍 技术	中国人	日本人	合计
电报	1439	2146	3585
电话	1119	2566	3685
电线	1340	911	2251
机械	769	1189	1958
无线	176	516	692
制造	403	214	617
修理广播受信机	166	107	273
建筑	9	22	31
电工	9	2	11
木工	46	13	59

　　正是由于日本处于侵略方，电电公司的职员主要是指日

① 武藤富雄：《放送上宣传》《电电》，1942年2月
② 伪东北科学技术学会：《通信报告书》（1945年），东北财经委员会调查统计处
　编：《伪满时期东北经济统计（1931-1945年）》，1949年，第473页

本人也在东北享有了很多的特权。森繁久弥是被日本放送协会 NHK 派遣到伪政府的广播人员，在这里，不论是在酒馆，还是在商店买东西，他只要说"我是新京广播局的森繁"，[①] 账单就会转到公司会计课上去。而在电报工作的中国人员，其待遇就差了很多。据当时佳木斯电报电话局的人员回忆：[②]

> 当时，报务员在中国人的心目中，还被看做有技术的体面人，可是在日本人手下，无疑就是奴隶。少干就要受斥责，怠工就要被开除没饭吃。特别是还有日本宪兵，日夜在电报局监视、守护，弄不好就很容易当做反满抗日，拷打处死。报务员韩锡候得了重病，日本人硬是不准假，让他出勤，韩咬牙坚持了两天，就病倒不能上班，到第六天头就活活被折磨死了。这是我亲眼看见的日寇虐待中国报务人员的罪行，今天回想起来，仍然叫人切齿痛恨。

> 报务员刘家崎，虽然没遭到和韩锡候那样可悲的下场，但也挨了日本浪人一顿猛揍。

> ……

> 论遭遇我是其中最幸运的一个。我在 1938 年由

---

① （日）森繁久弥：《青春之地——遥远的五十年旧满洲之旅》，日本放送出版协会，1996 年，第 21 页

② 陶诒镕口述，刘天光整理：《电报生涯五十年》，中国人民政治协商会议佳木斯市委员会文史资料研究委员会编：《佳木斯文史资料选辑》第 2 辑，1983 年，第 34—35 页

于连续发报，手累肿了，而且还得了肺浸润。经过当时的佳木斯最大最有名的两家医院会诊，都开出了肺浸润的诊断书，本来应当休息。恰好饶河电报局因缺乏熟练电报员而发不出报，硬把我逼到饶河电报局去，作为特殊"恩赐"和"照顾"，叫我边工作，边休息。

员工的差别待遇，使得中国职员非常珍惜没有业务的日子。在抗日联军破坏电信线路的时候，电信线路的修理需要几天时间，这是他们"难得的清闲"，他们也暗暗地在心里感谢抗联的破坏。日本在东北的强势殖民统治，无论怎样的手段掩饰，都无法掩盖他们骨子里透出来的侵略和野蛮，所以他们在构建新秩序的同时，也埋下了坍塌秩序的种子。

三、通信设施防寒研究

伪政权的面积约是日本本土面积的 2 倍，地理位置大约在经度 118°E—135°E，纬度为 48°N—55°N，属于高纬度地区，冬季寒冷而漫长，地温也相当低，因此地面上的各种建筑设施和电信线路经常遭受各种损害。作为国策会社，电电公司在电信线路网络的扩展上也是不遗余力，对于通信设施的防寒技术也相当的重视。

当时的有线电信线路有些是单一的电报线路，也有电报电话线路可以兼用的。电电公司首先把各自为政的电话线路进行梳理勾连。电话线路设施，从通话距离可划分为市内电线线路与市外电话线路，从铺设线路的材质可划分为裸电线线路与电缆。九一八事变前，东三省的市外线路设施，几乎全为裸电线线路，及至电电会社成立后，计划在日本和中国东北之间建设无电荷电缆的有线电路，先由安东、沈阳间动工，然后延至长春、哈尔滨，另有一部设于牡丹江一带，更由沈阳而至华北。电电会社一面改修过去之裸电线线路，一面开始建设新线路，且试以铝线补充铜线之不足，北境内所设之铝电线线路总长仅次于德意志及西班牙两国。市内电话线路的铁线，逐渐换为铜线，并多改为空中电缆及地下电缆。

经电电会社历年改筑、增设，至 1945 年 8 月前，东三省市内架空及地下电缆总延长约 2600 余公里，裸线总延长约 52000 余公里（内铜线约 15000 余公里，其他的是铁线），木杆约 158000 余根，多数经过防腐处理，比较耐用。市外线路，架空线路，总计干路支路里程约 12000 公里，木杆约 240000 万根，铁线延长约 31000 千余公里，铜线延长约 112000 余公里。长途地下电缆，沈阳至长春计 303 公里，长春至哈尔滨计 248 公里，沈阳至安东计 265 公里，各有心线 28 对。牡丹江至绥阳计 150 公里，则有心线 20 对。

这些线路经常遭受极端冻寒天气的灾害，输电线及通信线上会挂满冰雪等，增加了电线的工作负荷与风压，常常因此发生断线情况，造成电线路和输电塔倒塌等严重损失。例如，在南满铁路就发生了有记载的较严重的受灾情形，受害最严重的是 1907 年 12 月，1921 年 10 月 19 日，1929 年 12 月 14 日及 1936 年 11 月 26 日等几次。

1936 年南满电信线路灾害状况 [1]

被害区间	被害种类	电柱倾斜	电柱损伤	电柱挫折	支线切断	腕木破损	碍子破损	线条切断
满洲电电线	周水子田家间（电信）			2	3	4	12	366
	周水子田家间（电话）	32	7	26	66	52	193	2910
	大连旅顺间（电话）	2						28
	普兰店城子瞳间警察专用	226	1133	68	186	85	1049	1390
	大连市内系	电柱损伤（10）			（3）			（250）
	合计	260	1140	96	255	141	1254	3977
满铁线	周水子田家间	148		6	21		1132	27000
	大连旅顺间	142		25	4		360	12000
	大连市内系	93		13	38		35	35000
	合计	383		44	63		1427	74000

　　备考　大连的气象、风向西北、风速 12.2 米、最高气温 4.9 摄氏度、最低气温零下 9 摄氏度、天气云、雨、霰、雪、暴风

　　这是一次冰凝灾害，对于当时线路造成极大的破坏。据统计，该类型的灾害通常六七年就发生一次，从 1936 年的灾情以及北部、中部地区输电线路的受害受灾情况看，通常架设的电线是无法应对中国东北域内特有的严寒气候的，由于热胀冷缩，在遇到严寒情况下过度收缩，冷缩到一定限度必

---

① （日）满史会：《满洲开发四十年史》，新华出版社，1988 年，第 441 页

然会因绷得过紧进而发生断落。在夏季，气温又会大幅升高，电线又要延展松驰、松垂下来的电线遇风吹动则会与邻近的电线发生相碰，常常引起各种事故、故障。对于采用多大伸缩度来进行架设电线更能使线路适应于东北域内冬、夏两季的气温变化，这个问题成为电电公司最为关注并需要克服解决的问题。除了电线，气候对电线杆的损害也是显而易见的不容忽视。地面冻结的时候，电线杆及其支撑物会产生凸起，而暖化之后又产生下陷以至倒塌，这些因气温原因凸起下陷物理现象而造成损害的研究，对于铁道线路的维护以及相关建筑等等都具有同样重要的意义。

因此，电电公司重视研究电缆低温下的铺设问题，通过反复对冷热情形下产生的现象进行对比，对电缆电线进行各种低温试验，得出一些试验结论，一般在零下 15℃以下时电缆的弯曲试验是不合格的，东北地区铺设电信线路必须充分注意当气温降到零下 10℃以下时就需停止铺设电缆，抑或采取特殊增温措施才能进行线路铺设。这一研究对当时的电信建设具有重要的价值，涉及有线电报与电话线路构建时的生产作业。

在冬季对于电池的研究也是必须更加关注的重中之重。由于东北地区冬季使用干电池非常困难，因此以干电池作为电源的携带式电话及铁路信号装置等会出现林林总总的故障问题。在低温实验室的试验结果已经清楚地表明，当温度在零下 15℃左右时，普通干电池已经无法进行正常工作，另外一旦干电池产生冻结，此后如果再在常温中加以使用，它的电池容量便会急剧减少。还有一个难题是在低温环境下，东北的冬季蓄电池无法进行正常充电，往往充不进电，只使电压升高。除了以上问题，闭合器里油料如果发生冻结会使柱上闭合器也往往处于失灵的状态。这类问题的出现及应对，在一定程度上促进了东北电信的发展。

四、电电公司业务

1. 业务的"规范"与限制

电信所具备的特点决定了电信会被广泛地用于军事和国防，在20世纪三四十年代战争频仍之时，中国东北地区电信被日本和伪政府做了诸多的规范。1936年10月，伪政府以敕令的形式颁布实施《电信法》，明确规定中国东北地区电信事业经营范畴、资格审查、经营原则、监督权限等一系列条款。相关配套性规则还有：《电信业务特别许可规则》（1936年12月）、《电信设施规则》（1936年12月）、《关于公署用电器通讯施设之件》（1937年3月）、《关于公署用电器通讯施设规则》（1937年3月）、《防空通讯规则》（1940年7月）等。这些成为电信行业基础性规范。

作为新兴行业，电信业的各业务都要求具备一定的规范性，以便更好地实现电信信息的互联互通，所以在电电公司的运营中，除了部门外的监管，在其内部也有很多的业务上的规范性措施。

例如，为了节约电报成本，简洁电报收发事务，对于电报名称等进行简要或者代号设置；在各电接转网络中制定一系列的电信规则；电电公司与其他电信机构之间的结算的规定等。

电报业务是较为成熟的电信制度，所以新形成的规范，除了与各地区连接的通报制度，还有一些新的业务，如《华文电报翻译制度》等。1940 年，出台了电报相关的规定：《"满""华"电报规程》《"满""华"无线电报规程》《"满""华"电报事务取扱细则》以及一些业务废止的规定，《"满"鲜间吊庆取扱终止》《电报料金豫拂制度废止并后拂料改正》《现业局关于电信局收纳科目合并》《电信式纸类规格改正》等。对电报收发规则、材料使用制度甚至业务记录的目录和纸张等都有明确规定，业务效率能得到较好的发挥。

服务费用的收取是电信业收入的重要来源，也是支撑电信发展的基础。九一八事变前，东北地区电报由于分属于不同的管理部门，资费也根据各自章程并不统一。九一八事变后，东北形成两大电政系统：伪交通部和关东厅管辖的关东州及南满铁路附地，前者经营电信业务，开始对电报资费划一管理。1932 年 5 月 31 日，伪政府官报华文收费为每语 6分，欧文 1 角 2 分。同年，6 月 10 日，又将新闻电报的华文调到 5 分、欧文调到 1 角。1933 年 2 月 13 日，东北电信管理处与关东厅递信局签订了"关于递信局管内与管理处管内之间电报资费的协议"。规定电报资费：华文每一语，商报 10 分、官报 6 分、新闻电报 5 分；华文密语，每一语，商报 20 分、官报 12 分、新闻电报 10 分；欧文每一语，商报 10 分、官报 1 角 2 分、新闻电报 10 分；日文电报每一语，商报 10 钱、官报 6 钱、新闻电报 3 钱（日文以金建制、钱为单位，华文以银建制、分为单位）。在电电公司 1933 年 9 月 1 日成立后，才将管内和管内相互间电报资费进行一致管理，官、商报和新闻电报、华文、日文、欧文，每一语分别为 10 分和 3.5 分。1934 年 4 月 1 日，降低了辖区内电报资费：官报、商报分华文、欧文，每语 8 分，日文每语 6 分；新闻电报分华文、欧文、日文均每语 3 分。1942 年 1 月，又对电报资费偏低的品类进行了调整：有线电报官报、商报，分华文、日文，每语 9 分，欧文每语 7 分。

国际电报资费直到 1936 年 2 月 1 日，日本递信省同有关国家的主管部门达成协议后，才施行一致：以金法郎为计算单位，随汇兑行情变化。

电话制度、电话费和通话等电话业务，也经历了几次变化。1934 年，开通由长春对日本的电话，同年 12 月，开通经图们、南阳与朝鲜北部电话；同年电电公司制定了《电话规程》，其中对于营业区域、业务种类和服务进行了规范，营业区域分普通加入区域和特别加入区域两种，业务则分为 6 种，用户为甲、乙两种。关于市内电话的话费问题，《哈尔滨市志》有过详细的记载[1]：

　　1935 年伪"电电"会社将市内电话月租费统一改
为分等计费：一等用户年额 49 元（伪满币，下同）；
二等用户年额 84 元；三等用户年额 105 元；四等用户
年额 155 元；五等用户年额 200 元。1939 年（应该为
1940 年——笔者注）6 月伪"电电"会社重新调整市
内电话资费，根据东北地区市内电话用户量将电话局
（所）划分为 9 级地，一级地局用户在 20000 户以上；
二级地局用户为 10000—19999 户；三级地局用户为
5000—9999 户；四级地局用户为 2000—4999 户；五
级地局用户为 800—1999 户；六级地局用户为 400—
799 户；七级地局用户为 200—399 户；八级地局用户
为 100—199 户；九级地局用户为 99 户以下。并按此
等级制定市内电话收费标准，并规定 1—3 级地局为
市话计次（回数制）局。此间哈尔滨市内电话按三级
地局收费标准执行。月租费 3.40 元；装机登记费 20
元；装机费 100 元；院外迁移费 30 元；更名费 7 元。
其他费用（不分地级同一资费）还有：附租费甲号桌
机 1 元，乙号桌机 0.35 元，电铃 0.3 元；院内迁移费
6 元；换机费 3 元；换号费 10 元；回数费每次 0.03

①哈尔滨市地方志编纂委员会编：《哈尔滨市志 7 邮政 电信》，黑龙江人民出版
社，第 303 页

元（1—3级局系回数制局）。1944年，伪"电电"会
社将回数制局改为1—4级局，取消装机登记费，提
高了各项收费标准。此间，哈尔滨市内电话资费标准
为：月租费 4.50 元；装机费 100 元，院外迁移费 45
元；更名费 10 元；回数费每次 0. 05 元；附租费甲
（乙）号桌 2. 60 元，电铃 0.45 元；换号费 15 元。

　　1935年形成《"满"鲜间电话业务协定》，并形成了关于
"间岛"和华北等相关电话联络协定。1935年实施了市外电
话专用电话制度，供报社、通信社和交易所使用。1936年修
改了长途电话费用，规定《临时电话制度》。1940年6月又
修改电话规程及电话费，在大连、沈阳、长春、哈尔滨四都
市采取次数制，其余分为九级地，采取与次数无关的划一制
度，并在四都市试办《简易通话制度》。受战局影响，电话需
求远大于供应，因此，1941年公布了《电话统制法》，规定
从1942年起，禁止私自转卖电话。
　　由于广播的"越境性"特点，所以进行了呼号、频率等
一般性的规范，统一使用 MT×× 广播信号，关东厅时代的
JQAK 和 JQBK 由大连及附近的安东（大约现在的辽宁安东和
吉林通化区域，当时设置为省）放送局使用。日本帝国主义
和伪政府并于1939年废止了1933年制定的广播无线电话听
取规程，制定了新的规程，其内容如下：

《广播无线电话听取规程》①

……

广播收听规程

第一条　在收听满洲电信电话株式会社（以下称会社）之广播方面，除依照广播收听无线电话相关法令之外，依照本规程之规定。

第二条　有关广播收听方面之事务由会社另外指定的部门及会社特别委托的地方负责。但委托的地方当中的收听申请受理站负责的范围仅限于受理收听申请的事务。

第三条　准备收听广播者需与会社签订收听合同，且相应的广播收听设备（以下称收听设备）需要相应主管部门（关东递信署递信局局长，邮政总局局长）的许可。

第四条　收听者需向会社支付广播收听费，一份收听合同每月一元。但收听设备的许可日期在该月份十六日之后者，则该月份收听费减半。

收听费的支付自收听设备许可日所属月份开始，到收听设备停用、收听合同解除、收听设备许可之取消或失效日所属月份为止……

---

① 译自伪满《广播年鉴》（1940 年版）

第五条　收听费依照以下划分的时期，在每一时期的第一个月十五日之前依照会社指定的方式一次支付三个月的数额。但会社方面亦可根据情况每月收缴，这种场合需在每月十五日之前支付当月数额。

第一期　一月一日至三月最后一日

第二期　四月一日至六月最后一日

第三期　七月一日至九月最后一日

第四期　十月一日至十二月最后一日

收听设备许可日在相应时期的中途时，需立刻支付许可日所属时期剩余时间的收听费。

属于前项情况，收听设备许可日在所属月份的十六日之后，且为每月收缴方式时则当月收听费在当月最后一日之前支付。

第六条　收听费可以汇总提前支付。提前支付六个月以上时可优惠半个月的数额，提前支付一年以上时可优惠一个月的数额。

第七条　收听设备停用、收听合同解除、收听设备许可之取消或失效时收听费中当有余额，且在此类情况发生之日起三个月内提出申请的，退回余额部分。

第八条　收听者名义变更时，新名义人被视为继承旧名义人所拥有的权利义务。

第九条　在认定教育事业、社会救济事业、会社业务等方面有特殊需求以及有其他特殊原因时，可减免收听费。

第十条　收听者滞纳收听费或违反本规程时，可解除收听合同。

在出现收听设备许可被取消或收听设备许可失去效力情况的同时，收听合同即为解除。

第十一条　针对依照前条规定被解除收听合同者，可不再签订收听合同。

第十二条　广播时间及广播事项预先由广播告知。

第十三条　任何人不得在未取得会社认可下对广播进行录音并印刷发行或用作各种演出活动的材料。

第十四条　会社对因广播发生的事故概不负责。

第十五条　本规程的修改由广播告知。

对广播听众即客户办理收听的流程和所要注意的事项做了详细的规定，收听广播需要提交申请，约一个月时间的审批时间，向合适用户发放许可通知书，有许可通知书，意味着是广播合法的用户。15 条内容中 4—10 条都是关于费用问题的，收取广播收听费用是早期广播采用的方式，但是因为日本对中国东北地区的攫取式掠夺，人民经济困窘，收费很难，所以有了预付制度等。这一点与伪政府极力推广广播政策似乎相左，但是与日本在华攫取最大的利益是一致的。之后，还有《暂行无线电电信资格审查规程》（1935 年 6 月）、《广播收听无线电规则》（1936 年 10 月）等规定。

业务管理规范是企业稳定运行的条件。电电公司以公司形式运营，做出规范化的措施属于企业内部整顿，目的是促进公司更加高效地运营。

二是根据政治要求所做的技术上的限定。企业总是在追求技术的更新来保持企业的核心竞争力，以达到盈利的更新。电电公司作为垄断中国东北地区的企业，十分注重技术的发展，但在实际的营运中，还有防范不同谍报和和电波战的功能，因此，在不断更新技术的同时，有时候又用技术的手段干扰电信的运转。

日本在中国东北地区推广使用收音机，并自制电电型收音机。在沈阳的收音机可经常收听到南京中央广播电台的节目，"在沈阳每日晚间较早之各钟点内，收音机上所能收听者，大都为日本各电台之节目。及时间较晚，日本电台停止播送后，可听到上海某两电台所播节目。在昔菲岛马尼拉有电台，其收长为六八一千周波，所播节目，亦可使在沈阳之收音机，清晰收听；近来以日本某数电台，使用共同样上下之周率，致用户除在深夜若干时间之外，竟无法收听菲台之节目矣"。[1] 明显的是电波的干扰，伪政府还干扰苏联各电台的播音节目，苏联 R.V.15 广播台的节目在东北经常收不到。

---

[1] 任白涛:《综合新闻学》, 商务印书馆, 1941 年, 第 682 页

不仅如此，日本和伪政府还禁止在中国东北地区的人购买精良的收音机，对于"九枚真空管以上之收音机，向当局请求登领照，时遭疑忌"，严格审核用户身份，以保证收音机的使用是符合要求的。

2. 上涨的业务量

电电公司在东北电信的整顿与经营，其电报、电话和广播业务也有了较大的发展。对照电电公司编辑的《统计年报》、抗战结束后东北物资调节委员会编辑的《电信》，还有一些当时的报纸资料及这些年的地方志中的资料，可以看到，业务数据上涨态势是一样的，但是每一种资料的具体数值有差异，而且有的差别很大。《统计年报》作为企业经营年报，来源更为直接，所以把它作为数据的主要来源。

1933—1940 年度电电公司电报通数 [①]

年度	总计	指数	发报	来报	中转
1933	14452416	100	4595070	4326537	5530809
1934	17397352	120	5255281	5066445	7075626
1935	21099727	146	6472311	6214312	8413104
1936	24792039	172	7426937	7079041	10286061
1937	28456831	206	8586660	7585592	12284579
1938	36156675	250	10409043	9648133	16099499
1939	47051398	326	13717019	12941486	20392893
1940	54107218	374	16450806	12752524	24752524

---

① 伪满电信电话株式会社：《统计年报》（1940 年 1 月 1 日至 1940 年 12 月 31 日）业态图 10

经济和商业的发展必然促进电信业务量的增长。"对于大陆之产业开发，若是有充分的资本，其次还要交通之完备。"[1]电电公司接手东北地区的电信后，实行了"一元化"的政策，不同性质的电报电话局被迫并入了电电会社，所以通报和通话地点增多，电报电话数量也显著增多。之后，因日本战争的需要，电电公司调整电信政策，为战时体制计，联通电信网络，使得电信业进一步发展，在1936年之后的电信业务增速飞快。1940年后中国东北与华北和华东开通了电报通报业务，地域扩大，电报量再次增长。这是当时东北电信发展的一个重要原因。

第二个原因是，这一时期伪政府所推行的发展社会经济的政策，促进了社会经济的发展。为了使东北经济更加适合符合日本侵略所需，在1931年12月关东军就提出了"满蒙开发方案"，1933年3月又出台伪政府之"经济建设纲要"，1937年的《产业开发五年计划》实施，中国东北地区经济活跃，社会事业发展迅速，伪政府财政收入增长，1937年年度预算合计631656元，1938年为1107364元，1939年为1234438元，1939年为2187652元，1940年为1714528元，1941年为1775961元。[2]可以看出经济与电信发展呈现正相关。

---

①《满蒙经济大观》，第174页。
②伪满洲国通信社:《满洲经济十年史》，伪满洲国通信社刊，1942年，第53页

1933—1941年度电电公司长途电话用户数 [1]

年度	总计	日人		满人		外人	
		户数	百分比（%）	户数	百分比（%）	户数	百分比（%）
1933	33253	19924	60	11326	34	2003	6
1934	41498	20701	64	12707	30	2090	5
1935	54113	33675	62	19310	35	1128	2
1936	63374	39633	62	22604	35	1137	2
1937	73939	44986	61	27793	37	1160	2
1938	82630	48919	59	32565	40	1146	1
1939	93314	55062	59	37131	40	1121	1
1940	107708	63830	59	42763	40	1115	1
1941	120000	—	—	—	—	—	—

　　1933—1941年度电电公司长途电话通话情况，1933年为929852次，经过一年度的整顿1934年通话次数上涨到2074307次，之后平滑增长到1936年2696861次，又进入快速增长期，到1940年达6203459次。[2]

1933—1941年度电电公司广播用户数 [3]

年度	总计	日人		满人		外人	
		户数	%	户数	%	户数	%
1933	8043	7169	90	419	5	455	5
1934	12386	10284	83	1384	11	718	5

---

① 伪满电信电话株式会社：《统计年报》（1940年1月1日至1940年12月31日）业态图11

② 伪满电信电话株式会社：《统计年报》（1940年1月1日至1940年12月31日）业态图12

③ 伪满电信电话株式会社：《统计年报》（1940年1月1日至1940年12月31日）业态图13

续表

年度	总计	日人		满人		外人	
		户数	%	户数	%	户数	%
1935	19746	16675	84	2640	13	478	2
1936	41202	34752	84	5815	14	635	3
1937	88876	71355	80	16550	19	971	1
1938	127417	88576	70	37531	29	1310	1
1939	225889	126965	56	96488	43	2436	1
1940	340294	163031	48	173464	51	3799	1

除日本外的外国用户减少，与日本在东北地区的人数和投资有很大的关系。在日本帝国主义的殖民统治下的中国东北，日本在东北投资逐渐取代了其他各国，且日本通过移民、战争等方式，增加了在东北的人口数，潜在客户增多。

第六章　以广播为中心的电讯战

广播作为新兴的传播工具，以电波为载体，以声音为传播内容，其传播速度及范围突破以往信息的传递方式，在 20 世纪 20 年代诞生之后并迅速地发展起来。广播敏锐生动地反映着社会的许多方面。

1931—1945 年，东北的广播是日本推行大陆政策的一翼，要实现日本在中国东北推行的殖民统治计划，还要实现"对外"宣传的功能。日本及其傀儡伪政府，还有国民政府，都十分重视电台建设，推行电台广播；他们把控广播内容，对统治区域的人民进行意识形态的渗透和"教化"，充分发挥了广播的政治属性；同时在战时进行利于自己形象的宣传，进行形象维护和"攻心战"。以广播为中心的电讯战被日本称为"国际电波战"，被国民政府称为除陆海空军以外的"第四战线"。[①]

① 汪学起，是翰生编:《第四战线——国民党中央广播电台揭实》，中国文史出版社，2017 年，第 150 页

一、日本对伪政府的广播的统制

1. 广播语言的选择

在 20 世纪 30 年代，如果想收听广播，需要有电或者有干电池的收音机，需要有电波的来源，实现对接，这样理论上可以实现信息的传播。所以设备更多的是"硬件"，是信息的载体。实现广播传递的目的，需要从载体传播的内容上去实现。1931—1945 年，日本在东北电信网络的构建服务于其侵略政策，其传播的信息也带有殖民性。

语言用来交际，是沟通交流的重要工具，语言的统一与推广，直接影响人的思维。九一八事变后，如何把占有的领土变成所谓的"日满一体不可分之关系"，日本在语言统治方面制定了很多制度，做了很多事情，把语言作为了统治中国东北的工具。尤其在教育中使用的语言，妄图以日语的使用模糊东北原来的国家和民族意识，同时理解伪政府的建立与日本的密切关系，并产生对伪满和日本的认同，即"新的国家意识"。因此，日本统治东北时期，重视"教育"的作用，在教育中强制使用日语，一是通过教育使人具有普通的知识技能，提升的是劳动后备军的技能素质，为掠夺资源培养工具；二是用军国主义文化和殖民文化取代中国的本土文化，让教育成为培养顺民的工具，消灭民族意识和革命思想，逐步达到政治培养的目的。伪政府把日语作为所谓的"国语"，"成为大东亚的共同语言"，在伪政府成立初期，教育中的英语逐渐被删掉，并增加了日语在教学中的时间。伪政府"新学制"颁布之后，日语的授课时间比汉语的时间增加了一倍，显然，是通过日语时间的增加消灭汉语，日语实际上已经是宣传工具而不是单纯的语言，日语语言的增多，更多的是要培养崇日、亲日的思想。在学校系统推行日语，改编教材，减少文化课的授课时间，如化学、生物和物理课程一周课时只有2—4学时，几何、代数和三角等科目合在一起每周也只有2—4学时。学校中的领导则主要由日本人或朝鲜人担当，重点中学的教师主要派遣日本人，由此限定了工作需要由学习日语的人来获得。由于日语对生活的重要性，时人说："由满人的立场说，学习日语实比任何一切都切要，无论在根本问题或业务的现实问题，又我等将来的生活现实，若忽略了此事，便是一切皆失其根本而背驰于现实状势及根本精神。"[1]

学校的日语推广更多的是面对中青年和少年，社会上则推行"语学检定"考试办法。考试语种先是英语和日语，事实上英语没有考过。后由于日本对东北统治的增强，英语直接退出考试语种，在1936年后，考试内容分为日语、蒙语、"满语"（中国语）、露语（俄语）四个语种。每年春季进行笔

---

① 《学习日语的急务》《同轨》，第1卷第9期

试，笔试合格的秋季进行面试，考试题目由伪政府命题，笔试合格的名单，登载在伪《政府公报》6月报上。日语的考试按照规定分为特等、一等、二等、三等四个等级，报名参加考试的人不受年龄等限制，而且，对于通过考试的人在伪政府成立初期给予月5—15元的津贴，发放年限1—3年。后来对于考试合格的人只给予证书。这种制度一直延续到1940年。此外，日本还烧毁或禁阅原有中文书籍，控制图书市场。

日语的推广和使用，是日本重要的殖民政策之一。在伪政府的广播行政人员中，掌控者是日本人，前述电电公司的职员技术员工占了多数。日语在电电公司中是通用性的语言。电电公司的社刊、统计资料、业务资料和年鉴等都是由日语书写，这也是日系职员的必然选择。同时，由于电电公司的设备主要来源于日本，技术与日语相关，电电公司内部多以日语交流为主。从语言的选择上可以看出，日本完全控制着电电公司，控制着东北的广播。

伪政府的官方语言为日语和满洲语，但是并没有规定发音的标准。日本学者和文人为了中断中国固有语言即文化，还以北京和东京的语言为基础，创造了"协和语"，这是汉语和日语杂糅的语言变体，"是一种伴随殖民入侵和占领而出现的语言现象，在日本侵华的特定历史时期甚至成为日本人和中国人语言交流的主要方式"。① 日本以强制的方式在东北植入了自己的语言体系，并直接影响了东北地区的语言。

广播由播音员发出声音，被传递给很多的听众，以日语作为官方语言进行播音，本身就是以日语为优势语言对东北人民原有民族意识的冲击，长期的播音与收听，必然容易产生同化。1937 年后，伪政府广播采用了东京的标准声音，电电公司将日系播音员的招聘工作委托给了日本广播协会。日本广播协会以东京出身的人为中心，1937 年度招聘了 37 名播音员，1938 年度日本广播协会采用的播音员为 32 名。电电公司播音员的招聘委托数和紧张的教育日程，显示了当时广播事业的急速扩大。同时还聘请人员培训东北的广播播音主持。

日本在中国东北设广播的直接目的就是要配合日本侵华行动，利用广播进行文化侵略和精神统治。1939 年出版的《广播年鉴》："对……国家观念比较薄弱的民众进行民族协和、王道精神、日满一德一心方面的指导，提高国民的国家意识，努力建成东亚协同体，是汉语广播的根本方针。"② 广播的设立，就是直接对中国东北地区的人民直接进行意识形态的渗透。因此，日本十分注重中国东北广播语言的选择。根据听众的实际情况，东北的广播多采用中文和日语两种语言作为主要的广播，即二重广播，即两套广播节目，第一套广

① 宫雪：《侵华日军与协和语》《社会科学战线》，2015 年第 3 期
② 《满洲放送年鉴》，1939 年，第 40 页

播节目以日语为广播语言，第二套广播以汉语为主。还有俄语、蒙语等。

1940 年末伪政府各地广播电台情况 [①]

所在地	广播符号	广播名称	周波数 KC	空中电力 KW	广播开始日期	备考
新京（长春）	MTCY	新京中央广播电台	第一 560 第二 180 短波 6035 6125 9545 9665 11775 15200	10.30 100.00 20.00	1932 年 1936 年 10 月改装 1936 年 11 月 1939 年 7 月	日语专用（简称日语）中语专用（简称中语）"对外及国内"中继用
奉天（沈阳）	MTBY	奉天中央广播电台	第一 890 第二 1250	1.00 1.00	1928 年 10 月 1938 年 6 月改装 1938 年 10 月	日语 中语
哈尔滨	MTFY	哈尔滨中央广播电台	674	3.00	1929 年开始 1934 年改装、增力	日语、俄语
牡丹江	MTGY	牡丹江广播电台	1015		1937 年 6 月	日语
承德	MTHY	承德广播电台	915		1937 年 7 月	日语、中语
延吉	MTKY	延吉广播电台	785		1938 年 4 月	日语、中语
齐齐哈尔	MTLY	齐齐哈尔广播电台	第一 835 第二 1075	0.05 0.05	1938 年 4 月 1939 年 6 月	日语 中语
佳木斯	MTNY	佳木斯广播电台	615	0.05	1938 年 4 月	中语

---

① 王家栋:《"满洲"电信、电话股份有限公司概况》，中国人民政治协商会议辽宁省暨沈阳市委员会文史资料研究委员会编《文史资料选辑》第 5 辑，辽宁人民出版社，1965 年

所在地	广播符号	广播名称	周波数 KC	空中电力 KW	广播开始日期	备考
锦州	MTOY	锦州广播电台	第一 575 第二 955	0.10 0.10	1939 年 4 月 同上	日语 中语
营口	MTPY	营口广播电台	第一 1025 第二 1270	0.05 0.05	1939 年 2 月 同上	日语 中语
富锦	MTQY	富锦广播电台	1280	0.10	1939 年 10 月	中语
海拉尔	MTRY	海拉尔广播电台	第一 1005 第二 1270	0.10 0.10	1938 年 12 月 1939 年 7 月	日语、俄语 中语、蒙语
黑河	MTSY	黑河广播电台	1100	0.10	1938 年 2 月	日语、中语
安东	JQBK	安东广播电台	第一 305 第二 1260	0.05 0.05	1937 年 10 月 1939 年 11 月	日语 中语
大连	JQAK	大连中央广播电台	第一 760 第二 1065 短波 9925	1.00 1.00 10.00	1926 年 8 月 1936 年 10 月 改装 1937 年 11 月 1937 年 7 月	日语 中语 对外

　　日语广播肩负着两个职能。一是为在中国居住的日本人提供信息与交流。"国策"移民一直是日本对东北殖民推行的政策。日俄战争后的一年间，日本向大连移民 10000 余人，1910 年时，大连户籍中的日本人数量达 33439 人，超过了户籍中中国人的数量。九一八事变后日本为了在中国东北进行直接的统治，建立自己的势力圈，对中国进行了不间断移民，日本的学生、官吏、工商业者和大量的移民被派遣到东北，日本在东北的人数增加很快。1919 年在东北的日本人为 181000 人，1927 年增至 199080 人，1930 年增至 250000

人，九一八事变后，至1935年在东北的日本人数量就增为494708人。[①]"实际势力之培植，首在人口之增殖，又必须移植由日本精神培育出来的日本人"。人口的增长意味着日本在东北势力的增长，而移植来的日本人的"精神"也需要不断的养成。伪政府实施五年计划后，日本从1936年实施第五次移民，即根据大量移民计划正式转为集团移民后，关东军又重新制定了20年100万户移民计划。在东北的日本人数增速更快，1936年增至727614人，1940年达1065072人，突破百万。日本人口在东北的增加，在人口构成上的比例加大，在大连旅顺等地的日本人口占当地总人口的30%以上，改变了东北民族的社会构成，成为日本帝国主义所宣扬的所谓日、鲜、蒙、满、汉等民族"五族共和"、"五族协和"的例证，也是东北沦为日本殖民地的证据。而这些日本人也需要广播不断地强化他们的"日本精神"。二是借助广播，使日语逐步成为中国东北地区的通用语言，实现语言的殖民。语言变化直接会影响到人们有关文化和国家的归属感。在学校教育中推行广播，使之成为伪政府学校日语教育的工具。一些学校，以广播作为教材直接进行日语教学，这是以泯灭本土语言的为目的的殖民教育。同时，日本在广播节目的制定中，用日语制作具有"满洲色彩"的节目，妄图建立与中华文化相区别的"满洲文化"，从语言与精神上实现东北人民对于中华民

①（日）满史会著，东北沦陷十四年史辽宁编写组译：《满洲开发四十年史》（上卷），东北师范大学出版社，1988年，第84页

族共同体的背离，从而实现对东北的殖民思想塑造和统治。

因此，日本在入侵东北时，就注重伪政府区域为广播日语语言的运用。日伪哈尔滨电话总局 1932 年 7 月 23 日成立后，便接管了哈尔滨广播无线电台，恢复了广播。每天在不同的时段用一部广播发射机使用日语、汉语和俄语进行广播，由于当时的播音时间和节目不固定，导致哈尔滨听众人数下降，收音机由 1928 年的 1200 台下降到 1932 年下半年的 700 多台。所以相比于正规的标准化语言，日本非常注重广播语言效果的研究，注重广播语言的"言灵性"，即在广播中使用能够让收听者产生亲近感的语言，这种语言更注重情感的沟通，不一定是标准的。

1936 年度伪政府各广播电台广播用语别比率（%）[1]

电台别 语别	大连	沈阳	长春（第一部）	长春（第二部）	哈尔滨
中文	12.8	26.3	24.3	97.5	25.5
日语	87.0	72.8	68.7	0.5	58.2
俄语	—	—	4.1		15.8
其他	0.2	0.9	2.9	2.0	0.5
计	100.0	100.0	100.0	100.0	100.0

广播在语言上的选择与语言的运用方法的研究，直接服务于日本侵略政策。选择日语的目的是消弭东北人的民族意识，把东北纳入日本所谓"大东亚共荣圈"，树立伪政府为所谓"独立的新国家"。日语的选择一方面为在东北的日本人服

---

[1] 东北物资调节委员会研究组编:《电信》，京华印书局，1948 年，第 105 页

务，一方面是从语言上让东北的中国人产生对中华民族意识的背离。俄语等语言的选择是宣传的功效，也是为了实现对在华各民族的统治。在实际播放中，根据地域特色，在长春第一放送还采用俄语、英语播放，在沈阳、齐齐哈尔、海拉尔等地采用蒙古语播放，哈尔滨、海拉尔等地采用俄语，延吉则采用朝鲜语。

2. 广播内容的安排

日本本土广播起于 1925 年，起初的广播节目以"听"为主，广播节目类型主要有报道类、娱乐类和教育类，教育类节目比重较大。对于报道类节目的时效性，早期并不怎么追求，当时日本的广播电台的新闻是依靠报社来提供的。东京广播电台第一天的节目内容还有各报社提供的新闻（上午由读卖新闻社提供、下午由东京日日新闻社提供、晚上由东京每夕新闻社提供）。九一八事变的爆发也使得日本的舆论和新闻导向发生了变化，认为"在国土广大、民族众多，文化多样的环境中，实行德政和统治，广播是首选的工具"。[1] 于是，日本的无线电广播逐渐演变成为宣传军队方针政策、指导国民思想的广播电台。基于对广播宣传功能的认识，日本政府积极推进广播的普及，提出了"为国防大力普及广播"的口号，把日本的战争思想进一步强化，加强"非常时期"的宣

---

[1] 伪满电信电话株式会社：《满洲放送年鉴》，满洲文祥堂印刷部，1940 年，第 15 页

传。随着广播的迅速普及，日本政府对广播内容的控制也更加严格，如不准在广播里宣传极端思想以及带有此种倾向的消息，要密切关注从事播音工作人员的思想动态等等。

1937 年，日本政府又对日本广播协会进行了大改组，加强了邮政省对电台的监督，成立了全国广播一体化的中央集权性组织。对广播节目编排也采取了一元化统治。如消息原稿必须送审，要经日本的内阁情报部审查后才能广播，还设立了"广播编排会"，最后决定广播节目是否播出。1939 年 12 月，伪政府成立了"满洲广播文艺协进会"。这个协进会以"促进文艺运动发展，改善扩充文艺广播内容"为宗旨，受关东军操纵，以伪弘报处、伪协和会、伪国通社和电电公司成员为重要成员，会内设有专门负责文艺广播的审查工作的"审查委员会"。1940 年后，广播的战争色彩更加加重，处在了日本政府与邮政省的双重领导之下。1941 年 3 月伪总务处弘报处颁布了《艺文指导纲要》，成为了日本对东北实行文艺和宣传文化的纲领，该纲要在《盛京时报》被全文公布①。

文件的内容明确了以"日本精神"为主体，"八纮一宇"精神为文艺思想主体的实质，直接指导广播的内容。时伪弘报处处长武藤富男认为该纲要是与伪政府之前颁布的《经济建设纲要》比肩的划时代的产物，明确了伪政府艺文发展繁

---

① 《谋我国文化发展　确立艺文指导纲要　并将设艺文学院养成艺文家》，《盛京时报》1941 年 3 月 22 日

荣的方向。[①] 吕元明指出："如果说，1933 年《满洲经济建设纲要》的制定，是日本帝国主义从经济上实行全面'统制'的开始，那么《艺文指导要纲》的发布，则标志着日伪统治者在把全东北实行思想文化专制政策推进到了一个新阶段。"[②] 实质就是要利用中国传统的"忠君爱国"等伦理思想以广播方式来束缚麻醉人民，培养日本所需要的忠臣良民。

　　日本在东三省的广播手段和政策服务于其目的。20 世纪 30 年代，日本在中国东北地区设立了两套广播节目，即以在华日本人和侵华日军为播放对象的"第一放送"，以中国人、朝鲜人和其他外国人为播放对象的"第二放送"。《昭和放送史》记载 1931 年日本广播协会广播节目的内容比例：新闻节目 35.2%，各种讲座 21.5%。[③] 在 1936 年日本"二二六事件"发生后，日本的方言版就成为了传达政府命令、指导国民思想的冲锋号。所以，日本扩大和控制东北的广播的性质特征，首先是政治性，其次是经济性，广播的社会性则服从于其政治性，以"报道、教养、慰安"为广播内容的三大功能。因此，日本在东北设立其掌控的统制机构电电公司，还直接监督和掌控广播的内容，在宣传和广播上要求符合日本的统治利益。按照日本对于广播宣传及公司运作的需求，即"满洲放送事业，给慰安、报道、教养固有使命中，更富有宣扬王

① （日）武藤富男：《我与满洲国》，文艺春秋社，1988 年，第 335 页
② 吕元明：《沦陷时期的思想文化统治》，转引自孙邦主编 "伪满史料丛书"《伪满文化》，吉林人民出版社，1993 年，第 8 页
③ 张采：《日本广播概观》，中国广播电视出版社，2001 年，第 22 页

道，促进协和之特殊使命"。[①] 日本扶持建立伪政府的任务，
"不单是便利日本的政治经济的剥削，更重要的是在于麻醉
人民的工作"，把东北的中国人"完全养成'日满一体'的民
族协和的奴隶精神"。[②] 所以，日本在安排和控制广播内容方
面保持高度的政治性。广播节目从内容的倾向性上可以划分
为政治新闻报道类、"慰安"娱乐类、教育类、广告类等。广
播节目每月更换一次，广播时间采取四季制；即五月至九月、
十月十一月及三月四月、十二月至二月之四季。每日广播除
有特殊广播或海外广播外，均于夜十一时告终。

1936 年伪政府各广播内容种别比率（%）[③]

种别 ＼ 电台别	大连	沈阳	长春（第一部）	长春（第二部）	哈尔滨
报告	36.5	35.6	36.7	17.6	38.2
教育修养	25.5	22.3	25.0	21.5	21.8
儿童时间	5.2	5.0	4.9	3.9	4.6
音乐	17.8	13.8	16.2	7.6	18.9
演艺	15.0	22.3	17.2	49.4	16.5
合计	100.0	100.0	100.0	100.0	100.0

从 1936 年各电台播出的时间看：（1）除长春第二部，播
放时间最长的是报告，占 35% 以上，教育修养类节目时间
占据第二位，20% 以上，这两类节目时间超过节目总时间的
50%。（2）儿童广播时间所占最少，这是由日本对中国东北

①《无线电放送之重要》《滨江日报》，1938 年 12 月 4 日
②《伪满的真相》，青松书店，1938 年，第 45 页
③ 东北物资调节委员会研究组编：《电信》，京华印书局，1948 年，第 104-105 页

统治的紧急性所决定的。近代以来的日本一直对我国的东北有觊觎之心，在 20 世纪 30 年代，因为国内外形势，促使了日本侵略步伐的加快，中国东北作为日本入侵中国的基础，要快速使其成为日本侵略的资源，日本投入更多"教化"的是可以化为被其奴役的劳动力的人。

1933—1945 年，电电公司作为东北广播事业的核心监管机构，广播节目一部分来源于购买国内节目，大部分节目由各台编制。对于广播节目制作的监管程序非常严格，地方各电台将制作完成的节目计划提交"放送研究会"初审，通过之后再提交"放送参与会"进行复审，通过后再提交给每月定期召开的"节目编成会"终审。关东军、关东局、关东递信局、弘报处、交通部邮政总局、民生部、治安部、协和会、弘报协会等日帝与伪政府的主要监管机构的要员构成放送参与会的成员，由其构成可知，主要审查的是政治性。节目编成会的成员主要由"满洲电信电话株式会社"的放送部和技术部（无线放送科科长）以及四大"中央局"的局长等广播领域的要员组成，1936 年起开始加入一些社会人士组成的"咨询机关"，每月一次参与到节目编成讨论之中。1937年后，地方台节目则主要以转播长春中央电台节目为主。

节目设置和内容随时势而变化。1934 年 11 月，实验性双套广播开始试播。日本称："其广播节目无论从内容和形式都会让国人耳目一新。新开设的栏目有……格言先哲故事、对学校及家庭的演讲、自供新闻及报道、日本语讲座、明日大事记、演讲讲座、盛典讲义、时事解说等。"[1]从广播节目的内容来看，第一放送和第二放送节目主要有：

报道类。新闻报道，主要由伪政府的"国通社"提供；气象报道，包括天气和海洋气象，主要由大连气象观测所提供；经济报道，包括东京和海外商品及金融；入港船只信息、仪式实况转播等；其他信息，包括职业介绍、政府公示等信息。报道类节目具有政治性和服务性。伪政府新闻系统有特许的无线电通信网收集信息。据"一国一通讯社"的原则，伪政府将所有的通讯社撤销或合并，于 1932 年 12 月成立所谓"满洲国通讯社"。该社成立之初有 4 个支社，至 1935 年 9 月增设为 13 个社。东北地区所有的新闻稿件均都是由伪政府通讯社提供的电稿。伪政府通讯社与伪政府的广播构成了被日本统治区东北的新闻系统，为日本在东北的统治提供服务。教养类节目更是从思识和意识形态上对人民进行思想意识领域的灌输与养成。尤其是太平洋战争后，伪满广播也进入战时体制，面向日本人的第一放送主要偏重于新闻报道，以便伪满地区的日本人了解时事和战争状况，增设了"省市政时间"、"新闻解说"、"在满学校广播"等节目。面向中国人的"第二放送"则进行了较大的改革，越来越重视"演艺放送"，如音乐、戏剧、相声等更偏向娱乐性的广播，即慰安类节目，以麻痹人民的精神。日本全面侵华后，还取消了长

---

[1] 满洲电信电话株式会社:《满洲放送年鉴》, 1940 年，第 19 页

春、沈阳、安东、牡丹江等台的朝鲜语节目，加强了新闻节目的内容和时间，增加了《全满新闻》和《新闻解说》节目，前者每天在收听率较高的时间4次播出，后者主要是对日本和中国的战争形势进行评论和"展望"，收听时间一般紧随新闻节目，是第二放送的重要节目之一

为了消解中国东北地区日本人的思乡情绪，以日人为受众的第一放送有近一半以上的节目是转播日本国内的广播。此时的广播报道多为战争状况的报道，有利于在中国东北的普通日本民众更快速地了解战争进程，随时做好准备。商人们往往也通过广播了解战况，更改商业计划。随着战争的扩大，第一放送中报道广播逐渐超过其他形式的广播成为最受重视的节目。

教养类。讲座，包括"满洲语"讲座、俄语讲座、英语讲座、国民时间（伪政府和协和会相关的活动等）、体操、政策时间（官员的更替和政府公报等）、学校广播等。教育广播是教养类广播的重要组成部分，主要是针对中国东北地区学校的教师和中小学生进行的学校广播，内容有日语教学、音乐、教育讲座、教育演讲等。是第二放送的主要内容。学校作为人群密集地且为思想传播集散地，尤其为统治者所瞩目。伪满洲学校广播委员会在1939年9月成立，该委员会主导机构为关东局、"驻满大使"和伪民生部教育司，主要职能是"审议执行与学校广播相关的具体政策、节目编排和收听方案"。收音机优先配发给学校，广播先是面向教师，1941年

后决定以第一放送为主要载体，面向日本教师和学生进行教养广播。第二放送的日语广播则主要针对教师。为保证收听效果，伪政府向伪民生部下令各学校的教师必须收听，特殊情况要转达学习。日语广播教育是一种强制语言教育，播放时段也多在重要时段。作为意识形态教育媒介的广播与学习和文化教育的场所——学校成为日本宣传国策的重场所，旨在谋求对日本文化和政策的认同，培养所谓的"国民精神"，是教养放送的重要组成部分。讲座类节目的编制则是选择具有一定影响力的当地人进行演讲演说，内容则是中国传统的忠孝礼义的"古圣先贤"、"圣典讲义"，符合社会对于统治秩序的要求，利用演讲者的影响力，构建统治伦理秩序，描画民族和谐、共同发展的假象，消弭人民心中的抵抗意识。

慰安类。即文娱广播类节目。形式主要有音乐、曲艺、戏曲和广播剧等。伪政府放送官员由川永曾指出"音乐和表演都是广播的娱乐节目，作为国民日常生活的一部分承担着思想战的义务"。电电公司安排了大量娱乐节目，借此吸引听众，宣扬日本侵略中国东北的合法性。慰安类节目具有娱乐的性质，增加广播的生动性和趣味性，也是教化的形式。

传统的中国戏曲、相声等文艺节目根据需要被编入广播节目，并夹杂一些"日满协和"、"王道政治"、"大东亚共荣圈"以及"国兵法"、"粮谷出荷"等内容，以增强宣传效果。伪政府广播还利用明星效应来实现宣传。在沈阳广播电台策划的"满洲新歌曲"竞演，"满洲电影协会"的李香兰（艺名）《夜来香》脱颖而出并一举成名，不断宣扬"中日亲善"等。从"国策"的角度，对传统戏剧和政治进行强制结合，对戏剧进行创作上的操控。《聚散》是 1939 年 8 月 21 日播出的广播剧，正是日苏双方在诺门罕正面战场胶着之时期，以文学的形式对真实的诺门罕战争进行了虚报，虚构角色主人公李志毅登上广播剧的舞台。

　　若说苏联的飞机多确是真多，也正像乌鸦一样黑压压的满天飞。不过因为它多，飞到一块转不开身，我们在飞机上放的机关枪，碰不着这架，还许打那架上，所以就像用砂枪打家雀似的，那才好打呢。……至于他们的陆军也有不少，但是不勇敢，都怕死，所以只用装甲车来攻。我们这边呢，除了用大炮集中射击而外。还有不怕死的肉弹勇士，突入车阵里边，去活捉他们的战车。①

　　这一口吻完全掩盖了交战双方的实际情况，以广播文学的方式对当时的战况按照统治需求进行了虚构和封锁。诺门罕战役实际上是日本和苏联在边界进行的战争，被日方欺骗为正义之战。随着日本侵华局势的变化，1941 年伪政府的《艺文指导要纲》公布，广播剧几乎全部政治化，完全沦为

---

① 文才：《（放送脚本）聚散》（一），《大同报》，1939 年 8 月 18 日

了日本侵略者的宣传工具。作为政治宣传的工具文学广播剧本的创作与制作成为了宣传的重要途径，这一时期的广播剧还有《辽阔的乐土》（日语广播剧）和《救生船》（汉语广播剧）等。

广告类。以商业诉求或盈利为主要目的，兼具调剂节目特点。在伪政府广播中存在的时间和时段都较短。广告类节目作为新兴的节目内容，是商业的尝试，也是节目多元化的选择。广播节目内容本身不是以单纯目的纯在的，而是围绕"国策"目的性同时兼具的，日本希望借广播建立充满"满洲色彩"的所谓"满洲文化"，从而从精神和思想上实现对东北地区人民的统治，这个文化与中华传统文化相背离。广播节目内容便杂糅了日本的军国主义思想与中国传统的礼义忠孝等伦理思想，以"古圣先贤"、"圣典讲义"、"格言先哲故事"等节目类型出现，伪装捏合的广播节目内容曲解或阻断地方文化与中华整体文化的内在联系，想实现东北民众对日本殖民占领的文化认同。以新闻报道中的国民时间节目为例，在诺门坎事件发生时，广播节目不仅在栏目中对该事件进行了报道，引起人民的重视，还在电台中以"军官民一体、国土防卫"为主题进行演讲，还以此为背景创造了广播剧。演讲是教养类节目，也是新闻报道类节目，其目的是一致的。伪政府纪念日的活动的"仪式实况转播"，宣传日本对的"东亚新秩序""东亚和平"等。在1939年，类似的演讲广播内容基本上每月都有。报道类的节目有教养之意。慰安类的节目除娱乐功能，其出发点也是"教养"。除了专门制作的娱乐节目，一些固定的培养渗透意识形态的节目散布在广播节目的各时段：伪政府成立之歌以及节目开播之前的片头曲等零散的音乐片段每天都要播放，在各种国家和公司庆典仪式、传统民俗仪式、西洋宗教仪式、日军祭祀仪式等活动中进行插播音乐及合唱、童谣演唱与童声合唱、广播剧中的主题曲及插曲和背景音乐等。娱乐节目有消磨意志的作用，也有长时间殖民宣传的作用。

基于强烈的政治意愿，早期的伪政府广播对广告节目处于漠视的状态。且日本国内广播电台虽然设置了体育等节目，但并没有办广告节目，就是日本统治下的台湾地区、还有朝鲜等的广播也没有广告节目。然而早期伪政府广播的业务并不理想，为改变这种情况，1935年伪政府广播鼓励公司人员献计献策，举行了有奖征文活动，参加征文比赛的员工认为在广播节目中增加广告节目对于广播事业发展有益，也是充实广播节目的一种途径。同时，广告节目的直接目的则是扩大日本在东北的销售市场，也满足了"国策"的需要。于是，1936年广告节目成为伪政府广播的一项内容，这也是日本在中国东北地区进行的新节目的试验。1937年6月，制定了《广告广播规程》和《广告广播审查手续》，对广告节目的时间和内容做了严格的限制。在前者的第5、6、8条中对广告节目的广播时间进行了严格限制，规定每天广告广播时间不能超过全天播出时间的10%；第一广播广告每次不得超过 2 分钟，第二广播广告每次不得超过 2—5 分钟，如连续广播广告，不得超过 10 分钟。第 17、19、20 条对广告内容做了严格规定，广告内容和用语如认为不妥，要及时修正删除；广告主在广播广告实施中要服从伪政府广播当局的指挥等等。在后者中则规定了不能广播的内容，包括冒渎皇室尊严、紊乱朝政、泄露军事机密、煽动攻击的"不利公序良俗"及与各种法令抵触的内容等。从实际播放的情况看，广告节目的播放重视程度也不及其他节目。

广告节目播出"效果"较好时期为 1936 年 12 月至 1937 年 11 月期间，此时期，日本全面侵华的步伐在进行之中，广告节目新在伪政府电台设立，尚有新节目的气象。该年度共播出广告节目 2591 件，节目中的 97% 内容是由第一广播播出的，只有 3% 的在第二广播广播。广播广告播出的内容主要是化妆品、药品、食品、纺织品、金银首饰、烟草、酒、图书等等，主要是日用商品，重工业和工商商品很少。80%的广告由地方广播播出，由播音员直接播出的广告占 98%。从消费能力和听众而言，伪政府广告节目播送的受众主要是日本人，收听率也不如其他节目。在日本全面侵华后，伪政府的广告节目只限于长春、大连、沈阳和哈尔滨广播剧的地方节目时间播出，且播出时间每天不超过 15 分钟，广告节目时间远低于《广告广播规程》的规定。其次，广告节目还扮演了其他广播节目的填补空缺的角色。因为在伪政府《广播实施办理规程》中规定了节目的优先级别，当节目的时间有冲突时，联播节目优先，广告节目不得优先于其他节目。"优先节目"多是政治类和军事类报道。广播中的广告节目远没有政治报道节目直接有效，并且受限于人们经济水平的状况，在开发产业和销售市场上的作用也不明显，在太平洋战争之前，为了腾出更多的广播时间为日本的扩大战争制造舆论，1940 年 4 月存续 6 年的伪政府广播节目停播了。

受经济、文化及人口素质的影响，伪政府广播的推行有一定的难度。电台节目内容和时间开始并不固定，伪政府"国策"播放时间根据"政府认有放送必要之国策及其他的场合，利用放送，因此放送的顺序随之而变更，而于讲演、演艺之中途上忽然切断"。[1]为实现广播的目的，日帝国主义也进行了很多的"努力"。"满人嗜好调查"活动是日本为掌握中国听众数次进行的娱乐广播的市场调查，是通过当时的月刊杂志《广播满洲》上进行，收到了 325 份答卷，演艺、教育和日语讲座类节目受到了广泛的好评。

由于日本在东北广播的强政治性目的和中日文化的差异，伪政府广播即便是做了很多的商业调查和调整，在相当长的时间内，也很难做到文化鸿沟的消除，认可度较低，广播的节目"怪声怪气，奇腔异调，播发出的声音似乎隔着一道鸿沟，不太容易进入中国人的耳朵"，[2]广播节目的预期效果很难

---

① 《国策放送时间由午后七点半起》《弘宣半月刊》，1938 年第 9 号
② 尔泰：《回忆哈尔滨放送局》，孙邦主编：《伪满文化》，吉林文史出版社，1993 年，第 217 页

得到真正的实现。即使日本在电台播出中使用了中国人播音，受众的效果依然是不可能实现的。

3. 日本的"国际电波战"

宣传是人类文明史上的一种重要的社会现象，它起源于人类传授生产经验和社会生活经验以及交流思想的需要。在原始人群中，由于人类记载和传播信息之符号的低级特别是文字还没有走进人类的生活，当人们需要传授生产经验和社会生活经验以及交流思想时，能且仅能通过语言、口耳相传和实际行动的模仿来达到。无论是对生产经验的传播，社会生活经验、习俗以及习惯方法的传递，还是道德品质的培养等等，都是一面靠口耳相传，一面先靠观察模仿。歌谣、谚语、传说、故事、神话等都是在当时的条件下为了使宣传生动、形象、有趣而被人民群众创造出来的宣传手段。宣传是现代社会必不可少的一项重要的社会活动。正如语言的产生一样，它在人类的生产经验交流、社会关系的协调及人们的感情沟通等活动中，起到了其他任何形式所无法替代的作用。

广播对外宣传的最初历史开始于 1923 年。德、法因鲁尔争端而打的一场广播战。1924 年法德妥协。1926 年，苏联与罗马尼亚为比萨拉比亚事件进行了一场广播战。随后一些国家为了加强与海外殖民地的联系，为本国商人、军人服务，开始了对外广播，比如 1927 年荷兰，1929 年德国，1930 年法国，1932 年英国，1934 年日本、比利时等国的做法。一些国家还开始了不定期对外宣传的尝试。1929 年 3 月 4 日，美国首次将胡佛总统的就职典礼实况转播给加拿大、墨西哥、南美的听众。1929 年苏联开始了德语的对外广播，不久增加了英语、法语节目。20 世纪 30 年代，战争的逼近促使各国加快了建立对外广播的步伐。第二次世界大战的较量也伴随着广播战。在日本侵华、伪政府建立、不断扩展无线网络的过程中，两大对立集团也展开了广播的交锋。日本在已经侵略的中国地方侵犯中国电政主权，按自己的意图打造政治化的电信传递方式，与各国展开宣传战。同时，1934 年德国对奥地利开始了煽动性宣传。1935 年日本开始对北美，1937 年开始对欧洲和中国、东南亚广播。英、法在 30 年代末也都有了定期的对外广播。"二战"是各国对外广播发展的高峰时期，德国、日本是宣传战的主要发起者，英、美、苏进行了反击。英国的 BBC、苏联的莫斯科电台和美国在战争中成立的美国之音都发挥了巨大的作用。

关东军十分重视广播的宣传作用，炮制了所谓的《满洲电信及广播事业统制方案》，并提出把握中国东北地区的"通信权在推行我国国策上是绝对必要的"。[①] 电电公司的广播系统分为两部分："对内"和"对外"。前者以第一广播（日语）和第二广播（中文及其他语种）为主要内容，面向中国东北地区；后者依托于短波，播音面向中国东北之外，完成对外

的宣传和无线电外交。这也是日本在中国东北设广播电台的重要目的即在"接壤国及南京国民政府、苏联开展国际电波战。"① 即日本在东北担负着代表政府发声的使命。技术研究所所长盐田信次在电电公司的直属局长会议上曾专门强调广播是"对外宣传独一无二的武器"。②

　　在以日本为主导统治的伪政府完全执行日本的政策。汉奸张景惠讲:"在内政方面,因为治安,早已安定,一切的军队和警察,都能在'建国精神'之下,施行新的编成,扫除以往的积弊,使国民不但绝赞,而且是十分的信赖了。至于这种军队的一部,虽然为数不多,因此次支那事变,本着日满共同防卫的精神,也曾很快乐地出征过,和贵将兵们,站在同一的战线,这是为肃清东亚的圣战而奋斗的。"所以伪政府的出现,"就是给日暮途穷的国际关系,打开一条和平大道,又一方面,它将来直接和全东亚的民族,有安危连系的关系。""其根本即在实现日满一德一心,与民族协和,进而建设经济乐土,与实现道义世界,这是任何人,都可以连接的。"③ 此讲话实际上是伪政府对其和日本关系"一体化"的说明,同时,也在说明,伪政府统治区下的东三省是日本思想战的前沿阵地,是日本实现"日满一体,五族协和"建立东亚新秩序的首要之地。

---

① 伪满电信电话株式会社:《满洲放送年鉴》,满洲文祥堂印刷部,1939 年,第33 页

②《第三次直属局长会议议事录》,满洲电信电话株式会社,1942 年,第1 页

③ 张景惠:《"建国"六周年纪念日敬告友邦朝野》《弘宣半月刊》,3 月15 日号

在日本侵华过程中，非常注意结合国内外舆论，在国际上散布歪曲事实的言论，为自己的侵略行为掩饰和美化。早在甲午战争之后，日本的思想界就有矢野仁一为代表所鼓吹的"中国非国论"思想、内藤湖南的"中国政治无能论"和稻叶君山的"中国顽迷愚昧论"等思想被日本政府广泛宣传，成为其入侵东北的理论依据。九一八事变前后的"满蒙危机""防俄防共说""自卫说"以及"人口过剩说"等论调都在力图让国际社会认同日本的侵华行为。体现在：日本参谋本部1931年6月秘密制定了《解决满洲问题方策大纲》，对于将要侵略中国东北的问题，认为有必要取得国内外的谅解，因此必须"让全国国民，特别是新闻界了解满洲的实际情况"，同时要求陆军省军务局和参谋本部情报部要密切和外务省联系，"预先制定周密的工作方案"，"使有关各国都能知道满洲的排日活动的'实际情况'，万一出现我军有必要采取军事行动的事态，要使各国都能谅解日本的决心，不至于对我们采取'无理反对'或'压迫'的行动"。① 在伪政府成立后，日本军部和外务省联络，向国际做宣传，其宣传目的有三：一是宣称"满洲"事变中的日本军事行动是自卫；二是伪政府的成立是"满洲"人民自动行为；三是日本对"满洲"没有领土野心。并且日本下议院请求日本政府派得力人员分赴各国宣传日本对于远东问题之地位，并联络友邦，表示好

① 复旦大学历史系编译：《日本帝国主义对外侵略史料选编（1931—1945）》，上海人民出版社，1983年，14页

感。[①]

广播作为宣传重要的工具受到重视，日本明确提出中国东北地区广播的目的之一就是"接壤国及南京国民政府、苏联开展国际电波战"。[②] 即利用广播的超强传播能力和电波的特点，进行文化的殖民宣传，在国际上美化和描摹其侵略行为，在中国的国土上与国民党的广播和苏联意识形态进行斗争。其广播战的对象一是国民党，表现了日本对中国领土的野心没有因为攫取了东三省的利益而停止；另一对象是苏联，表现了国际上对于苏联社会主义意识形态的一种排斥。后者曾一度被日本所利用，成为其侵略战争和宣传战争的保护伞。

宣传即观念的传播。为完成所谓的"国际电波战"，日本利用在东北搭建的广播网络硬件设施，对国民党统治核心区域进行广播，同时还与各伪政权广播联系，进行广播内容交流，瓦解中国的抗日精神。利用大连广播电台的 10 千瓦短波发射机，从 1937 年 7 月 15 日开始，对我国南京、上海等地进行广播。伪政府电信还支援天津、北京等沦陷区建立广播电台，并与这些电台进行节目的交换广播，主要内容是"建立东亚新秩序"的讲演类节目。在汪精卫 1938 年底发表"艳电"公开投日后，建立伪政权，推行源自日本的"东亚联盟"理论，以"文化沟通"为由头瓦解中国人的抗日决心，伪政

---

① 《扩大国际宣传联络友邦》，《蒙藏旬刊》，1932 年第 32 期
② 伪满电信电话株式会社：《满洲放送年鉴》，满洲文祥堂印刷部，1940 年，第 33 页

府广播与南京伪政权建立了广播联系，以"日满华之间善邻友好、共同防共和经济合作"[1]为内容，进行相互交换广播。

作为被中华民国与苏联夹在中间的伪政府，电电公司承担这国际广播战的责任，也有扩散新闻的责任。为了扩大伪政府的"国际影响"，提高其"国际地位"，日本帝国主义利用广播来进行外交活动，并且通过"广播外交"来加强所谓"国际友好关系"。"七七"事变后，伪政府和德国、意大利间就开始进行广播交换，用的是大连广播电台 10 千瓦短波发射机。1939 年新京广播电台 20 千瓦发射机开始对外使用，当时正逢苏日间的"诺蒙坎事件"发生不久，于是"电电"公司用这部发射机与德国、意大利开展"国际"间广播交换活动。1939 年 5 月 22 日，德、意、日法西斯军事同盟在柏林签字，更加促进了伪政府与德、意两国的广播交换。1941 年太平洋战争爆发后，这种广播交换活动愈加频繁。

太平洋战争后，日本的宣传的特点和内容有：（1）宣传所谓"道义战争"，专指英美为其大敌，强调其作战的目的不是侵略，而是为"解放英美支配下的远东诸民族"，极力煽动东亚各民族对英美的恶感，忘记或者忽略日本的侵略；（2）积极宣传我国抗日力量的弱小、我国抗战外援力量的不足和英美对我国抗战的漠视，打击我国抗日的自信心，离间中国与其他国家的关系；（3）捏造同盟国间的利害冲突关系，宣

---

① （日）武藤富男：《广播和宣传》《电电》，1942 年 1 月号

传中、英、美、苏四国各为本国利益，互相倾轧，挑拨国际
关系；（4）积极宣传日本是中国的"真实朋友"，日本是为中
国"完全独立"而反对英美的，英美援华是把中国作为牺牲
品而满足自己利益的，因此中国应该与日本"共存共荣""同
甘共苦"，与日本合力驱逐英美，建设"新秩序"。

　　日本政府加强国内广播整顿同时，加强了其对其侵略占
领的朝鲜，还有中国台湾及中国东北的广播体系的整顿。对
先后成立的朝鲜广播协会，还有台湾广播协会和伪满电电公
司进行整合，逐渐构建交换广播的广播网。九一八事变后，
实施"日满联络广播"；1935 年 12 月实施"满鲜定例交换广
播"；并为了对抗南京广播，通过长春广播对华北民众实施广
播，实施"满华交换广播"。1938 年，又成立东亚广播协议
会，欲实现广播的"一元化"。

　　1940 年 9 月 27 日，日本、意大利和德国三国外交代表
在德国柏林签署了《德意日三国同盟条约》，成立以柏林—
罗马—东京轴心为核心的军事集团。军事上的同盟正式形
成后，1942 年 1 月 15 日伪政府与意大利的交换广播协议、
1943 年 1 月 15 日伪政府与德国的交换广播协议所构成的
"轴心国电波的握手"。这是为适应战时的联盟而进行的广播
联动。

　　在 1942 年 4 月，日本侵略者拟定了"实行大东亚新闻
广播"的计划，策划在东京召开大东亚广播联络会，于 4 月
16 日开幕。汪伪派 7 人代表团出席。第二次大东亚广播联络

会议于 1943 年 6 月在南京召开，日本及东亚各傀儡政权的放送局、电信株式会社及广播电台派代表出席，汪伪宣传机关及伪中国广播协会、各地分会、上海、北平、汉口、广州等地广播电台均派人参加；日驻华使领馆情报部、各军队报道部等负责人出席。林柏生在开幕式上发表讲话，再次强调宣传勾结的重要。他说在战争时期，广播不仅担负着"战争意义的普及战争情绪的提高战争状态的及时报道"等任务，尤其"在国家集团之间协力战争一点上"，为了"一致精神，相互密切配合"，更需要"形成一个保卫国家集团的电波战线"国。会期 4 天，后两天移上海举行，与会代表参观大上海广播电台及其他新闻机构，并同上海同行交流座谈。大会最后通过若干提案及"宣言"。这次会议形成了适应日本"国防国家"的广播体系，使日本侵略者控制东亚新闻宣传、服务东亚战争政策的阴谋进一步加强。

中国东北地区的伪政府是支持日本总力战国家化以及军事国家化的一大资源供给地区，起到了担当军需生产的根据地的作用。20 世纪 30 年代后半期到第二次世界大战结束，日本一直在致力于把伪政府打造成一个具有国家总力战模式下的小范本。日本为了给自己的国际形象涂抹上亮色，扶持了伪政府，被扶持的傀儡溥仪政府一直服从日本的殖民统治，配合着日本的侵略，伪政府成立初期，就指出："眷顾国民休戚，打倒旧军阀政治，是王道的真正意义所在。"伪政府的

"建设也正是至仁至善的表现"。[①] 即要恢复东北的社会秩序，自称"道德国家"、"王道乐土"，以"人道"和"仁爱"原则为指导精神，从字面上保持了中国传统意识，但实质上只是一种手段。七七事变后，日本发动全面侵华战争，伪政府在日伪经营之下，进入准战时期，且与"国防国家体制"的强化相结合，成为与日本国防相关联的重要政治问题。伪政府就成为支持日本向中国其他地区实施侵略战争的重要军需供给地区。1936 年 6 月，在汤岗子温泉，集合了关东军、伪政府和满铁的有关人员，以陆军省方案作为基础制定了成为满洲产业开发五年计划的基础的计划原案。同年 11 月，关东军司令部通过了《满洲产业开发五年计划纲要》。12 月，提交日本对伪政府事务局，开始同日本政府交涉。由于所需资金高达 25 亿元，而当时日本的一般会计岁出总额不过 24 亿元。对于这个过于庞大的数字，日本大藏省不表赞同，在农林、商工两省也有人反对。翌年 3 月在大藏、商工两省带有保留下，对伪政府事务局勉强予以通过，却未能通过日本内阁这一关。最后，是在实施原案时每一事项都要分别履行所需手续的谅解之下，决定姑且推进。

　　1937 年 1 月 25 日，关东军司令部通过了《满洲产业开发五年计划纲要》的最终决定案。该计划从 1937 年 4 月起付诸实施。三个月后爆发七七事变。《满洲产业开发五年计划纲

---

① 伪满洲国中央社会事业联合会编:《满洲国社会事业概要》, 1936 年，第
　　1 页

要》以 1937—1941 年为期，其方针定为："根据日满经济统制方策纲要，有事之际，置重点于必要资源的现地开发并尽可能谋求国内的自给自足和日本不足资源的供给"，以便确立伪政府将来产业开发的根基"。[①] 五年计划是包括工矿、农牧、交通以及移民等方面的综合性计划。工矿是主体，占全部投资的 55%。工矿中又以建立兵器、飞机、汽车、车辆等直接关系军备的机械工业和开发铁、液体燃料、煤炭、电力等重要基础工业，特别是以军事上必需的铁、液体燃料为重点，再加上与以上两类相关的铝、铅、锌、金、石棉、盐、小苏打、纸浆、肉类加工等共计 18 种，拟定在五年期间各种重要工矿产品的生产能力分别扩大 2 倍到十几倍。例如，煤的产量扩大为 2 倍，生铁的设备能力扩大为 2.98 倍，钢锭的设备能力扩大为 3.45 倍，钢材的设备能力扩大为 3.76 倍。电力、黄金、盐的生产能力都扩大 3 倍左右，而液体燃料、铅、锌等则扩大为 5 倍到十几倍。不过，这个五年计划不包括与人民生活紧密相关的轻工业，也没有将扩大生产所必需的劳动力问题纳入计划。五年计划中农牧方面的重点是尽量增产大米、小麦、燕麦、麻、棉花等与军需有关的农业资源以及着重为了军需的马、绵羊的增产和改良。交通方面除既定计划外，要增加为产业发展所必需的设施。

伪政府产业开发五年计划从策划到最后完成，完全是在

---

① 伪满国务院总务厅企划处:《关于满洲国经济建设资料》(第二回)，1938 年，第 45 页

日本军部主持下，由关东军、满铁以及伪政府的日系高官一手包揽的，而计划的最后审定者则是日本政府。因此，这个计划以建立日本需要的军需工业为主要目标，实现"日满一体""日满分工"，使中国东北经济的发展为日本的侵略战争服务，是一个从属于日本国民经济军事化的计划。伪政府的日本高官西村说得很露骨："这个……产业五年计划，它的实质是以'日满为一体'的国防计划，直截了当地说它是日本的国防计划也很恰当。"① 由此可见，日本侵略者的露骨嘴脸。

《满洲产业开发五年计划》于 1937 年付诸实施。1938 年5 月又根据全面侵华战争的需要加以修订。日本的方针本来是不允许东北发展机械工业，以便使中国东北地区在技术上永远依赖于日本，做日本的经济附庸，但是军需工业、矿业和交通运输业的发展，要求为其服务的附属工业有起码的发展。因此也不能不发展一些必需的机械工业，其规模相当于原计划的 2 倍，其要旨在于最大限度地利用东北基础资源，以资日本的生产扩张。把中国东北完全作为适应当务之急的日本"国防国家"建设的资源供给地，而完全不顾及这一政策所带来的恶果。生产的畸形发展，国民经济的严重失调，是实施军事掠夺的产业开发五年计划的必然恶果。这种重工业的发展，不能为轻工业和农业的发展奠定物质基础，而是建筑在掠夺轻工业和农业的基础之上的。伪政府的第一个五

① 西村淳一郎:《"日满"经济恳谈会议事要录》，1939 年，第 80、186

年计划将以生活必需品为中心的轻工业、手工业的开发完全弃置不顾，连生活上所必需的黄酱、酱油、锅盖，甚至木屐也由日本输入。

太平洋战争后，日本已经是战时体制，而中国东北成为了日本漫长战线的基础，日本战争资源的需求急速增大，中国东北地区在日本攫取式掠夺下的人民极其困窘。在战败之前，日本还设置了大东亚省，减少了原外务省在中国东北地区的经营权力。

日本对伪政府政治经济的调整和掌控，完全服从于其战时体制的建立。作为现代经济和战争直接和间接的"增效"工具——电波，也随之变化发展。战时广播和电讯连接了战争的前线和后方，战前的鼓励，战后的号召和动员，战争区域的控制。讯息的沟通还把日本和中国东北地区连接到一起，通过电波的反复播送，形成了所谓的日本与中国东北地区的"一体感"。

二、国民党的"第四战线"

1."中央电台"和电讯网建设

"一纸胜于十万兵"，中国历来重视宣传的作用。近代以来更是认识到"总力战"中包括精神的因素。"一个国家，要和敌人作战时，必须首先藉宣传力量，宣传作战的目的，鼓励国民和军队的热烈爱国心，全国上下同仇敌忾的情绪，统一意志，坚定信心，提高战斗精神，同时揭发敌人的对外阴谋，唤起国际间对我的同情和援助，更可藉宣传力量，使敌方士气沮丧，人心动摇，以加速其崩溃"，[①]宣传得当与否与战争胜败有重要的关系。

国民党政府对于日本的步步紧逼及其宣传政策，有着一定的认识，认为日本从侵华战事开始，就对宣传费了较大的力量。"以严密的机构，庞大的经费，动员广大的人力，利用有形无形和直接间接的工具，其规模和内容都有了惊人之处。"[②]对中国进行"神圣防共战""中日亲善"等宣传，这些宣传与事实不符，所以宣传本身充满了虚构、收买和欺骗等。日本在东北收买汉奸，广播新闻，混淆视听，并在国民党统治区域内进行宣传。太平洋战争之后，日本对华宣传战的方式和内容，主要有：（1）宣传所谓"道义战争"，即解放英美支配下的远东各民族；（2）离间我国与国际其他各国的关系，削弱我国人民对于国际外援的信心；（3）捏造中英美苏四国的关系，进行挑拨和离间；（4）宣传日本是中国的朋友，中国应该与日本"共存共荣"，合力对付英美。对于日本对华宣传战，国民党也在积极地构建电台网络，编播节目，进行宣传战。新闻学家赵占元在《国防新闻事业之统制》一书中提出了"心理国防"这个概念，"民族生死存亡决于俄顷，准备

---

①《抗战六年来的宣传战》，国民图书出版社，1933 年，第 7 页

②《抗战六年来的宣传战》，国民图书出版社，1933 年，第 9 页

抗战心理的国防建设，不容或缓"；① 国民党中央战时新闻检查局副局长孙义慈在《战时新闻检查的理论与实际》对战时广播宣传的作用进行了阐述，就是要"树立我国人民对于正义及胜利的信念""唤起我国人民的敌忾同仇心"，并"扰乱敌国的人心，而促进其内部崩溃"。② 随着日本在伪政府地区广播网络的构建使用，国民政府对于广播战的作用也越来越为重视，蒋介石在作战会议中提出"宣传重于作战"，并且在他 1943 年出版的《中国之命运》一书中再次谈到了实现全国收音机 1800 万具的发展指标，③ 从思想和行动上对于广播战都予以了足够的重视。

　　1928 年 7 月，国民党政府的建设委员会设立无线电管理处，管辖包括中国国内及国际间广播电台在内的全部无线电事业，并颁布了《中华民国广播无线电台管理条例》。11 月，颁布《中华民国无线电台呼号条例》和《中华民国船舶无线电台条例》，12 月颁布《中华民国广播无线电台条例》。制定和颁布的相关法律法规还有：《试验及业务无线电台条例》（1928 年 12 月）、《无线电材料进口护照临时办法》（1930 年 5 月）、《装设广播无线电收音登记暂行办法》（1930 年 7 月）、《中央广播无线电台管理处组织条例》（1931 年 7 月）、《限制民营电台暂行办法》（1932 年 1 月）、《各县市保送中央广

① 赵占元：《国防新闻事业之统制》，汗血书店，1937 年，第 9 页
② 孙义慈：《战时新闻检查的理论与实际》，军事委员会战时新闻检查局，1941 年，第 6 页
③ 蒋中正：《中国之命运》，三民主义青年团平津支团部，1946 年，第 106 页

播无线电台管理处收音员训练班学员办法》（1932 年 10 月）等。这些法规制度涉及范围较广，直接规范国民党政府无线电广播的建设。《中华民国广播无线电台管理条例》明确规定，建设委员会为促进无线电事业发展，特设立无线电管理处，国内及国际间无线电事业统归该处管理。《中央广播无线电台管理处组织条例》规定，该处直属国民党中央执行委员会，宣传事项受国民党中央宣传部指导。《中华民国广播无线电台条例》规定：（1）政府机关、公众或私人团体和私人均可设立无线电台，但事前须经国民政府建设委员会无线电管理处的特许，否则由当地政府制止其设立；（2）营业执照 5 年一换；（3）广播电台的业务范围包括公益演讲、新闻、商情、气象报告；音乐、歌曲和其他娱乐节目；商业广告，但所占时间不得超过当日广播总时间的 1/10。[①]《装设广播无线电收音登记暂行办法》规定，装设无线电收音机需"请求登记"，登记证不准顶替及租借。没有登记证的，一旦查出除没收全部机器设备外，酌情处于 10 元以上 200 元以下罚款。

国民政府广播事业的主管机关是中央广播事业管理处，全国一半以上的电台都归其管辖，交通部及各省市政府所设电台，行政上非直辖但技术上仍然实行合作，所以两者之间是相通的。南京沦陷前，中央台已有子台两座，分别在重庆长沙开始广播，武汉有汉口市政府兴办的 10000W 中波电台

---

①《中华民国法规汇编——第十编》，中华书局，1934 年，第 150-152 页

和宣传国际宣传处的中国之声，以英法德日等国语言对海外广播战讯。中日战场上，如徐州会战和武汉会战中的一些中国军队的勇敢事迹，是内外广播的主要题材，电台以"国家至上""民族至上""军事第一""胜利第一"口号传播的抗战精神也宣传到世界各国。

国民党重视国内外广播宣传，除了因为统治本身的需要，也是因为敌对方对宣传的重视。定都南京后，国民政府就制定中央电台传播政令、宣扬三民主义的计划，并于1928年开始广播，各省市广播电台也相继成立。广播宣传被国民党冠名为"党国喉舌"，并称之为除陆海空军以外的"第四战线"。"中央电台"在1928年国民党第二届中执会第155次常务会议定台名为"中国国民党中央执行委员会无线广播电台"，简称"中央广播电台"，呼号暂定XKM，X系国际无线电公会当时指定为中国广播电台专用字母，KM代表国民党。此电台建立之前，1920年9月美国西屋公司的康拉特先生在匹茨堡工厂中建立KDKA广播电台，1922年美商奥斯本即在上海创建50瓦广播电台（半年后停顿），后又相继由美商开洛公司在上海设立的100瓦广播电台（不久改250瓦），上海新新公司设立的50瓦广播电台，天津的500瓦广播电台，北平的100瓦广播电台，辽宁的2000瓦广播电台，哈尔滨的1000瓦广播电台等。这些电台大部分为娱乐和商业广告类节目，"中央广播电台"具有强烈的政治性。"从当权者做政治宣传这个意义上说，中央广播电台确是中国第一座广播电台。"[1] 也是国民党电讯的中心。

针对日本的广播宣传攻势，1931 年，国民党对中央电台进行了改造与扩建，值九一八事变和"一·二八"淞沪抗战之时，工程也屡经周折。1932 年 8 月，费资 40 万银元的强力广播电台建设完成，开始用 440 米波长播音，"昼间可达 4 千里，夜里可达 1 万里"[2]。该电台每天广播 11 小时 20 分钟，大部分节目在东北及台湾，还有朝鲜收听的情形也属于良好。英属殖民地马来亚、荷属东印度、澳洲、夏威夷以及美国也可以收听。这一世界先进水平的广播电台引起了广泛的关注。当时日本全国大电台有 5 座，均各为 10 千瓦，加上地方所有小电台，总计功率尚比不上中国这座新建的电台，所以日本人尤为震惊，称这座中央广播电台为"怪放送"。苏联不久也向德国定造 500 千瓦大电台，但比中国这座电台迟了两年才建成。该电台当时被称为"东亚第一，世界第三"。9 月在国民党南京中央广播电台大功率电台建成的开幕式上，陈果夫对于该大功率电台进行了赞誉："此后，中央广播消息，不特遍及边陲，抑且远被全球，既便发施政令，又利阐扬主义。若用以提倡识字，促进文化，亦足以收宏效。而理论之阐扬，时事之报告，使国际明了我国之真情，俾正义得伸于世界，

[1] 全国政协文史和学习委员会编：《第四战线 国民党中央广播电台掇实》，中国文史出版社，2017 年，第 9 页
[2] 邵力子：《十年来的中国新闻事业》，中国文化建设协会编《十年来的中国》（下册），商务印书馆，1937 年，第 495 页

尤非任何宣传工作所可比拟。总理云，国民革命之目的在建设，建设不成功，革命即失其意义。本台之建，殆亦建设中之尤要者欤。同时且为吾国广播事业奠一始基，以后发皇光大，使广播电台遍及全国，追踪欧美，蔚成大业，尤愿与诸同志共勉之。"①相对于日本在中国东北建设电台推广收音机的宣传攻势，"远东广播宣传之绝对优势，遂转入我中央台之手。"②

中央电台广播的重要节目，经常由全国各省市电台同时收转，时限30分钟到1小时。中央电台的声音代表着民族统一的意志，也是总力战的重要组成部分，是国民党自卫力量的象征。事实上，该电台在未改造之前，就承担着时事播放的责任。在九一八事变后，1931年9月19日，电台一名男播音员以沉痛、愤慨的语调，播出了一条震撼人心的消息："9月18日夜，日军在东北发动突然袭击，占领沈阳等地……"20日，这座电台又播发《中国国民党中央执行委员会为日军侵华对各级党部的训令》；22日，播发《中国国民党中央执行委员会告全国同胞书》。总之，及时传递日本对华侵略信息。

七七事变以后，日本全面侵华步伐加大，面对日本的步步紧逼，南京国民政府迁都呼声日起，蒋介石在国防最高会议上作《国府迁渝与抗战前途》讲话，明确要迁都重庆，继

---

① 《广播周报》，1934年10月20日第6期
② 彭乐善：《广播战》，中国编译出版社，1943年，第26页

续抗战。1937 年 11 月 18 日，国民政府中央各院部开始迁都，20 日中央电台奉命播出《国民政府移驻重庆宣言》[①]：

　　自卢沟桥事变发生以来，平津沦陷，战事蔓延，国民政府鉴于暴日无止境之侵略，爰决定抗战自卫，全国民众敌忾同仇，全体将士忠勇奋发，被侵各省，均有剧烈之奋斗，极壮烈之牺牲。而淞沪一隅，抗战亘于三月，各地将士，闻义赴难，朝命夕至，其在前线，以血肉之躯，筑成壕堑，有死无退。暴日倾其海陆空军之力，连环攻击，阵地虽化灰烬，军心仍如金石，陷阵之勇，死事之烈，实足昭示民族独立之精神，而奠定中华复兴之基础。迩者暴日更肆贪黩，分兵西进，过我首都。察其用意，无非欲挟其暴力，要我为城下之盟。殊不知我国自决定抗战自卫之日，即已深知此为最后关头，为国家生命计，为民族人格计，为国际信义与世界和平计，皆已无屈服之余地，凡有血气，无不具宁为玉碎，不为瓦全之决心。国民政府兹为适应战况，统筹全局，长期抗战起见，本日移驻重庆，此后将以最广大之规模，从事更持久之战斗，以中华人民之众，土地之广，人人本必死之决心，以其热血与土地，凝结为一，任何暴力不能使之

──────────
① 重庆陪都史系编委会：《国民政府重庆陪都史》，西南师范大学出版社，1993 年，第 5—6 页

分离，外得国际之同情，内有民众之团结，继续抗
战，必能达到维护国家民族生存独立之目的，特此宣
告，唯共勉之。

1937 年 11 月 23 日夜，南京中央电台做了"告别广播"
的播音后，停止播音，随迁都到重庆。广播地址的迁移，广
播内容有了更为深刻的内容。

南京沦陷后，国民党中央党部在重庆上清寺范庄附近聚
兴村六号租赁办公室，将运集而来的设备装配成一部 10 千
瓦中波发射机，因陋就简，利用距办公室 800 米丘陵上的重
庆牛角沱陶瓷职业学校旧房，并架设 200 尺高的简易拉杆
式天线，因"地位所限"，频率改为 1450KC（1939 年改为
1200KC）。

此外，国民党对地方广播网的进行加强建设。先后建成
的有直属中央广播事业管理处的福州台、河北台、西安台、
长沙台及南京短波台（唯一对南亚侨胞播送的广播电台），直
属交通部的北平、成都、上海三台及遍布两广、江西、山东、
山西等地由各级党部和地方政府管辖的地方台。并且，根据
紧急宣传需要在不同时期又增设数座临时电台。为配合 1932
年迁都洛阳的洛阳临时台（1932 年 1 月—1932 年 11 月），
为南昌"剿共"宣传需要设立的南昌台（1933 年 10 月），为
干扰"西安事变"中的西安台而增设的洛阳临时台（1936 年
12 月），及为干扰日本大东电台而设立的上海正言台（1937

年春）等。1936 年 2 月，国民党成立了国民党中央执行委员会广播事业指导委员会（简称指导委员会），进一步加强对广播事业的管理和控制，陈果夫任主任委员。该委员会由国民党中央广播事业管理处、宣传部、交通部、教育部、内政部等有关部门组成，主要任务是"谋广播事业之统一运用，整齐其步伐，健全其组织"。[①]1936 年 10 月，交通部公布了指导委员会通过的《指导全国广播电台播送节目办法》，规定自 12 月 15 日起由该委员会接管审查各电台播音节目。1937 年 3 月，指导委员会通过了《全国广播电台系统及分配办法》，将全国广播电台分为中央台、区台、省市台和地方台。

据统计，到 1937 年 6 月，国统区共有电台 78 座，总发射功率近 123 千瓦。其中，党、政府、军台虽仅有 23 座，发射功率却占到了 94.6%，占广播信号覆盖范围的绝对优势。在 23 座电台中，属于中广处 6 座，即福州、河北、西安、南昌、汉口、南京短波台，电力 86.25 千瓦；属于交通部 3 座，为北平、上海和成都台，电力 12.3 千瓦；属于各省市政府及地方党部 15 座，电力 12.3 千瓦。到 1937 年，全国收音机总量估计将近百万，上海收音机达到了 10 余万部，听众人数在 60 万至 72 万人之间，在上海，广播成为了大众化传媒。中央广播电台及地方党营广播网的建设，使国民党垄断了民国广播新闻业。广播这一新兴媒体成为国民党操控舆论，将其

---

① 转引自赵玉明主编：《中国广播电视通史》，北京广播学院出版社，2004 年，第 37 页

声音覆盖全国的"宣传利器"。①

　　为应对日本的战时体制的建立和自身政府的发展，国民党政府在不断规划发展电讯网的同时，也在加强管制。1932年"一·二八"事变后，上海民营广播蜂拥而起，大部分民营电台为商业电台，电台节目混乱，节目内容符合小市民文化，在当时就受到进步舆论的批评："广播电台的使用，在于用迅速的方法，来传递重要的新闻。可是中国的广播电台已商业化了。它以宣扬货物为主要任务，而把原来的使命——传递重要新闻——成为附属品了，各电台为了替各商号作广告，不得不利用娱乐节目来吸引听众。所以他们所广播的节目，都是迎合小市民的低级趣味的污秽俚俗的滩黄、滑稽、宣卷之类的节目。这种靡靡之音，对于市民的思想行动，都有妨碍。"②

　　国民党随之出台《限制民营电台暂行办法》（1932年1月），《民营广播无线电台暂行取缔规则》（1932年11月）等广播法规，限制民营广播电台的发展，要求民营电台登记，并指派频率、限制数量，海关严禁无线电材料输入。《民营广播无线电台暂行取缔规则》规定其广播电台也不得触犯下列任何一项：（1）扰乱或妨害国有海陆空及公众通讯电台之业务；（2）不服从交通部所派检查员之指导与监督；（3）播送不

---

① 中国第二历史档案馆：《中国国民党中央执行委员会常务委员会会议录》（第七册），广西师范大学出版社，2000年，第307页
② 《时事新报》，1936年8月14日

真确之消息或新闻；（4）与任何一电台叫通，有类如通报情事；（5）传递私人消息；（6）播送危害治安或有伤风化之一切言论消息、歌曲、文词；（7）扰乱其他广播电台之播音。从规范的内容来看，当时民营广播电台的节目内容比较杂乱，由于战争和社会形势变化，这些法规执行起来是非常困难的。1934 年禁止民间资本新设电台，1937 年 4 月，交通部又颁布了《民营广播电台违背〈指导播送节目办法〉之处分简则》和《播音节目内容审查标准》。据统计，1935—1937 年，国民党取缔了上海 23 家民营电台。抗战前后，国民党政府对广播节目采取审查制度，并要求转播中央广播电台的节目，以此加强管理和控制。在这种体制下，党办、官营广播电台一枝独秀，民营电台发展的空间较小。抗战后民营电台也有爱国要求，播放爱国歌曲等，这些电台功率小，无法直接对东北地区有直接的影响。

当时中国电讯业是特种行业，但其发展非常落后，而且政府对它的管控也相当严格。这就造成当时国民政府交通部的有线无线电线路很不够用。以当时的线路供应国民政府与民众的需要，已经拥挤不堪，如果每天还以大量的新闻电讯加上去，时间上一定会有耽延。以当时国民党政府的财力和科技水平，虽然有积极改进电讯交通的计划，但这种计划不可能在短时间内实现。很多省都没有装设广播电台。"人民自然没有享受收音的机会，所有政令，全藉报纸传达，偏僻的县份，有迟至数十日而达到者。因之政令往往不能统一。"①
要加强近代电讯的速率，不仅要迅速推进普通电信网络建设，
还必须取得当时中央通讯社自备电讯工具的特许权，并可以
在全国几个重要的政治经济中心设立无线电台，集中新闻，
传播新闻，以后再一步步地扩张至全国各地。依托这一思想，
并对这一思想进行实践的是萧同兹任中央通讯社社长时。

　　萧同兹，湖南常宁人。1932 年 5 月，被国民党中央常务
委员会任命为社长。任职之处，萧同兹根据当时电讯的情况，
请求准许中央社自备电讯工具，提出"全国七大都市电讯网
计划"，组建内通讯网，解决新闻的来源问题。新闻到达了南
京，经过编选以后，还要靠电报发布到各地报馆，这样，通
讯社的任务才能算是完成。当时中央社总社设在南京，下辖
武汉、北平两个分社和上海电讯处，此外各地还有七八个通
讯员。按计划，7 月建立南京总社无线电台和上海分社电台，
通讯设备主要来自路透社；1933 年 4 月，以同样的方式，先
后在北平、天津、汉口、西安和香港 5 处设立分电台（与原
计划在上海、北平、天津、汉口、重庆、广州 6 处设分台有
出入）。可是如果由总社每天分别拍发专电到每一个地方去，
未免太不经济，所以，萧同兹就计划由总社实行无线电报广
播，使得南京总社广播的新闻，各地都可抄录；使得中央社
的新闻电讯，都能在当天传布到全国每一个角落里。

---

① 昌来：《中国无线电事业概况》《湖南大学期刊》，1932 年第 7 期

　　"全国七大都市电讯网计划"只是萧同兹通讯业务"十年扩展计划"的一个组成部分,"十年扩展计划"的最终目的是要在十年内完成国内通讯网的组建。1932 年 11 月后,中央广播电台的广播声音覆盖全国,国民党为各县配置了一台收音机和一名收音员,保证了中央广播电台的声音落地。1933 年后,中央通讯社发展成为全国性通讯社,该社先后在上海、天津、西安、南昌、重庆、成都、贵阳、广州等地建立 35 家分社及办事处,将其新闻发布能力扩展到全国各大中等城市。截至 1941 年 10 月为止,中央社经常使用的电台有六十几座,每天从重庆总电台用无线电报广播出去的新闻,有 15000 字。国内分社有重庆、成都、昆明、贵阳、桂林、长沙、韶关、吉安、福州、西安、兰州、洛阳、恩施等 16 个,此外还在十几个城市派有特派员或通讯员。例如,中央通讯社南昌分社几经筹备,于 1934 年 10 月 28 日正式成立,开始发稿。七七事变发生以后,萧同兹又积极布置战地通讯网。战地特派员富有流动性,常随战局的变化而调动,甲战区战局紧张则增加甲战区特派员的人数,乙战区的战况沉寂则疏散乙战区的特派员。此外,从 1937 年起,中央社又加添了摄影部门,前线各地多有摄影记者拍摄各种照片。可以说,经过十年努力,中央社的全国通讯网已经初具规模。

　　衡量一家通讯社是否具有现代性的重要标准之一,就是是否有能力采集播发国际新闻。当时外国通讯社分布在中国的人员为数并不多,业务所及的范围也不普遍。比如路透社的活动，就只限于上海、南京、汉口、青岛、天津、北平、广州这几个都市。哈瓦斯社只托付一个记者在北平代发电报。合众社只在上海供稿件与国民社及《字林西报》。德国华尔夫通讯社只有北平、上海两个分社。就是活动最力侵略性最烈的日本电通社及日联社，它们也只有上海、北平、天津、汉口、沈阳几个分社。鉴于此，萧同兹认为，在中央社的全国通讯网完成了，外国通讯社一定会愿意与中央社交换新闻，欢迎中央社供给它们大量的国内新闻，更希望它们的国际新闻稿件借着中央社的力量传布到中国各地。与外国通讯社建立合作关系并交换新闻使中央通讯社具备了采集与播发国际新闻的能力。

然而，限于中央通讯社的经济能力，中央通讯社不足以承担向外国添设派遣特派员的开销，不得已，只得利用外国通讯社在中国所发的稿件。1932年，路透社就与中央通讯社正式订立合同，交换新闻；1936年，海通社开始与中央社交换新闻稿；1937年，合众社与中央社订立合同；1941年夏，由于德国正式承认南京汪伪政权，国民政府对德绝交。海通社驻在中国的人员全部撤退，海通社与中央社交换新闻的事情才告终止。鉴于中日关系的逐渐恶化，中央社与日本同盟社没有合作。

长远来看，一家通讯社，尤其是一家国家级通讯社，还是要依靠自己的新闻采集与播发力量。采用外国通讯社的稿件是中央社在自身实力严重不足情况下采取的权宜之计。因为，宣传事业不可能脱离政治而单独存在，外国记者无论标榜其如何的客观公正，但究竟不能离开他们自己国家民族的立场。这些外国记者以自己观点采写的新闻，当然不能适合中国读者的需要。1933 年，中央社虽然也曾派戈公振到瑞士、苏联、德、意、法各国去采访新闻，但那只是临时的。1936 年陈博生去东京，中央社在国外开始有了正式的特派员。七七事变发生后不久，陈博生即回国。1938 年，中央社在汉口曾计划设置驻美驻法两特派员，人选均已确定，但限于经费并未正式工作。以后外汇困难，中央社的计划更变成了"镜中花水中月"。直到 1940 年，中央社的这个计划才正式着手实施，最初被派往国外的特派员计有三人：一位是瑞士的王冷樵先生，一位是伦敦的林咸让先生，一位是华盛顿的卢祺新先生。1941 年春以来，太平洋的风声日紧，南洋侨胞特别关心国事，于是中央社除原有的香港分社之外，又在该年 3 月间筹设新加坡分社，5 月间正式发稿。到 1948 年，中央社的分支机构（含分社、办事处、特派员）国内有 52 处，国外有 25 处，全社员工共有 2653 人，是中央社历史上最鼎盛的时期。

国民党对国际电报的经费加大也是对电讯的支持。1932 年 9 月中央宣传委员会将"国际宣传电报费每月一万元"列入预算。[1] 上海的真如国际无线电台是国民政府所能控制的

① 《中国国民党中央执行委员会常务委员会议录》（18 册），第 296 页

也能发挥相当作用的重要电台之一，于1930年建成使用。在"一·二八"抗战中，日本破坏了上海英国大东、丹麦大北电报公司对外海底电报线路，当时上海与国际的电讯交通，主要依靠真如无线电台。外交部在1932年11月起，利用真如无线电台发送国内重要新闻给驻欧美各使馆的官费电报也有明确的经费规定："每月发电经费十一万八千元每日以有线电拍发消息至日内瓦华盛顿伦敦巴黎四处。"①

2. 隐忍与抗争：节目的变化与改进

反抗与侵略必然是相辅而行。国民政府在设施上努力的同时，对与宣传的内容也表现出了抗争性。节目的受众和接受程度，同样与受众的文化程度和国民性格呈现很大的关联度。面对日本本土和日本在伪政府地区建立的强大广播网络，国民政府也根据时事的变化在节目内容、节目语言等方面做了较大的调整，然而，因为国民党在内政外交上求取的目的，节目内容在抗争的同时表现了很大的隐忍性。

改造之后的中央广播电台开办日语广播，着重向日军和日本公众说明战争真相中国政府的态度。"将中国国民酷爱和平之意志，及中国真实之国情，传达于日本国民"。②在中央广播电台改造完成时，方益之③就在台做了日语报告；当月，

---

① 《中国国民党指导下之政治成绩统计》，1932年第11期
② 《中央广播电台作日语报告之经过》，《中央周报》，第237期
③ 中央宣传委员会秘书方治之夫人。原为日本人，当时已来华十年，并取得中国国籍及中国国民党党籍。

外交部即"令在亚洲各使领馆装置收音机将所得（中央广播电台）新闻布告侨众并译成当地文字发送各报"[1]；1933 年 9 月，又批准了驻日本神户、长崎等领事馆请设置收音机的申请。七七事变之后，抗日救国的呼声成为一股强大的政治浪潮，电台的节目也改了播音时间，新闻节目中"剿共"的内容改为了报道抗日政局和前方的战况，还增设了日本侵华的特种报告。日语广播则在于揭露日寇的阴谋，鼓舞士气。电台一度停止播放音乐节目，代之以充满战斗气氛的军乐，一些群众性的痛斥日寇罪行的演讲也成为广播的内容。中央广播电台的日语广播"对于东邻日寇，给它不少的精神威胁和打击"。[2]

中央广播无线电台每周节目 [3]

---

[1]《中国国民党指导下之政治成绩统计》，1932 年第 11 期，第 4 页

[2] 吴道一:《胜利还都与我国广播事业》，赵玉明:《中国现代广播史料选编》，汕头大学出社，2007 年，第 188 页

[3]《中央日报》，1933 年 1 月 20 日第 1 版

在"攘外必先安内"的指导思想下，国民政府的电波战，是内部精神的统一，也是提振和激发爱国精神。这是抗日的基石，也是广播宣传战的基础。蒋介石的警句"果真我们的内政能够统一，国基能够稳定，世界上无论哪一个强大的国家，都要对我们发生敬畏，我们只要真正能统一，就没有哪个敢做我们中国的敌人""和平未至绝望时期，决不放弃和平；牺牲未至最后关头，绝不轻言牺牲"。这些言论经常在广播中插播，也表现了抗争的精神。日本侵华的行为日益加深，人民团结抗战的精神日益觉醒，广播中团结抗日的呼声也日益高涨。激发爱国主义精神和民族自强自立的意识和军事常识的节目被重视，节目中也增加了国民党高层人士发表的救亡图存演说，并且在儿童台增加了爱国主义的教育。

1934 年 8 月 20 日，儿童讲话节目播出的《九一八的余痛》：

> 讲到"九一八"这个日子，诸位一定要想到民国 20 年的"九一八"吧！在民国史上，这一个九一八事件发生，其间所经过的事实，我国所受的损失，所蒙的耻辱，留下的创伤，增加的痛苦，想大家还能够记在心里，印在脑里……在当时固然是非常痛心，非常难受。事隔三年，想起过去的事实和三年所有的悲痛，以及现在的实情，怎能不痛定思痛……要晓得一个人身体上受了创伤，或是被旁人无故地剁掉一

块肉，甚至割去一条腿或是一只膀子，他的疼痛，当然痛到不可说的地步。九一八事件同这种情形正是相同……要想止掉疼痛，减少疼痛，那就要我们努力地去想，努力地去做……那么疼痛可以无形地消灭，创伤可以无形地完好，身体可以成为一个完整无缺的身体，国家可以成为一个完整无缺的国家。诸位，快点团结起来，努力去干，总有达到的一天。

1934 年 10 月 30 日，南京市崇淑小学学生在电台播唱了一组抗战歌曲，其中一首《民族精神》：

塞北华南，蓦一片炮声起，惊醒了华族之魂。提枪向前，拔刀冲锋，民族魂复兴。谁是天纵的骄儿，谁敢侮华胄神明？来杀向前去，求生来啦，民族英雄！辽沈淞沪，好一片火光起，烧沸了华族之心。提枪向前，拔刀冲锋，民族魂复兴。谁是天纵的骄儿，谁敢侮华胄神明？来杀向前去，求生来啦，民族英雄！

相较于成人节目的低沉和晦暗，儿童在广播节目中的表现以及节目内容爱国的呼喊声鲜明而强劲，给时人留下了深刻的印象。标志着日本全面侵华的七七事变爆发后，日本的侵略野心已经完全显露，国民政府进入战时体制，战时宣传体制启动，广播节目充满了战斗气息：节目采录和编制受到影响，专题节目只保留了新闻和抗日宣传，音乐节目多为抗日歌曲和军乐，聂耳创作的《义勇军进行曲》在这一时期被循环播放，带动了救亡歌曲的创作与流传，歌曲《大刀进行曲》《救国军歌》《热血》也通过广播成为了抗争的武器。在南京保卫战中，南下的学生在中央广播电台演唱赵启海的《松花江上》，张瑞芳的《牧童歌》，雄浑的大合唱《打回老家去》《前进歌》《救国军歌》等，尤其是谭兴枢的《九一八小调》：

　　　高粱叶子青又青，九月十八来了日本兵，先占火药库，后占北大营，杀人放火真是凶，杀人放火真是凶！东北的父老有三千万，时时刻刻都在痛苦中！

　　有对日本侵略者的痛恨，有对东北人民的感同身受。此外，以受众接受的节目方式进行教育。广播剧，又称无线电戏剧、播音话剧。在1935年上播了广播剧《苦儿流浪记》，剧情描写的是沦陷后的一东北少年四处流浪，碰到义勇军，奋起反抗。这个广播剧充满了反日的情绪，但是在抗战初期的国民政府为求得国际同情与支援，压制反日情绪，剧本发表后却并没有播出，但广播剧却兴起。当时的广播剧主要是鼓励生产，发扬民族精神，剧本选材广泛，如奉劝世人戒嫖、戒赌、戒烟的，有《烟犯》《赌徒》《花柳恨》《生存之路》等；宣扬传统道德、家庭伦理关系的《父子》《同命鸳鸯》《一夕之争》《患难夫妻》《兄弟争产》《怨家聚头》等；鼓励儿童青年发愤读书的有《老大徒伤悲》《后生可畏》等。此外，还有指导卫生、提倡互助、赈济灾民等。但最集中、最突出的主题是爱国、救国。起初，是采取迂回方法，既宣传爱国，又不"有碍国交"，将这些题材裹上了历史的外衣。如《卧薪尝胆》《一去不还》（又名《易水别》，荆轲刺秦王的故事）《五卅泪》《木兰从军》《塞上别》（苏武使匈）《西施》《风波亭》（岳飞故事）《文天祥》等。爱国救亡的广播剧比较受欢迎，并引起广泛的好评。

　　根据陈大悲同名"乐剧"改编的广播剧《西施》，借吴越春秋的故事，大谈救国之道，在 1935 年底播出后，好评如潮，听众纷纷来信。一位叫沈天频的合肥小听众于 1936 年 1 月 2 日来信说："以此剧寓意之伟大，剧情之壮烈，不但深合我国目前局势，足使甘心为汉奸者为之警惕，且唤起一般沉醉的心灵，为之觉悟，爱国的观念，亦不禁油然而生了，诚不啻在此国难声中给予大众一副兴奋剂……"[1]广播剧成为共情的内容，激荡了人民的抗日热情。

　　1938 年 3 月 10 日，迁到重庆的"党国喉舌"恢复播音，后来与交通部借用重庆电信局 7.5 千瓦电报电话两用机，作短波广播，出于战时宣传需要，播音语言初期有中文、英语、

---

①《广播周报》，1935 年 12 月 21 日，第 66 期

蒙古族方言、藏族方言、回族方言，厦门方言、粤方言。该
电台被称为"重庆之蛙"，面向国内外广播，广播语言种类更
多，有国语；方言有粤语、沪语、闽语、厦门语、客家语、
台山语、台湾语；少数民族语言有蒙古语、回族语、藏族语；
外语有英、法、德、日、意、俄、荷、印度、阿拉伯、马来、
朝鲜、泰、缅、越等语。快捷地传递了战争消息，并且成了
各党派和不同思想的传播舞台。政府官员、外国使馆人员、
驻华记者、来访外宾等人士在此发表爱国抗日演讲。周恩来
视察东南战场和南岳游击干部训练班后，1939 年 5 月 31 日，
应在上清寺国民党的中央广播电台之邀发表了题为《二期抗
战的重心》的广播演讲，对全民抗战的敌后战场进行了宣传。

国民党的广播战对内凝聚了民心，增强了反对日本侵略
的决心。对外，不仅将广播带到战场进行对敌宣传，战场上
用日语宣传和国语宣传，有效减少敌人的战前攻势，并且采
用"与敌方传递音讯之军用无线电相近之波长或即用中波，
则敌军阵地、后方必能收音"进行宣传战。

国民政府对广播战的重视更多是对日本的侵略和宣传行
为进行的应对选择，因此，对照日本在伪政府所采取的广播
手段，国民党的广播也采取了一些相应的应对措施。日本俘
虏在电台讲话就是对于战争最好的直播。1939 年，国民党在
重庆上清寺的广播电台就让一位日本的战俘做了一次讲话，
此人叫植进，在日本轰炸重庆的时候，看到了碎石破瓦、断
垣残壁，闻到了刺人鼻息的气味，唤起了他的良知，在广播

讲话[①]时，他首先讲到自己被俘后的见闻：

> 我这次到中国内地来，看到许多中国老百姓，家
> 屋被日本飞机炸毁，并看见许多无家可归的难民时，
> 我真难受。为什么日本军部这样残酷？他们为什么老
> 是要炸中国的老百姓呢？据我亲眼所见的被炸的地
> 方，全是和军事机关毫无关系的商店、民众。

对日本发动的侵略战争进行了直接的指责，然后对于日
本宣传的中国对日本战俘的行为，以自己为例进行了描述：

> 这次被征到中国来作战，在某地被捕时，我每日
> 想着将来一定会被杀的。但是到现在，中国军队不但
> 不杀我们，反优待我们，这是我所想不到的……这
> 次我们由安徽省××县移动到此地的路上，格外承
> 中国各界的优待。例如经过某县时，某县长还特别来
> 慰问我们，县里老百姓也有许多人来看我们……我
> 们在日本时，日本军部不断地宣传着：（一）中国充满
> 着赤化思想；（二）日本为了防御赤化思想，而来和
> 中国战争；（三）中国人不和邻国的日本人亲善，却
> 借外国力量来虐待在华日本侨民；（四）中国军队如

---

①《东亚和平被日本军阀破坏》《广播周报》，1939 年 8 月 7 日第 173 期

捕到日本兵时，随即会施行惨杀。

根据自己的亲身经历，植进揭露了日本帝国主义为自己的侵略做出了虚伪的宣传，对于日本的侵华战争予以了一定的反思：

在这次的战争中，中国国民的心理状态，正酷肖日俄战争时日本国民的心理状态。他们完全是为了拯救自己民族的生存而抗战的。他们不想打到日本杀害我们的百姓，却只是不屈不挠地抵抗日军的进攻。这是大陆生长的中国人民伟大性的表现，真使我们非常感动。我们同胞现在正是为着日本军阀牺牲着，万一日本果真打了胜仗，在我们一般国民，尤其是老百姓的我们，究竟能够得到什么东西呢？所有的利益，不是都由日本军阀和财阀们独占去了吗？日本国民现在不是正在被征收、被榨取着庞大的军费吗？要缴纳的税金，又那么多，现在国内的物价又是无可形容的那么贵，生活又那么苦。最后我们可爱的孩子、兄弟、丈夫、父亲也在战场送了命，结果换来的不是如玩具一样的毫无价值的徽章吗……去前线的日本兵不是每天正在受日本军部的压迫而表明不满吗？我还听到到中国来的日本兵和很认识中国的日本国民……都觉得这次战争是毫无意义的，我们日本国民已变成日本军部的牺牲品了。这样想，并且还听到了许多日本兵想为东亚和平而投降中国军队，参加中国的抗战……

反思之后的植进提出了日本人民的敌人是日本军阀：

我们亲爱的同胞，我们应该早日觉醒。我们的敌人不是中国，却是日本军阀。如以上所讲的，实际破坏东亚和平的，就是日本，军阀。现在我们应该逃出无谓的牺牲，而来和和平中国国民握手，对日本军部表示反战。积极方面即参加中国抗战，共同努力，争取东亚的真正和平。这正是日本国民的第一急务啊！

日俘，因为其身份和经历，广播讲话具有更好的说服力。所以在广播中，也有播放战场上所获得的日军的日记、信件等，这些文字内容反映了日军思念家乡和日本人民经济困顿等信息。这些信件中有一位叫加藤子的贫苦妇女于 1938 年 7 月写给正在中国进行侵略的丈夫的：

加藤甚夫君：故乡每天都下雨，讨厌极了。这是十三年来未曾有过的淫雨。关东、关西的水灾是非常厉害的，死者和失踪者合计已突破两千名以上。山形是没有关东、关西那么厉害，但是长崎街附近的最上川水已涨至一丈二尺，水堤有决溃的危险，现在警戒中。内地商人因为材料的高价，加之以商品的不足，所以很难维持。木棉一束三四十钱，市内的打铜街、天平、火夹等地的商品，已不许制造了，同业者一齐跑到县所去请愿。还有机器业也是一样受限制而到县所请愿。听说打铜街变为军事工业场所，确已陷进了不景气的深坑里，一袋米涨至13.4元的高价，真难过活了。①

信件直接再现了日本的天灾和通胀情况，反映了日本人民的生活，这样的广播讲话内容，会在日本听众心中埋下对日本政策怀疑的种子。

在战场上，还有一封叫竹田助藏写给在中国作战的大岩挂助的信，对日本国内为战争进行的兵役和贮金情况进行了描述：

大岩挂助君：6月20日前后，15岁的弟弟结果也被征去了——是当工兵。在国家总动员之下，木棉制造也被禁止了，铁、橡皮、木材那样的东西也被限制了……还有强收各户限制的贮金，每户各出一百一钱（即一元一分——译者注），学生各人出1

① 《广播周报》，1939年8月7日第173期

元 5 分，形成贮金的制度。这是集取全国国民的金钱
方……①

这些情况可以提升中国人战争的精神力，同样也可以瓦
解日本在华军人的心理。

在中国军队缴获的物品中也夹杂着一些日本的宣传资料：

> 每逢星期三那天，先生带我们参拜观音寺，慰问
> 荣誉战死的灵魂。最初去时因为死者太多，使我吃了
> 一惊，寺中的正面、左侧、右侧都是堆着白布包着的
> 小箱子，这样勇敢的强壮的身体，被那样小的箱子收
> 藏着。已成了骨灰箱里的人们，也许有了像我们这样
> 年纪的孩子吧？想起死者遗留下来的孩子们时，心里
> 直觉难过，他们也许是记挂着父亲很平安地归国，可
> 是想起现在由白布箱子送回来时，泪珠也滚下来了。
> 那些孩子再怎样喊爹爹，也得不到他们的回声了。梅
> 组的和甲斐君的父亲是在通州事变时死的。当我们谈
> 到甲斐君时，一定要去参拜祈祷着快些和平！②

以上是三位日本小朋友写的文章，充满了亲情的呼唤，
日本作为油印资料宣传单鼓励战士努力打仗早日回国，同样

---

① 《广播周报》，1939 年 8 月 7 日第 173 期
② 《广播周报》，1939 年 8 月 7 日第 173 期

也反映了战争的残酷性和日本人民爱好和平的心理。在广播中采用这一类的材料时，为了加强播放的教育效果，经常夹杂一些议论。

国民党中央广播的另一重大的宣传任务就是对国外的广播。在中央广播电台由南京迁重庆后，1939 年 2 月，国民党政府利用英国提供的广播设备成立了功率强大的国际广播电台，发射功率为 35 千兆，呼号为 XGOX、XGOY，专门对外进行广播。该台在 1940 年 1 月被定名国际广播电台（英文名称 "Voice of China" 简称 VOC，意为 "中国之声"），当时由国民党中央宣传部国际宣传处管理，半年后移交 "中广处" 管辖。该台办有 6 套广播节目，对欧洲、北美、苏联东部、日本，还有我国东北、华南和东南亚等地，还有苏联等地使用英语、德语、法语、荷兰语、西班牙语等语言播音，最多时达 20 多个语种（包括汉语方言），每次播音 10 多个小时。节目采用当时 "中央社" 电讯稿和《中央日报》的新闻评论，以及 "中宣部" 国际宣传处和美国新闻处提供的稿件，具有明显的外交性。

世界反法西斯同盟逐渐形成时期，重庆电波的风格抗争性外显。当时重庆作为陪都是政治中心之一，外交人员聚集，外国访华使团频繁，国民党中央电台就利用这样的机会，邀请各类人员做广播演讲。此外，该电台在 1942 年 6 月直播了 "重庆市民众庆祝联合国日大会"。

6 月 14 日是美国的 "国旗日"。美国人 1861 年在康涅狄格州的哈特佛特城举行了一次小规模仪式，这是美国第一次庆祝"国旗日"，1916 年，这一天被正式定为美国的"国旗日"。反法西斯全面展开之后，1942 年，26 国发表宣言，世界反法西斯世界反法西斯联合阵线成立，美国罗斯福提议将这一年的"国旗日"改为"联合国日"，下令不仅纪念美国星条旗，同时对于其他签字联合阵线各国积极响应。美国等国陆续参战，抗日同盟扩大，是中国长期在外交和宣传上坚持的结果，对于中国来说是值得庆祝的事情，有利于鼓舞本国的士气，因此在 6 月 14 日这天，重庆举行了庆祝省电，进行了广播宣传工作。这也是一次较大的国际宣传工作。庆典中的演讲由事先装置的转播机将信号传送至中央广播电台国际广播电台，用多种频率向全球发射。

　　参加"重庆市民众庆祝联合国日大会"的有国民党政府首脑人物及各界代表、文化团体和群众，庆典现场布置有广播，并有宣传单、旗帜。现场还有两场广播活动。一是"新生活运动总会"主办的联合国代表演讲会，重庆市市长吴国桢致开幕词，表达了中国作为首位抗击侵略的国家，终于有世界各国共同抗击侵略的局面，"此次战争，可称为具有世界性新生活运动"，是世界各国共有的荣誉。之后英国大使薛穆爵士、捷克公使米诺夫斯基、印度专员萨福来爵士、苏联大使馆参赞列费诺夫、美国大使馆参赞范宝德，比利时大使馆秘书史迈斯等先后对于各国战争的情形做了讲述。这些讲演做了实况广播。二是由 13 个国际文化团体主办的嘉陵宾馆晚餐会。有中外来宾500多人参加，中方有孔祥熙、何应钦、陈绍宽、王世杰、谷正纲、张治中、吴国桢等，外国来宾有主要联合国家的外交使节和军事、文化人员。这是中菜西吃的聚餐形式。晚8时30分进行对世界各国广播，中央秘书长吴铁城率先播讲："今日为誓死捍卫人类文化的伟大同盟国家致敬之日。中国置身于此赫赫同盟中，殊为荣幸。本人当借此最适当之机会，重申中国必将竭尽其能力，击败轴心国家之决心。虽然过去某一时期为孤军苦战，然而我们仍能抵抗侵略，赓续未辍。现在我们已是同盟国家中之一员，为一共同目标而奋斗，并共以最大信心一致向前击败轴心。敬祝同盟国家万岁！"之后苏、美、英大使，澳、捷、比公使，荷代办（一说为公使）及印度代表共8人，先后各以1—1.5分钟的时间发表广播演说。

苏联大使潘友新介绍了苏联人民浴血抗战的情况并表达了和平友好状态下的世界各国必将彻底战胜德国希特勒："今天我可以特别向诸君引证今年5月1日斯大林颁布的文告。斯大林说，'至于我们的国际关系，最近是从来未有的增强了。一切爱好和平的人民都已参加了反对德帝国主义的阵容。我国人民为自由荣誉和独立而进行的英勇斗争，已唤起一个有进步的人类的景仰……在这些爱好和平的国家中，首先是英、美两国，他们已与我国建立友谊和同盟的联系，而且予我国以日渐增多的军事援助，来对抗德国法西斯的侵入者'……虽然我们的敌人还是一个强大的寇仇，但我敢断言，

斯大林交给整个红军的任务，一定能够实现，那就是——使
1942 年成为德国法西斯军队最后挫败和苏联国土从希特勒匪
徒之下解放出来的一年，苏联将与所有盟国和友邦共同庆祝
击败敌人的最后胜利。"苏联对于世界友好反对希特勒的态度
引起了广泛的关注。由于中国同欧美各国的时差，对外讲话
大多安排在夜间。

　　晚 7 时，国民政府主席林森对各联合国家广播，国语讲
毕，继以英语译述。晚 7 时 30 分，考试院院长戴季陶对印度
广播，同样地在国语演说完后用英语译述。晚 8 时 30 分，播
出上述嘉陵宾馆"晚餐会"上的几篇演讲。晚 10 时 30 分，
监察院院长于右任对苏广播。于右任先生用中文演讲毕，继
以俄语译述。15 日凌晨 4 时 15 分（即英国时间 14 日 21 时
15 分），由立法院院长孙科、中央秘书长王宠惠及英国驻华
大使薛穆作 15 分钟的英语集体演说，对英国进行广播。15
日凌晨 4 时 45 分（即美国时间 14 日下午 4 时许），行政院副
院长孔祥熙及夫人宋霭龄以英语对美国进行广播。这些广播
讲话，介绍了中国抗战概况，呼吁团结一致，联合作战，彻
底战胜法西斯并建立战后的世界和平、稳定新秩序。这是中
国对于世界的一种表态。中国的抗日战争起于 1931 年日本对
东北的侵略，之后法西斯国家也纷纷侵略他国，直至二次世
界大战各国逐渐联合结盟，所以要有一个有效安全的组织以
维护世界的和平。于右任的广播演讲高度评价苏联革命和苏
联人民的领袖斯大林："伟大的、英勇的苏联军民们：16 年

前，我到贵国，看见贵国革命后建国的努力，各种印象至今还像是新鲜……苏联建国后，世界大政治家对苏联立国精神认识最早并最清楚的是中国的国父孙中山先生。在世界被压迫民众自由解放的战争中，中苏两国应该携手并进，这是国父中山先生的遗训。俄国革命是世界人类文明的希望，这也是中山先生很早的观察……苏联军民对纳粹暴徒的苦战，现在已及一年，这一年苏联军民的英勇牺牲，全世界对之敬慕钦佩，中国民众对之尤具深切的同情。中国对日的抗战，至今足足五年。苏联战场中战争之猛烈，与中国战场中战争之长久，是此次大战中特殊之点。不是苏联战场那样的猛烈战，不是中国战场那样的持久战争，今日东西侵略者的凶焰，不知要高涨到何等地步。可是苏联一年的猛烈战争和中国五年的持久抵抗，终将侵略者凶锋顿挫下去，现在已快近扑灭的日子了。日寇就是东亚的希特勒，希特勒的溃败，无疑会牵到日寇的覆灭；同样日寇的减缩，会促成纳粹的崩溃……你们的天才领袖，受举世崇敬的斯大林先生，在20年中，在政治、文化、经济、国防各方面，领导贵国人民有今日这样的成就，可算是人类历史上的奇迹……中苏两国战场，必定是决定联合国家整个之成败，中苏两国也必然共成未来世界和平的重要基础……"于右任先生的广播时间和内容在苏联引起了较大的反响。

如日本池田德真所说："如同要想打仗就得有战略和战术一样，在对敌广播宣传方面也有谋略和战术。所谓广播的战

术，就是要制定一定的广播方针，明确所要达到的目的。播
送什么样的具体内容，以及采取什么样的方法进行广播才能
最有成效，即讲究策略。"[1] 日本在伪政府的广播宣传中展示了
这一特点，国民政府在对日的宣传战中也同样的逐步具备了
这一特点。早期对日宣传着重于事实，注重真相，注重外援
的态度，随着日本侵华和国际态度局势的变化，对日的态度
由消极被动转化为主动，在广播内容更有针对性，广播节目
的选择上更注重策略。七七事变前中央电台儿童节目的广播
剧显示了广播战术上的灵活性，既能表现国民政府对于丧失
国土的不甘心，对于沦陷区人民的召唤，也显示了为寻求国
际战争援助所不得不进行的隐忍，而且这种隐忍的态度持续
了很久。当二十六国宣言世界反法西斯同盟结成后，国民党
的隐忍的态度也逐渐发生了变化。主动庆祝的庆典活动和主
动的国际宣传，以及主动表达的对苏态度的表态等，表示了
计划性和主动性。

在重庆举办的这次庆典仪式上，充分展示了国民党对于
广播媒体运用的熟练。除了直播，还转播了联合国家一些领袖
人物和高级官员的对华广播。如美国驻澳大利亚公使（前驻华
大使）詹森在墨尔本对我国的华语致辞；美国副总统华莱士于
重庆时间 14 日下午 7 时 45 分对中国人民发表了广播演说。华
莱士在演说中高度赞扬中国人民抗日战争，指出："日本意图

---

[1]（日）池田德真：《宣传战史》，新华出版社，1984 年，第 137 页

征服中国，对于本世纪生活之障碍，乃一种强暴力量之象征，必须设法予以克服，然后全世界重新踏上和平之路。一般民众方能重享安居乐业之福……我们虽操不同之语言文字，我们之若干风俗习惯虽属各别，然我深信中美两国人民均能相互了解……我们有一共同目标，且我们必能达到此一目标。"

从节目内容的选取与播放，从隐忍到闪亮的庆祝，可以看出，战时体制下的电信政策是符合形势需求的，世界反法西战争在逐步胜利的同时，中国的抗日战争也在接近尾声。在胜利的曙光的前夕，国民党开始制订了"接收"和"复员"的计划。电信设施和广播器材的昂贵和不可得，使得接收部门十分重视。抗战胜利后，重庆中央通讯社立即派遣大批人员，分头赴各地"接收"敌伪通讯社。"中广处"派遣接收专员，分赴华中、华北、东北三大地区接收敌伪广播电台。据统计，到1946年7月底止，"中广处"在全国各地接收的敌伪电台共33座，大小广播机67部，总电力为274千瓦。

三、电讯战中的中国共产党

中国共产党对于现代信息传播工具电信的关注和使用很早，尤其是短波电台的信息传递功能。建党初期，中国共产党没有自己的电台建设，所以只能利用公众网络进行信息传递。1929年秋，共产党的第一部秘密电台在上海建立，发射功率只有50W，呼号为业余无线电台呼号，该电台以尝试、练习和接收共产国际电码为主。大革命失败后，中国共产党处于被"围剿"状态，1930 年 6 月，共产党在上海成立"上海福利电器公司工厂"，作为开办地下无线电训练班的掩护。1933 年初，中共中央由上海迁往江西中央根据地后，电台仍被保留。1934 年 10 月，电台被国民党当局破坏。在几次反"围剿"的战斗中，红军缴获了国民党军队的一些器材、设备，也有国民党军中的电务人员参加了红军，并训练了一些专业人员。据统计，1931 年底，红军已有无线电台 16 部，电务人员 80 多名。[①]中国共产党建立无线电台具备了初步的硬件和软件准备。

中国共产党对东北局势一直都在关注，而且反抗日本帝国主义是其在东北的重要内容。时任中共满洲省委书记的陈为人早在 1927 年 12 月 22 日就在《关于中共满洲省委临委工作给中央的报告》中表明，"在满洲的反日工作，要占革命工作的大部分"的指导方针。1931 年九一八事变的枪声，震惊了沈阳，震惊了中国，也震惊了世界。中国共产党是最早对日本侵略行为做出反应的党派。9 月 19 日清晨，在沈阳小西门附近省委秘书长詹大权家，中共满洲省委召开了紧急会议，讨论当时的形势和省委的应变措施。最后决定给中央写报告，报告日本帝国主义发动事变强占满洲一事，同时对省委当时急需做的各项工作进行部署。会议经过研究，决定发表《中

[①]赵玉明主编：《中国广播电视通史》，北京广播学院出版社，2004 年，第 75 页

共满洲省委为日本帝国主义武装占领满洲宣言》[1]：

> 工农兵劳苦群众们：
>
> 万恶的日本帝国主义者已经将奉天、营口、安东、抚顺、辽阳、海城、铁岭、长春，还有许多别的大小城镇完全占领了，这是如何惊人的事件啊！
>
> 这一事件的发生不是偶然的！这一政策是日本帝国主义者为实现其"大陆政策"、"满蒙政策"所必然采取的行动！这一政策是日本帝国主义者为更有力的统治满洲、侵略蒙古，以致使满蒙成为完全殖民地的政策，是以满蒙为根据地积极进攻苏联与压迫中国革命的政策，是不让美国及其他帝国主义者指染满蒙的政策！
>
> 日本帝国主义者宣传"这次冲突是奉天北大营中国军队破坏南满铁道所引起的"。这完全是骗人的造谣，三岁小孩子也不会相信这些话！
>
> 日本帝国主义者之所以能占据满洲，完全是国民党军阀投降帝国主义的结果，所谓"忍耐"、"镇静"、"莫给人以可乘之机会"、"和平以示奋斗"等等所谓策略及其极力压迫一切反帝运动的行动，必然要使日本帝国主义者更急进的更无忌惮的来占领满洲！

---

[1]《中共满洲省委关于反对日本帝国主义占领满洲的宣言》《东北抗日联军史料》（上），中共党史资料出版社，1987年，第33-35页

本来已经贫困不堪的工农兵劳苦群众，目前的生活更加痛苦了，失业、死亡、流离、恐慌、饥饿、贫困，已达空前的境地！一切物品与粮价突然高涨数倍，而且仍在有加无已的继续着！

国民党投降帝国主义的罪恶，已经被惊动世界的事实完全暴露无余了！谁也不应再相信国民党军阀反对帝国主义了！不管国民党的那一派，不管中国任何政治派别，都不能不用投降帝国主义的策略来解决满洲事件！他们一定又要来高呼其"镇静"、"忍耐"、"慎重"的无耻口号，他们一定又要来欺骗民众，来依靠所谓"国际正义"！他们一定又要来声嘶力竭的高喊："目前唯一的问题仍然是剿共"，来混乱群众视线。他们一定又要利用这一事件来互相攻击，企图取得"群众信仰"。但是无论他们怎样来欺骗，无论他们再玩些什么新花样，过去的一切事实已经教训了每个群众，应当坚决的来反对来揭破这些无耻的欺骗！

只有工农兵劳苦群众自己的武装军队，是真正反对帝国主义的力量。红军两年来和帝国主义国民党英勇战斗的光荣历史，便是万古不灭的证据。只有工农劳苦群众自己的政府（苏维埃政府）是彻底反对帝国主义的政府。只有在共产党领导之下，才能将帝国主义逐出中国！

工农兵劳苦群众们！唯一的出路久已摆在我们面

前了！伟大的任务久已放在我们肩上了！只有我们以英勇的斗争能完成它！

1. 要关饷要饭吃！

2. 要工钱要米贴！

3. 反对抬高粮价！

4. 反对拒用奉票！

5. 不交租、不还债、不纳税，到地主家分粮去！

6. 反对携款潜逃发还学生膳宿费！

7. 罢工、罢课、罢市，反对帝国主义占据满洲！

8. 驱逐日本帝国主义与一切帝国主义的海陆空军！

9. 反对进攻红军！

10. 反对进攻苏联，拥护苏联！

11. 不投降，不缴械，带枪到农村去实行土地革命！

12. 发动游击战争！

13. 反对白色恐怖——屠杀、逮捕、监禁！

14. 反对军阀战争！

15. 打倒外交协会！

16. 打倒投降帝国主义的国民党！

17. 打倒帝国主义！

中国革命万岁！

中国共产党万岁！

《宣言》明确指出：九一八事变的原因是日本帝国主义蓄谋已久的侵略中国、变中国为它的殖民地"所必然采取的行动"。认为，日本占领东北的图谋之所以能够得逞，"完全是国民党军阀投降帝国主义的结果"。国民党政府鼓吹的"忍耐""镇静""和平以示奋斗"等所谓策略和他们极力镇压反帝运动的罪恶行动，"必然要使日本帝国主义者更急进的更无忌惮的来占领满洲"！因此，在宣言中，中国共产党基于自己的生存等原因，提出，"只有工农兵劳苦群众自己的武装军队，是真正反对帝国主义的力……只有在共产党领导之下，才能将帝国主义逐出中国！"把中国共产党放在了抗日领导的地位，且排除了国民党的合作。

1931 年的 7 月到 9 月，正是中国共产党反第三次"围剿"时，此时党的装备非常简陋，无法电讯联络，所以《宣言》以传单的方式散发出去，引起了较大的反响。中国共产党坚定的态度与国民党的"不抵抗"政策形成了鲜明的对比，《宣言》表达的坚定的抗日决心是中国人民进行民族救亡的呐喊，也是引领民族自救觉醒的号召。把握了舆论的话语权。与之后的一系列宣言，构成了中国共产党舆论制高点的基石。中国共产党在抗日战争中始终以民族利益为第一要务，坚持、坚定、引领抗日，直至胜利。

1931 年 9 月 23 日，中共满洲省委作出《关于士兵工作紧急决议》，1931 年 10 月 12 日，《中共中央关于满洲士兵工作的指示信》，指出，领导与号召士兵群众不向日本帝国主义缴枪，起义到农村去，发动农民斗争，进行游击战争。更进一步提出应直接在农民中组织游击队，并对游击队本身的建设提出了要求。1931年底，经中共中央批准，中共满洲省委由沈阳迁至哈尔滨。中央驻满洲代表罗登贤任省委书记。在哈尔滨，中共满洲省委立即召开了扩大会议，明确指出东北党组织的中心任务是努力开展和领导人民用民族自卫战争反抗日本帝国主义的武装侵略，同时提出创建党领导的抗日武装的方针。1932年4月22日，中共满洲省委在给中央的报告中继续明确阐明："发动游击战争，领导反日的民族战争，开辟满洲新的游击区域与苏维埃区域是满洲党目前最中心最迫切最实际的战斗任务。"在中共满洲省委抗日宣言的号召下，辽宁各地党组织纷纷作出决议，广泛宣传党的抗日主张，深入动员群众进行反日斗争。积极地坚决地号召群众罢工、罢课、罢市的示威。中国共产党还组织各界人民群众支援和参加义勇军。在南京政府正式与中国东北地区断邮前，东北与外界联系主要是信件和电报。

时隔近两个月，1931年11月7日，中华苏维埃共和国临时中央政府成立的同一天，红色中华通讯社成立，对外播发新闻的呼号是CSR。"红中社"每天用无线电明码向全国播送消息，内容是有苏区建设消息、红军捷报和苏维埃中央政府的声明、宣言等，供鄂豫皖、湘鄂西、湘鄂赣等苏区和国民党统治下的地下党和有关部门收抄，供报纸刊登或印制传单之类的宣传品。被抄收的新闻有的也被刊载在各地党的报刊上，中共中央在上海秘密出版的《斗争》、苏区的报刊，都曾登载"红中社"播发的电讯稿。上海地下党还把"红中社"的电讯，转发国外。连远在纽约出版的《先锋》，1934 年 5 月 1 日还刊登了红军占据归化、永安二城，缴获步枪 8 支与大炮 10 尊的消息。1934 年 10 月 16 日，中央红军开始长征，红色中华通讯社停止了对外播发新闻，但仍继续抄收国内外新闻电讯。1934 年红军主力长征后，"红中社"的通稿发稿业务即中断。1937 年 1 月，党中央由陕北保安（今志丹县）迁至延安，"红中社"改名新华社，又恢复中断多年的通稿播发业务，每天向全国发稿 2000 字左右。由于当时电力有限，技术设备落后，无线电广播还不能传播到边区以外的各解放区去，播发的稿件仅供陕甘宁边区 23 个县的各机关使用。到 1941 年，新华社的中文广播每天发稿达三四千字，到 1945 年，每天发稿 10000 字左右，同时用英文向国外广播发稿 4000 字左右，1948 年 12 月新华社又开通了向各野战军和地方小报供稿的中文小广播，每天发稿字数是 3000—5000 字。

　　在困难的革命中，缺少电信的材料，自建电台效率要客观看待。因此，中国共产党的领导人还利用国民党公开的电台进行抗日宣传。1938 年 4 月，武汉各界举行抗战扩大宣传周活动。周恩来在《新华日报》发表专文指出，宣传中首先要利用每天的广播演讲鼓舞前线浴血奋战的将士。4 月 11 日，他还到汉口广播电台作《争取更大的新的胜利》的广播讲演，肯定了台儿庄胜利的意义，号召进一步巩固全民族的团结，为争取彻底打败日本法西斯而努力奋斗。周恩来还非常重视收听国外广播，从中了解国内外反法西斯战争的军事和政治形势。同时也收听敌台的广播，以掌握敌方宣传动态。在周恩来的提倡和影响下，共产党的一些领导人如彭德怀、邓颖超、吴玉章等也先后在国民党武汉、重庆、成都等地的广播电台发表广播讲演。又如郭沫若，当时任国民党中央军事委员会政治部第三厅厅长，主管抗日文化宣传活动。他也曾利用中央广播电台，为团结抗日做了大量宣传工作：1939年1月6日，播讲《坚定信念与降低生活》；1月28日正值"一·二八"淞沪抗战七周年，也是世界反侵略运动代表大会在伦敦开幕之日，他播讲了《世界新秩序的建设》，此后，到了1940年3月21日，又作了《汪精卫进了坟墓》的广播演说等等。这些公开的演讲信息鼓舞着人们的抗日信念。

　　1935年2月中共上海中央局遭到破坏，中共中央就同东北党组织失去联系，致使后者只能接受驻共产国际中共代表团的领导。及至代表团负责人王明、康生从莫斯科回国，东北党组织与中共代表团的关系彻底断绝。抗战期间，中共中央数次请求共产国际协助恢复与东北党组织和游击队的联系，东北党组织也一再请求苏军帮助联系中共中央，均无果而终。即便如此，中共中央一直关注着东北的局势和抗日联军。1938年11月5日，中共扩大的六届六中全会发出给以杨靖宇为代表的东北抗日联军和东北同胞的致敬电，称颂东北抗联是"在冰天雪地与敌周旋七年多的不怕困苦艰难奋斗之模范"。1945 年 8 月 8 日苏联对日宣战后，当时任冀热辽军区通信科长的陈云左，随前指东进，董林同志到东北负责接收敌伪的广播电台，描述了广播所带给人情感上的体验：

　　15 日，晴空霹雳，电台抄收到特大喜讯，日本宣布无条件投降。这一振奋人心的消息带给人们极大的欢欣，同时鼓舞广大军民以更大的热情投入新的战斗中去。[1]

　　日本战败投降后，东北各电台或停播、或被接收。新华广播电台进驻，大力宣传了党的政策。

---

[1] 陈云东：《在挺进东北的行列中》，沈阳军区司令部通信兵史编写委员会编：《辽沈决战中的通信兵》，白山出版社，1994 年，第 48 页

第七章　　试论 1931—1945 年的东北电信

被日本帝国主义侵略期间的东北电信一度走在世界电信普及指标的前列，鼎盛一时，但电信发展的主观目的是侵略，在日本侵略的需求中，电信网络构建、扩张，为日本的侵略和扩张助力，因此，一旦日本侵略的步伐被画上句号，它所扶持的伪满傀儡政权解体，所谓国策会社的电电公司也随之解体。1945 年，日本天皇的"玉音放松"宣告了日本无条件投降。150 万苏联军队进入东北，一方面同日军作战，一方面接收日本在华的产业，包括电电公司的产业。苏军撤退后，中国共产党领导的人民军队和国民政府交通部各自对东三省的电信进行了接收。

伪政府以日本扶持而建立，在日本帝国主义 14 年统治中，尽为日本的傀儡，其政策完全服务于日本的侵略政策，助力了日本的军事侵略，强化了日本在东三省的统治力，加成了日本在东三省的经济掠夺，侵略了东三省的教育文化，涂抹着日本的国际政治形象。电电公司为东三省电信事业的所谓贡献完全服从于上述目的。

一、东三省电信主权的收回

1945 年在雅尔塔会议上，美国、英国与苏联正式签订了《苏联参加对日作战的协定》，实际上它以出卖中国的部分主权作为了苏联加速出兵东北的政治条件。依照日本方面的记载，1945 年 8 月 9 日零时 20 分，日本关东军总司令部值勤的铃木中佐接到日军第 5 军情报参谋前田中佐的电话报告："敌于零时起攻击虎头正面监视哨，侵攻满洲领土，有强大后续部队。"苏联向东北出兵的讯息理应让日帝非常震动，对盘踞在东北的日本关东军而言无疑十万火急生死攸关。应如何应对采取何种作战方针亟待日本军部及日本帝国内阁作出最高决策，而蹊跷的是日本上层竟无统一之具体意见。由此关东军总司令部作战参谋以直通电话一再请示大本营做出答复，回答则都是模棱两可的意思，令关东军方面一头雾水不得要领。此后伴随战事的持续，关东军才意识到彼时的帝国大本营首脑们已经无暇顾及东北的关东军存亡。在此情况下关东军的命运也已注定，仓皇应战一再溃败直至覆灭。

苏联出兵东北对日本关东军无疑是沉重一击。在出兵的 8 月 9 日零点后，中国方面的抗联教导旅此时派遣了 340 名先遣支队（包括向导、随军翻译、侦察人员）和先期潜伏在境内的地下抗联小分队战士，从黑龙江流域至小兴安岭或在边境引导陆地部队行进，或者与苏联空军进行空地导航的电信联络。苏联的空军正是在抗联教导旅侦察员电信信号的引导下，准确地摧垮了日本关东军的军事目标，关东军节节败退。[①]

　　8 月 15 日日本宣布投降，但日本关东军仍负隅顽抗，并未停火投降。因之苏联红军发表公告宣称，只有当日本帝国发布放下武器的命令并且真正地付诸实施后，苏军才能认可日军的投降。随后苏军继续对关东给以进攻。8 月 17 日，日本关东军向苏军请求停火中止作战行动，并向所属的部队逐级下达了投降和停止军事行动的命令，但不少日军不顾命令仍进行顽抗。苏军通牒限令关东军在 8 月 20 日中午 12 时前必须全部放下武器，并就地向当地苏军投降。此后，苏军的编组空降分队，空降东北境内重要城市，控制机场和重要军事目标，接受日军的投降。8 月 20 日之后，陆续占领哈尔滨、吉林、长春、沈阳、大连等东北境内重点城市。驻守虎头、东宁的关东军继续与苏军作战，直到 8 月 26 日才最后放下武器。在苏联出兵东北的作战过程中，关东军烧毁破坏了大量的设施和档案，这就包括电电公司的大量资料。彼时，苏联占据城市，接管电信设施，苏军就从东北工矿企业中拆卸了大批重要机器设备等生产物资，全部运回苏联。到 1946 年 5 月 3 日，苏军全部撤退时，东北境内的主要工矿企业，其重要设备几乎全部被拆除运走了。据不完全统计，东北原有发电设备 1775880 千瓦，被拆走 1051000 千瓦，占总

[①] 张磊主编:《难忘二战　硝烟中军衔军服军功章的故事》，军事科学出版社，2015 年，第 115 页

数的 59%。在阜新、抚顺等 11 家煤矿，1945 年的产量约在
1661 万吨，而经苏军拆走工作机器设备后，1946 年产量骤降
到 293 万吨，减少 80%，而机械生产能力损失 90%。当时苏
军究竟拆运了多少固定资产物资已难于准确计算。作为最重
要的电信行业，电电公司的设备在此过程中丢失严重。

　　1945 年 10 月 18 日，国民政府交通部制定了《拟接收东
北及台湾邮政电信管理办法》[①]，"接收东北各省及台湾电信事
业时（包括有无线电、长途电话、市内电话、广播电台），拟
由本部统一接收，各该会社分支会社，其必须调整者，俟接
收后再行调整。"确定了抗战后东北电信的接收内容。国民党
交通部在 10 月派一部分接收人员，携带无线电通信机发往长
春，进行电信的接管工作，但因为形势的复杂性，没有完成，
在 11 月中旬又撤回北京。另一部分交通部接收人员则随着国
民党军队前进，到达锦州、朝阳一带，接收当地的电信局所。
国民政府与苏联多次交涉，在 1946 年原交通部接收人员才重
返长春，但由于苏联的阻挠，依然困难重重：

　　　　到长接收电信人员，以为嗣后或可顺利接收，然
　　事实上仍困难发生，几经折冲，始允业务由我方办
　　理，惟各处局所电台及仓库。莫不驻有盟军，人员之

---

① 1945 年 11 月 16 日，国民政府行政院指令交通部对于接收东北及台湾邮政
电信管理办法按修正意见，把《办法》中的"东三省"改为东北各省，"或
收购"改为"呈准收购"。《中华民国交通史料（二）电信史料》，"国史馆"，
1980 年，第 638–640 页

进出，材料之取给，均须得其许可，得其证明，至
盟军有所取求，有所搬运，则非我方所能愿问，为欲
达成接收，开始业务，往复交涉，始收回长春至沈阳
及长春至哈尔滨少数残存之线路，接通机件，开放通
报，同时并分别派员，往沈阳，四平街，哈尔滨，齐
齐哈尔四处，作初步之接收。据各该处报告，其环境
之恶劣，实与长春无异，迨二月间盟军宣告撤退，迟
迟尚未实现。①

1946 年 3 月，苏联军队撤兵，四平战争爆发，国民党
的接收人员酌留少数通信设备及人员外退往锦州。国民政府
交通部接收人员到达锦州后，十余人分担各部门工作，组织
交通部东北电信交通接收委员办事处，一方面派遣人员前往
收复各地，进行接收；另一方面则调查员工抢修线路，是时
王若僖，主持督导接收工作，对于留用员佐，各局有不明章
则或困难情形等事商指示。后接收办事处成立，办事人员 10
人，接收的电信局所已经超过 10 处。电信的接收随军事的推
进而推进。办事处随东北行辕从锦州迁到沈阳。1946 年 12
月，接收的局所有 90 多处。

接收办事处清点接收器材。1945 年 8 月 15 日，电电公
司职员在公司讲堂集合，用短波发射机接收了"玉音放送"，

---

① 嵇观：《东北电信事业之过去与现在》(上)，《东北电信》，1948 年第 5 期

然后通过中转广播传达到中国东北各地。伪政府解体，电电公司下的电信随军事动向被接管接收和破坏。苏军 1945 年 8 月 19 日到达长春，接收了电电公司的全部产业。苏军拆除了 10 千瓦以下中等规模的全部发射机，将拆下来的 10 千瓦发射机用于向莫斯科转播汉语广播。保留长春宽城子无线通信所的 100 千瓦发射机主要用于航空。有统计表明，苏军对东北电信电话及广播设施的拆除和破坏，经济损失达到 2500 万美元。其中，20% 的电话线、50% 的电话电报设施、50% 的长距离电话设施、90% 的广播设施和 90% 的电信电话制造机械全部遭到破坏。沈阳及长春两地的自动电话机械损失 11400 号，沈阳城内之中继所内部载波设备悉数被撤，而长春局及收发讯台原有的各种无线收发报机及广播用机，被苏军借用或撤走了 8/10。至于该地的仓库工厂等，机器早多失散，材料即有所剩，亦零乱琐碎，较重要之电信用料，如各种真空管、自动电话机零件、胶皮线铜铁线、小交换机及电话机等，都在苏军撤走前或被暴民劫掠，或被日人藏匿，或被军队取用，成为一笔糊涂账。

初步恢复东北电信的运转。东三省的电信线路，在接收时已经遭到了较大的破坏。除了苏军拆走的核心电信设备，遗留的电线杆等无人管理。在国共双方进军东北时，一些线路也被焚毁。地上线路损失最惨重的有铁岭至长春段，海域经大石桥至普兰店段，热河境内朝阳经平泉至承德段，及通赤峰、围场，建平、建昌各支线，而原有彰武至法库一段线路，被彻底破坏。地下线路的沈长及沈阳至安东地下电缆也遭到破坏。接收办事处为适应军事需要，自 5 月间国民党军队由沈分路进展之日起，调动职员，分别抢修。并以沈阳为中心，接通载波电路，维持沈阳为中心的长途电信。对于沈阳市内自动电话，进行整理整顿，新设线路，完成初步的电信需求。对于被破坏的无线电台，除原有沈阳、长春、锦州各地电台，办事处向交通部电信局总局申请，1946 年在安东、葫芦岛等处增设电台。

同时，办事处对东三省的电信事业重新采用了国民政府交通部的法令和标准。对留用人员进行了设班培训，并将报话人员各项须知、及公报上常用之英文缩语等印成小本，分别转发阅读，提高技术水平。

电信的恢复是电信主权形象重塑的必然选择。

二、1931—1945 年期间东北电信服从于日本的对华侵略政策

1. 服从于日本侵华目的与步骤

"东方政府把驿站作为一种政治制度来加以应用，对快速交通采取独占的手段，当快速交通与精密的情报系统结合在一起，就成为了令人生畏的社会控制武器。在日俄战争之时，日本便使用了军用电信和邮寄，后来更是随着日本对东三省

和中国领土的觊觎，日本不断拓展了其在东三省的铁路、公路等交通道路，也拓展了其统制的载体——电信线路和电信点站。"① 魏特夫一针见血地指出了 1931—1945 年间东北电信网络扩展的真正意义，即电信是为实现日本在东三省的统治而发展的。这一时期东三省电信的发展一直建立在日本侵略政策的基础上，近代的电信已经逐步成为了社会的神经网络。

日本一直重视东北电信的投入建设，而其目的在于为侵略服务，更好地完成殖民掠夺。电电公司成立后，一面接管，一面进行整顿，更新设备。在电报通信中淘汰了大部分旧莫尔斯单工机（从 1933 年的 318 台降到 1939 年的 15 台），改用日制莫尔斯音响并用机或波纹机，自动快机的数量也逐年增多。1937 年后，伴随侵华战争的日益扩张和紧迫形势，更为了配合伪政府经济产业开发的五年计划，电电公司拟定了自己的五年计划，迅速扩展东北电信网络，采取"建设第一"的方针，加强了与日本本土的无线、有线通信联系。此时，日伪为了更严密地控制东北的城镇乡村、掠夺经济资源并镇压围剿东北地方的抗日武装，还加快了向距城市较远地区建立电信通讯的步伐。如电电公司委托各县、旗伪公署及邮政局代办各类电报，相当于电信线路的延伸。太平洋战争爆发之后，日伪为扩充东北的生产能力，以供作战之需，军方对电信通讯的需求大幅增加。电电公司也进入临战体制。随着

---

① （美）卡尔·A. 魏特夫，徐式谷等译：《东方专制主义》，中国社会科学出版社，1989 年，第 48—49 页

太平洋战局的变化，电电公司的电信器材从海外进口等外部来源断绝，加上被征从军的日本人增多，电电公司被动采取"保守第一"的方针。仅"对业务和制度加以改革，对设施采取重点主义"，如部分的城镇市内电话中的普通用户电话被停止使用，而将这些电信设备移作他用，电信局所减少，民用的电话通话次数下降。

日本还利用无线有线等电信网络进行大量的政治军事宣传，以更好地掌控国际间舆论，其中以无线电为主要手段。九一八事变爆发时，奉天的沈阳广播电台和北大营的东北无线电台，都由于战火受到局部破坏，不能开展业务，广播业务也未能恢复。日本关东军为了美化侵略、颠倒黑白的需要，需要迅速向日本和中国东北地区，还有欧美各国进行广泛宣传，便委托关东递信局对上述设施进行修复。关东电信局并没有对修理无线电台给予确切的答复，于是，关东军根据满铁的职员中谷彦太的建议，将无线电的修理委托满铁修复。10月中旬，满铁的技术人员尾见半左右等与陆军省通信学校派遣的赖田常男少佐等，花费了一周左右的时间，经过抢修，发信机正常启动，无线电台业务恢复了工作。短波的通讯广播终于1932年1月运行开播。在修理无线电台期间，关东军为进行广播宣传、军事通信以及指导已接收的通信机构，于1月12日在司令部内设立了特殊无线通信部（后改称为特殊通信部），负责当时的通信管理，同时就统一整顿前述比较杂乱的各通信设施，开始与特务部进行反复研究。

　　日本坚持对中国东北地区人民"国家观念比较淡薄的民众彻底进行民族协和、王道精神、日满一德一心方面的指导，提高国民的国家意识。努力建成东亚协同体，是汉语广播的根本方针"。[1] 以切实保证广播"统一舆论、指导舆论"的功能，加强对东北人民的思想统治，为他们的殖民统治和侵略战争服务。日本先后提出了"一德一心""民族协和""建立东亚新秩序""大东亚共荣圈"等主题，实质就是要把东北人民培养成日本殖民统治者的顺民，服从其殖民意志，进而"统一"到日本大和民族，并继承和宣传日本政治军事上的殖民侵略和扩张政策。伪政府广播也是他们强化宣传的工具。在日本全面侵华后，伪政府广播电台"实际上已经成为战时体制下的国家机关"，不遗余力地发挥它"应有的作用"[2]，以适应战争的舆论和统治需求。广播的管理和监督都有加强，新闻节目的播出时间和次数都有增加，以保证"准确、迅速"。

　　日本一直致力于对东北进行思想上的统治，扶持伪政府成立后，除武力镇压抗日武装，还办理报刊、开设广播，向东北的百姓灌输东北地区理应独立的思想，进行思想意识领域的毒化宣传。电电公司在内容和载体上承担了这一职能。日本的广播先有日语、汉语两种，后来因为哈尔滨俄罗斯人的居民数量也比较庞大，增加了俄语广播，称为第三放送。

---

① 《满洲放送年鉴》（1939 年），第 40 页
② 《满洲电电十年史》第七篇《公司的广播事业》

以来东北居住的日本人为听取对象的日语广播称为第一放送，以东北人为听取对象的称为第二放送。第二套节目内容侧重于殖民地政治宣传和"思想诱导"，对东三省人民进行"国民"奴化教育。此外还有混合广播和对外广播。混合广播主要是用同一广播电台用中日两种语言交替广播，对外广播主要是专门对外广播。

从 1937 年全面侵华战争爆发以后到 1945 年日本战败投降，虽然在 1941 年以后对东北电信管理进入到"临战体制"，但是日本一直都在加大投入的力度，通过对电信业管理机构的改革和电信业务的强化，加强了对伪政府电信业的统制，强化对东北的殖民统治。1939 年大连广播电台开始向海外广播。但当时仅以华中、华南等地，还有马来各地为对象，广播时间为 30 分钟至 1 小时。同年于长春新设短波发信机，开始向远东一带、南洋、马来、海洋洲①、欧洲及北美洲西部各地广播，时间约需 3 小时半；用中、英、蒙、俄、日五国语言广播。1940 年，又增设短波发信机一台，加强对海外之广播工作。广播节目每月更换一次。各管理局于上月 10 日前，将下月之节目草案，送交电电公司会社，该会社每月召集由长春、沈阳、大连及哈尔滨各伪中央广播电台负责人会审决定；但为慎重起见，各管理局同时还另委嘱各地方人士组织广播协议会，作为咨询机关。

---

①民国时对"以澳大利亚为主干，合之散于太平洋中之多数岛屿"区域的称呼。傅角今编：《世界地志》，商务印书馆，1933 年，第 221 页

　　对于播报内容的检查日本则委托给了弘报处。弘报处是日本在中国东北内进行文化宣传以实现统制的专门官方机构。这个机构因形势也进行过变化。原为伪资政局弘法处，1932年6月，它所对应承担的宣传业务由伪政府国务院总务厅秘书处新闻班所转移承继，伪资政局被撤销。伪政府国务院在1933年2月总务厅内设立了情报处，以加强军事宣传、思想文化统治、情报活动的需要，并成为伪政府的言论文化统治中心。情报处还在关东军的直接指导下把出版、新闻、广播以及通讯等舆论宣传阵地统一管理起来。1935年日本关东军以国通社报道班为核心，筹划建立了"满洲弘报协会"，对中国东北地区推行报道、言论、经营高度集中统一的管制文化统制，进行高压的言论控制，严加管制新闻、通讯工作，限制和取消了民间的新闻通讯自由。事实上，弘报协会就是关东军和伪政府为全面垄断中国东北的新闻通讯和报刊发行而设立的统治机构。1937年原情报处被改为弘报处，并不断扩大其权限，全面统治舆论宣传，掌控文艺，负责一切对内对外的宣传等九大方面的工作：控制主要政策的发表，领导并监督新闻机关，管理出版物、电影及其他的宣传品，控制广播及通讯机关，掌管情报等。因负责伪政府广播方面的指导工作，弘报处的职能不断扩大。弘报协会所控制的报纸发行量已达到全东北域内报纸发行量的90%，实现了全面控制新闻舆论的目的。1940年末，随着战局变化的需要，伪政府行政机构再次进行了调整，总务厅弘报处再次扩大为所谓大弘报处，依据 1940 年 11 月 9 日火曜会通过的《中央地方行政事务合理化纲要》，接管了原伪治安部对电影、新闻、出版的审查，伪交通部对广播、新闻通讯和监听国外短波的审查与监督，以及伪民生部的关于文艺、美术、电影、音乐、戏剧等文化工作的审查和管理，伪外交部外务局的对外宣传实施的业务。1941 年 1 月 16 日"满洲新闻协会"取代"满洲弘报协会"，"新闻新体制"被建立。

"弘报新体制"是 1941 年初扩大后的伪政府弘报处建立的，主要是把情报和宣传结合起来强化各地的思想言论统治。原来由伪政府交通部对广播宣传的审查以及监听国际短波的任务，也改为归伪弘报处统一管理，定由伪政府国务院弘报处来直接监督，实行所谓"一元化领导"。这样，弘报处实现了对东北广播的全面控制。作为执行机构的电电公司对广播节目制定了严格的审查制度。

除弘报处的审查，关东军也直接插手伪政府的广播宣传。不仅在电电公司内设广播局负责控制广播节目的制作播出，还设置了 7 个地方管理局，即大连、新京、奉天、哈尔滨、齐齐哈尔、牡丹江、承德管理局。作为电电公司在地方上的主要经营管理机构，负责各地电报、电话和广播电台的经营管理，控制了伪政府的 25 座电台和 58 万听户。另外，在电电公司里，还设有管理广播的直辖机构"广播部"，专负责各地的广播宣传和收听业务。

为适应战争时局的需要，1942 年 12 月 8 日伪满《基本国策大纲》发表以后，弘报处进行了所谓决战意识和必胜不败的对内对外宣传。进一步加强了思想言论和文化方面的管制，建立了一系列反动的文艺团体和协会组织，并与协和会和满铁等相互勾结，为所谓的"大东亚圣战"摇旗呐喊。

对通信施行"检阅"，也是日本在东北实施统制政策的重要体现。"检阅"就是对可能"有问题"私人信件和电报进行检查，由日本关东宪兵队实施，以防范反日思想的传播，尤以对东北抗联的迫害最大；民用领域也被军事化对待，对通话内容以及频次严加控制。至 1938 年，日方军队"为了保守秘密，日本军队始设专用电话，所有驻扎在哈的日本军事机关电话号码均从电话本上消失"。[①]除了"检阅"，东北电话电报等公众电信系统也受到监视。曾任伪政府民生部和交通部大臣的谷次亨供认，日伪当局不仅对往来邮件进行公开的"检阅"，对电话通信也进行秘密监督，"指令各邮政和电话机关添设了通达欧文语言和中文语言的日本人，检查中外人民的往来信件和窃听向各地的通话"。另外还收缴民间短波收音机 2600 余台，防止东北人民收听到国内或海外的消息。[②]

2. 是日本总力战的重要组成部分

总力战又称总体战，是指一个国家动员所有能够运用的

---

① 王惠民：《文史纵横：哈尔滨往事》，黑龙江人民出版社，2011 年，第 178 页
② 中央档案馆编：《伪满洲国的统治与内幕》，中华书局，2000 年，第 175 页、第 176 页

军事、政治、思想等所有的资源进行战争。日本在第一次世界大战中认识并接受总力战思想，"国防并不单纯意味着战争，无论是经济产业还是国民教育，都必须有国防。因而，并非只有军人才应当讨论国防，而是全体国民皆应当承担国防讨论。并不是只有武器弹药才是国防的产物，无论是手中的锹镐，还是手中的桨橹，这些都是国防的工具，当我们开始这样去思考时，国家总动员的意义就是彻底的了。"[①] 日本虽然在 20 世纪 20 年代对总力战已经有所认识，但是受世界民族自觉和国际和平思潮的影响，以及日本的政党内阁客观上压制，国家总力战体制的构筑很难构建。九一八事变后，日本政党内阁动荡不安，意味着军部权力的上升。可以说日本对于伪政府的扶持也是军部权力逐渐增强的表现。因此，伪政府的成立和经营是日本总力战的实践途径，也是日本总力战的建设手段。从日本的角度来看，日本的侵华正是日本将中国东三省作为建设日本总力战国家所必需的资源掠夺区。这一点与日本的后藤新平"文装的武备论"的总力战体制构想相一致。

"1920 年代出现的广播具有声音所带来的临场感、电波所带来的实时性，给予东亚犹如媒体革命一般的冲击。进而，在重视科学、速度的 1930 年代，广播真的成为了时代的利

[①]（日）辻村楠造（监修）:《国家总动员的意义》，青山书店，1926 年，第 256 页

器。"① 日本占领东北期间，广播是日本帝国主义在精神上摧残中国人民民族意识的一种工具。日本帝国主义出于扩大侵略战争和加强对殖民地人民奴役的需要，要依靠广播来进行法西斯宣传和政治欺骗。伪政府广播总局的殖民主义者大塚力夫在《决战下的地方广播》一文中说："广播的最大的目的在于以统一舆论、指导舆论为大前提，全国广播要做到表里一体，要作为前卫分子、作为触角，伸向满洲各地。"他还强调说："广播的全部目的是极力促进战力增强的宣传。"② 另一个殖民主义者久保升也说："广播战时的任务，是帮助（人们）认识时局，统一国论，昂扬国民精神，指导战时经济政策，即政治上、经济上、治安上有关政策，通过广播完全实现一体化。"③

　　广播显著的特点就是广泛性，尤其在战时体制下，广播对于时空障碍的克服和受众面广且以声音为接收特点等特性被特别重视，所以在其产生之后，很快便被国家运用为动员和宣传的工具，成为国家非常时期有效的武器。电电公司1937 年 7 月 13 日进入战时体制，以中国东北为中心，设立干扰并封锁与之针锋相对的南京广播电台，并严查私下收听人员，利用电台排除异己又利用电台巩固自己的统治，把宣传作为战争总力战或战争综合力的重要内容。从九一八事变

① （日）川岛真:《战争与广播：东亚的电波战争》，"近代中国学会"主办"战争与日常生活（1937—1945）"研讨会，2005 年 12 月

② （日）大塚力夫:《决战下的地方放送》《业务资料》，1943 年 12 月号

③ （日）久保升:《满洲电气通讯现业组织的现在和将来》《业务资料》，1942 年 6 月号

到南京沦陷，日本积极建设利用电讯网络对中国东北地区人民树立自己的"正义"形象，其满语宣传、双语广播体制、两套节目的设置都是为了实现其侵略目的而设立的，战争形势的变化和南京国民政府在电讯方面建设的努力，使得日本电波封锁的手段积极化，日本开始积极推进电信网络建设和广播，直至太平洋战争之后。日本在太平洋战争之后，侵略的战线拉长，敌对的阵营逐渐强大，伪政府广播因经济等原因也逐渐陷入了困境，与电电公司 1938 年《广播设施五年计划》相比，从战备空袭缩小打击目标等角度，建设的都是功率小电力电台方针，1942 年以后建立的密山、兴安、吉林、本溪、鞍山、抚顺等 8 座广播电台，其中最大的发射功率不过 50 瓦，而最小的只有 10 瓦，这些点电台建设和开支经费少，材料也少。广播的兴衰也是日本侵略路径变化的表现。1943 年之后，电电公司甚至对自己的机构进行了调整：成立"广播总局"，撤销了广播部成立伪新京中央广播电台，又与广播总局合并，称为"新京广播总局"，伪政府广播的全部权力归其所有。行政机构的缩减也反映出细节控制和直接控制的弱化。

日本在发动太平洋战争之前，天皇曾在 11 月 5 日御前会议之前问战争发动的"名义"，东条在 11 月 11 日联席会议研究后决定了《对美英开战名义要点方案》，即以所谓"自存自卫"为名义进行开战，事件本身反映出日本在"二战"中的侵略性质。战争即将开启，各有关当局都周密地研讨了初期

的作战计划，军需物资的供给和运输。可是，关于国民生活
将会怎样的问题，日伪当局除了从治安对策的角度研究了如
何确保最低限的食粮供应外，并没有别的想法，倒是加强了
取缔和镇压却成了当时对策的中心。统治者的态度是，即使
国家化为焦土和牺牲国民生命，只要统治体制安泰，就不惜
一战。12 月 1 日御前会议后，由大本营发出最后的开始作战
命令。作战命令的具体内容已预先下达，这个命令是要以 12
月 8 日为战争的第一天，开始作战行动。这时日军进攻珍珠
港的海军机动部队已经偷偷地在北部太平洋上行动；准备在
马来半岛和菲律宾进行登陆作战的部队已经登上运输船，集
结在发动战斗的基地。老百姓完全被蒙在鼓里，战争迫在眼
前而毫无所知，以世界为敌的战争已经开始了。陆海军的初
期作战很顺利，空袭夏威夷和在马来半岛登陆的偷袭作战都
成功了。用主力航空母舰在险境下空袭夏威夷和运输船队，
在敌人制空权下开往马来亚登陆作战都是危险的打赌，如果
偷袭失败，就会带来极大的损失，但结果侥幸赌赢了。空袭
夏威夷，出其不意地全歼了停泊中的美军战舰，取得了战术
上的胜利。然而，从战略上看来，在这次进攻中，连一艘美
国航空母舰也没有击沉，只击沉了在战力上早已落后于时代
的战舰，不能说成功。进而再从政治策略上来看，这次攻击
被说成是日本的偷袭，在"不要忘记珍珠港"的口号下，招
致了使美国国民团结起来提高了斗志的结果。

　　在华盛顿的野村大使向美国国务卿赫尔递交最后通告时，

是第一次空袭夏威夷以后的 1 小时 20 分。因此，空袭夏威夷，结果是宣战以前的偷袭，给美国以极好的宣传材料。不过，日本战争计划本身就是以偷袭为前提的，递交通告在时间上早些晚些，起首就不是计划的主要内容。偷袭登陆马来半岛的开始时间，比空袭夏威夷还早一个小时。对英国不仅没有事前通告，甚至连谈判也没有进行，如果说突然袭击的话，这是地道的突然袭击。这次偷袭登陆虽经过了激战，却是成功的。12 月 10 日，日本海军基地航空队击沉了两艘英国远东舰队的主力战舰，确保了制海制空权。进攻菲律宾是采取了先以陆海航空队的空袭取得制空权后，由陆军登陆的正攻法。还进攻了香港、关岛和威克岛等英美基地，总之，初期作战几乎完全按照计划获得成功。

日本军以偷袭为作战方针，而英美则相反，采取了不遭到攻击不反击的方针，因此，初战一击的成功乃是理所当然。对日本国民来说，开战完全是突乎其来的。12 月 8 日晨，无线电临时新闻广播了同美英开战的消息，当天正午，传达了天皇的宣战诏书。开战的名义在诏书上是"为了自存自卫"。

伪政府完全服从日本的旨意。溥仪曾颁布 6 次"诏书"，除第六次"退位诏书"不可考外，其余的都表示出了与日本的"一体"。1934 年 3 月，溥仪在"即位诏书"中，提到与日本的关系："当与日本帝国，协力同心，以期永固，凡统治纲要，成立约章，一如其旧，国中人民，种族各异，从此推心置腹，利害与共，无渝此言，有如曒日。"1935 年 5 月的"回銮训民诏书"中提到："朕与日本天皇陛下，精神如一体。尔众庶等，更当仰体此意，与友邦一心一德，以奠定两国永久之基础，发扬东方道德之真义。则大局和平，人类福祉，必可致也。"1940 年 7 月的"国本奠定诏"中提到："邦基益固，邦运益兴，日跻隆治。仰厥渊源，念斯丕绩，莫不皆赖天照大神之神庥，天皇陛下之保佑。是以朕向躬访日本皇室，诚烟致谢，感戴弥重，诏尔众庶，训以一德一心之义，其旨深矣。"在日本向英美宣战后，1941 年 12 月的"时局诏书"中提到："兹以本日宣战美英两国，明诏煌煌，悬在天日，朕与日本天皇陛下，精神如一体，尔众庶亦与其臣民咸有一德之心，夙将不可分离关系，团结共同防卫之义，死生存亡，断弗分携。"伪满此时已经纳入了德意日三国战争同盟，是日本总力战体制的一部分。1942 年 2 月的"建国十周年诏书"更是表达了对日本的"感恩"："自肇兴以来，历兹十载，仰赖天照大神之神庥，天皇陛下之保佑，国本奠于惟神之道，政教明于四海之民崇本敬始之典，万世维尊。……自创业以至今日，始终一贯，奉公不懈，深堪嘉慰。宜益砥其所心，励其所志，献身大东亚圣战，奉翼亲邦之天业，以尽报本之至诚，努力国本之培养，振张神人合一之纲纪，以奉答建国之明命。"五次"诏书"也可见当时东北地区的一部分人深受日本殖民思想的影响，伪政府完全受日本控制的状态。伪政府的电信，以及伪政府的政治、经济、文化完全是日本战争的基地。

日本实际控制下的伪政府电信在工厂、企业、宣传、甚至谍报等方面是日本侵略的保证，其宣传的思想也是战争的动员力量。日本在华先后有 600 多座日伪广播，广播内容一是宣扬"大东亚圣战"、鼓吹"建立东亚新秩序"的政治宣传，以配合日本的侵略攻势；二是对中国听众进行腐蚀、淡化日本侵略的血腥，使之成为"商女不知亡国恨"，并以"大和精神"对中国听众进行实际上的亡国灭种教育。极力宣传奴役精神"，为伪政府的傀儡政权涂脂抹粉，把它说成是"独立的新国家"，妄图把东北地区从整个中国分割出去，纳入日本军国主义的"大东亚共荣圈"之内。三是按照自己的外交需求在国际上散播歪曲事实的言论，并造谣污蔑国共的抗日宣传，影响国共的宣传工作。

日本全面侵华战争消耗巨大，1938 年制订《国家总动员法》，对一切战争和生活资源实行国家统制。1939 年又颁布了《价格等统一管理法令》，垄断包括工资住房租金等在内的所有物价。1940 年先从火柴和砂糖配给开始逐渐全面实行生活必需品的配给制度。征兵年龄扩大到 19 岁到 45 岁之间，甚至连在校学生也必须"学徒出阵"。及至太平洋战争爆发，日本宣布进入"一切为了战争"的"总力战体制"，作为日本重要战争资源基地的中国东北也随同进入所谓的"总力战体制"，带给东北民众的是经济生活的空前苦难以及精神肉体的极大摧残。

3. 电电公司的经济性服从于国策性

电信业的社会经济效益主要体现在两个方面：一是电信部门自身的经济效益，被称为直接经济效益；二是由电信部门为国民经济其他行业提供的经济效益，被称为间接经济效益。由于电信业在现代社会生活、生产中的不断融入，在日常各类经济活动中，通过大量使用电信通信手段，可以使用户获得缩短空间距离、减少时间消耗和降低费用支出的目的，同时加速了社会生产过程，提高社会生产效率。[1]电电公司是以企业的方式运营的，其对公司利益的追求是企业设立的基本。电电公司成立后一切电信扩展的措施都符合电信业对于网络的追求，都是以公司可以获利的基础上实施的。电信企业的高盈利的特点，使得电电公司在成立之时的招股和第一次募股非常顺利。在电电公司后期的发展中，其收入大于支出，股东可以分得一定的利益。电电公司初期进行一元化统制实施时，新设的线路都具有一定的商业价值，电电公司业务对商业、贸易、金融等的影响则是间接经济效益。

电电公司追求企业利益却并不违背其国策公司的特点。什么是国策会社？"国策是国家的政策，会社就是公司的意思，所以说国策会社就是实行国家政策的公司。谁都知道现代的战争是总力战，在武力之外，又有经济战、政治战、宣

---

① 谢高觉，庄士钦：《当代中国经济大辞库 邮电经济卷》，中国经济出版社，1993 年

传战、神经战、思想战等，所以在战时，国家进一步干涉国民经济，自是难免的事，国家既然干涉了经济，自然要有各种政策，实行这种政策的机关当然很多，政府为了必要，便指定几个公司也负一部实行国策的责任，这被指定为实行国策的公司，日本叫'国策会社'。"[1]

为在东北地区实行币制统一，进行金融统制，日本最早在东北建立特殊会社是 1932 年 7 月 1 日开业的伪政府中央银行。1934 年 9 月设置了准特殊会社伪政府航空会社，以满铁和住友垄断集团出资，控制了全东北的航空业。10 月在原奉天造兵所基础上设置株式会社奉天造兵所，以三井、大仓出资。

《满洲经济建设纲要》发布之后，1934 年 6 月 27 日，伪政府发表"补充声明"规定特殊会社经营范围是特殊银行业、邮政、铁路、国防上急需的铁、轻金属、石油等开采业、电气、航空、军火制造等 22 种产业之后，特殊会社得到了快速的发展，伪政府的各种石油会社、电信电话会社、同和汽车株式会社、采金、炭矿、电业等特殊会社和准特殊会社所相继成立，到 1936 年末，伪政府的特殊会社和准特殊会社已有 28 家，其中准特殊会社是 8 家，公称资本金为 300005365 日元之巨，基本形成一业一公司的局面。[2]

---

① 于捷锋编著：《统制经济常识》，中国联合出版公司，1943 年，第 71 页

② 郑敏，霍燎原：《伪满特殊会社及其作用》，东北地区中日关系史研究会编《中日关系史论集》第六辑《社会科学战线》，1989 年增刊

　　电电公司成立于 1933 年 9 月 1 日，公司的控股权是日本
政府，决定了公司的性质：公司建立的目的是增进日本和伪
政府关系的。对于大陆之产业开发，若是有充分的资本，其
次还要交通之完备。"[1]公司成立之后积极整修电信线路，扩
展业务，增加营业。公司所辖局所数逐年上增，从 1933 年
的 380 个局，到 1940 年的 982 个局；公司职员从 1933 年的
5300 人，到 1940 年的 15000 人。职员和局所的增多，表示
处于业务的扩张时期，其营业收入也有增加。

电电公司收支表（1933—1940 年）[2]

年度	收入（日元）	指数	支出（日元）	指数
1933 年	3788445.33		2948987.84	
1934 年	12860295.73	100	9870628.65	100
1935 年	16494930.28	128	13104500.40	133
1936 年	18239631.47	142	14686182.52	149
1937 年	22302768.18	173	18519490.85	188
1938 年	28346504.40	220	23432009.58	237
1939 年	39069436.61	304	33171611.40	336
1940 年	50498366.96	393	44042190.82	446

　　可以看出，电电公司电信营业收入和支出都在逐年上升，
收入大于支出，是盈利状态，尤其是在 1937 年度后，幅度更
大。1937 年七七事变，日本对于电信有了更多的需要所造成

---

① （日）藤冈启著，吴自强译：《满蒙经济大观》，民智书局，1929 年，第 174 页
② 伪满电信电话株式会社：《统计年报》（1940 年 1 月 1 日至 1940 年 12 月 31 日）
　业态图 6

的。我们以 1937 年度收支的具体情况看，1937 年度电电公司总收入为 22302768.18 日元，包括营业收入 21516573.63 日元，利息收入 261728.66 日元，杂项收入 5524465.89 日元。总支出为 18519490.85 日元，包括营业支出 14973444.46 日元，利息支出 933194.89 日元，利息杂支出 477253.36 日元，固定资产折旧费 2130593.14 日元。所以该年度电电公司盈利 3783277.33 日元。[①]

伪政府推行日文电报电话业务既是经济利益的追求，与日本侵略目的一致。日本占领东北之后，在东北的日本人增多了，日本又数次推行移民政策，在 1930 年就有 20 多万的日本移民，生活在东三省的日本人就是电电公司业务的市场。

电电公司采用市场调查等方式增进公司的收益，是一个公司的正常选择。但是当业务与日本的军事侵略相违背时，电电公司选择的是保护日本国家的利益。为了实现日本在伪政府的统制，电电公司构建的军事信息网络，以及在边远地区架设通信线路等，已经追求的不是单纯的经济利益，而是日本国家利益，还包括电电公司的广播内容。

三、1931—1945 年国民政府的电讯战充满了抗争性

侵略必然意味着反抗。当日本以武力侵略东北后，中日

[①] 伪满电信电话株式会社:《统计年报》(1937 年 1 月 1 日至 1937 年 12 月 31 日)，第 161 页

矛盾成为当时社会的主要矛盾，中华民族大一统的情绪被调
动起来，任何违背这一主要矛盾的行为和思想都受到了谴责。
苏联的存在则是当时世界上英美等国所要绞杀的对象。中国
早于第二次世界大战抗日，在二战正式爆发后，中国的抗日
战争早就成为世界反法西斯战争的重要组成部分。后来有人
这样描述这场战争的不同：[①]

　　　　第二次世界大战不同于上次大战的显著特点之
一，就是利用无线电广播对垒，开展所谓"广播战"。
　　　　战争一开始，参战各国的广播体制和节目结构
纷纷发生变化，或作蛊惑宣传，或干扰对方。如意大
利在边境上设立很多电台，不断发出"嘀嘀嘀"的声
音，同频干扰敌广播电台的播音；德军围攻波兰首
都华沙时，假冒"华沙广播电台二台"进行广播，宣
称该城弹尽援绝，动乱迭起，不日将陷敌，致使人心
惶惶，造成大混乱。绅士派英国人，本来对宣传二字
不感兴趣，尽管苏、德两国早就开始多种语言的对外
广播，它仍不动声色。但在大战形势下，也很快改变
这一保守政策而增设了外语节目，劲头十足地打开了
广播"心战"。1939 年 9 月 3 日对德宣战的当天，张
伯伦首相于上午 11 点 15 分即用广播发表声明，宣布

①《向日本人广播》，赵玉明 艾红红主编：《中国抗战广播史料选编》，中国广播影
　视出版社，2017 年，第 35 页

对德进入战争状态；当晚 6 点，英王乔治六世也站在话筒前宣布对德作战。英国广播公司不久便和西线英法联军司令部取得密切联系，由司令部随时用无线电向伦敦提供德国俘虏和德国伤亡官兵的姓名，伦敦广播电台则从广播里转告德国公众，纳粹政权很为之头痛。日本侵略者对无线电广播也极为重视，它在南京搞的电台，主要就是进行蒙蔽、欺骗宣传和奴化教育，它的报道部长说得很清楚：现代战争，在某种意义上，亦可称为"思想宣传之战"。

电信不仅在社会生活中，也在战争中，不仅在战场上，也在广播中。电信技术被广泛地运用在战场战争之中，用在信息的交流中，也用在了宣传攻心之中。

日本侵略者对于电信的运用较早，在其向东三省发动武装侵略之时，在东北就已经有其无线电的建设。在占领东北之中和之后，日本都随时保持着把电信掌控于自己之手，并迅速地为自己服务。而被日本拉入这一场域的国民政府在自身发展的同时，也在做出应对性的发展。

这一时期国民政府的宣传战，因为政府"攘外必先安内"的政策和心理，因此，即使在以抗战为核心宣传宗旨的时期，国民政府的宣传战一直未能放弃对于国内其他势力的压制和诋毁，这是国民政府广播宣传战的特点之一。其次，由于国民政府对本国抗日力量的不自信，在抗战的全部时段都有求取外援寻求国际援助的心理，所以国民政府的广播战在不同的时期充满了隐忍和避讳。其三，基于以上两个特点下的广播宣传，国民党的广播宣传在内容上的宣传重点一是对内自卫宣传，这是我国对于抗战有利的政治条件。对内表现在全国民众一致维护抗战国策，同仇敌忾。自卫精神的宣传和强化是中国战争的正义性而言的，有利于集中全国的人力、物力完成抗战的胜利。在国际上与英美互换广播，"中央通讯社"在国外设立分社，将中国在战场上英勇抗击的事迹与不屈不挠的精神，宣传到同盟各国，引起国际社会的注意，并且让他们认识到中国的抗战不只是为本国，也是为抗击世界法西斯战争，所以同盟各国应共同负责建设和平世界的责任。宣传重点之二是优待俘虏的政策，使敌俘衷心感动从而站到反日的一方，并以播讲等方式对日本及前线的日军进行心理上的分化。

以该时期东北电信的情况观之南京国民政府电信的发展，两者同居后发优势，在世界电信史发展上大约处于同一水平，因战争关系，日本处于主动的优势的发展，国民党电信的发展处于应急的被动的程度较多。由于双方的战争状态，最后都进入了战时状态，所以在电信政策上也有类似的"一元化"审查等政策，但是这一时期日本在东北的电信统治政策是服从于其政治侵略的，以侵略为目的的策略和手段都带有政治性，带有攫取性，带有掠夺性；而国民党政府是弱势，是反抗侵略的正义的一方，其电信政策在对抗伪政府和日本内在特性是抗争，即使表现为隐忍，表现出对内部的统一，其广播体制和内容也成为战时体制，服从于战时体制。

在巨大的政治压力之下，无法单独实施我们现在所认为的客观性。萧同兹认为，只有淡化中央社的党化色彩，才能树立起自己的社会公信力，发展自己的业务。他说，报馆是喉舌机关，而通讯社则是耳目机关，"是吾人的耳目机关，亦为人家的耳目机关，共产党不能不抄中央社消息，我们也不能不抄新华社消息。通讯社服务的对象应该没有地域性的，所以它应该是整个人类的耳目机关，报道新闻给全世界人类。如果任何一个通讯社记录新闻不采公正立场，还有偏袒歪曲色彩，则世界上便不会有和平可言"。他还说："有很多国民党党员视中央社为党之物，至少得先发有关本党消息，所以有人比拟中央社为'较自由之塔斯社'。事实上绝不是这样。我个人是国民党党员，促本党采取开明政策，为众所熟知。在组织上中央社是在中宣部监督指导之下，但它的任务是为全人类服务，极其光明正大的。当国共斗争激烈的时候，中央社也曾为共产党发消息，可知中央社并非纯粹是党的宣传机关。"[1] 即使他这样说了，实际上也很难做到。当民族独立成为一个国家的主题，电信的发展就带有了政治性。无论是对内，还是对外。

---

[1] 萧同兹：《怎样才是时代的通讯社》《新闻学季刊》，1947 年 3 卷 1 期

四、破坏日本帝国主义和伪政府的电信是
东北武装抗日的重要内容

通讯设备的完备对于现代战争至关重要，被称为现代战争的神经。其在战争中的作用可概括为"辅助空防，传递情报，指挥军队"。有了现代的信息传递技术，侦查情报、指挥战争以及军队在战争中的协调配合能够得以有效迅速地进行。正因为电信对战争的重要作用，一旦发生交战，尽力破坏对方的电信设备和扩展己方的电信设施成为交战双方必然的选择。为增强对中国东北的统治，扑灭东三省人民反日的情绪，随时控制反日动向，日本在东三省建立警备网络，借助电信网络形成统治场域，对东北实行殖民统治。东北的抗日力量要对抗日本，就要破坏这种场域，并在内部形成自己的场域。

九一八事变后，原被日本击溃的东北军和东北民众开始了自发的抗日，抗日义勇军在东北各地兴起。辽宁唐聚伍在1932年组织抗日队伍30多人成立辽宁民众救国会，4月举行抗日誓师大会。辽宁民众救国会政治委员会就特设电信管理处专门管理收复各县的电信机关。[①] 电信的收回与管理有利于自身组织消息的畅通。

---

① 《辽宁民众救国会政治委员会为特设电信管理处管理收复各县之电信机关事宜的训令（1932 年 5 月 20 日）》，辽宁省档案馆编《奉系军阀档案史料汇编12》，江苏古籍出版社 香港地平线出版社，1990 年，第 608 页

353

遠警民家殷國会政治委員会敕令電字要號
令　鳳城縣電話所
為令遵事查本令石師刘连原从散收援关地
挽回主權局成表当此軍興在通府有功署事行
勤鳖消息惶此電信是類是以本令三組織
对於電信巧面積一地以返既轉措理免救地
带之電信機則關後非有收後各縣各電信機
開對於電信兰兰行主被霞請本令宜均並直
接呈報本会電信資理処以資的核办理条
分令外会金令仰该局即便遵监並蒋伤
附属一体遵监此令
中華民国二十一年五月二十日
委員長 王育文

　　从统治的角度出发，日本重视基层电信网络的构建，设置警备线路。1932 年 9 月起，日本在伪政府各级成立清乡委员会，整顿整修电信线路是从清乡委员会成立时就作为其重点的事项进行的。日本在各县城之间铺设电话线路并尽力完成县城同各村街镇间通信网。青冈县公署在 1932 年成立警备电话局，设于县公署院内，有百门交换机 1 台，实装电话 80台，由警察进行管理使用。全县各村公所、警察分驻所都通警备电话，县城内警察系统各单位，伪县长、伪警察署长、伪警察股长家中、日本人住宅等都安装了警备电话。警备电话还可接通周围邻县的警备电话，形成了一个警备电话网。1942 年，青冈县的警备电话开通了至哈尔滨市伪滨江省警务厅的长线直通电话。1934 年 3 月，日本侵略者控制了伪政府电报电话业务后，掌控了绥化地区各县电报、电话通信权力，并在各县建立了供军警专用的警备电话。同时还在各县城内和较大乡镇设立了四乡长途电话局，直通各县乡、镇、区警察署（所）。各县的电报、电话被合并为伪满株式会社系统的电报、电话局。从现有资料看，东三省的县民营和四乡电话大部分都有警备使用功能。警备电话主要是针对抗日行为设立的，一是供军警使用，二是用于举报抗日行为或怀疑具有抗日行为的民众而进行联络使用。因此，从反对抗日、反共产党的角度，日本在东三省偏远的县镇都设置了军警电话，如"建立了由佳木斯至萝北的专用警备电话线，由佳木斯—兴山镇—梧桐河—凤翔—名山—兆兴（老萝北县），上述地方均设有磁石电话机"，[①] 这些电话除了供军警通报治安消息，还被用来举报抗日行为或反日思想。1937 年后，日本更是在抗日活动频繁的地区专门设立警备电话局，警备电话局主要是针对广大民众的抗日行为而设，是监察抗日行为的，与军邮不同，但同属日伪军事系统。

　　反对日本的统治，从战争的角度讲，就要破坏日本的联动性，因此，东北的抗日义勇军和抗联在极力破坏日本这种靠电信网络连接起来的场所区域。九一八事变之后，东北各族各阶层人民甚至绿林武装等自发组织起来成立各种抗日武装，统称之为东北抗日义勇军。义勇军分散到局部的抗日活动相继失败后，中国共产党领导下的东北人民抗日游击战争就逐渐成为东北敌后抗战的主要方式。中共满洲省委和东北的各地方党组织先后在南满、东满、吉东和北满创建了十多

---

① 鹤岗市地方志编纂委员会办公室编：《鹤岗市志》，黑龙江人民出版社，1990 年，第 379 页

支抗日游击队，进行抗日。破坏铁路和电信线路成为一种反抗日本侵略统治的重要方式。1931 年 9 月 21 日中共延和县组织了天图路工会火烧龙井机车库，拆毁路轨，焚毁桥梁。在东北沦陷时期，扒铁路、砍电杆、袭击列车等抗日活动事件时有发生，在当时的报纸上被报道。日本的警备电话网经常截取抗日的消息。1932 年 2 月 4 日，日本独立守备步兵第 16 大队长报告，根据铁岭警务员汇报的消息，中共满洲省委下属反日会在桦南反日大同盟的鼓动和满洲省委等指令下，拟于 3 月 1 日大典之际，在整个东北地区掀起大暴动，宣传不承认伪政府，反对皇帝即位，攻击日本的对满政策。"暴动"计划的第三项内容就是"破坏铁路、电话电信线路、电灯线路、电厂、自来水和水源地"。[1]破坏电信线路就是破坏日本的联网行动。1933 年 5 月 3 日，八道河子的自卫队、王毓峰团和"四季好"联合作战攻打汪清县境内的小城子，破坏电信，烧毁当地敌伪电信局，破坏四个电话箱，并将四家民愤极大的反动分子的房屋直接放火烧毁，然后又进攻宁安与延吉之间的城子街。[2]1934 年 9—10 月，日本人经营的《盛京时报》和伪《滨江时报》先后 6 次报道了所谓的"匪讯"：赵尚志在 9 月 4 日攻下了宾县的三个大村落，9 月 17 日又出现在县城附近，有攻城迹象，破坏了电力和电信线路。"首先

---

[1] 中国抗日战争军事史料丛书编审委员会编：《东北抗日联军 参考资料》，解放军出版社，2015 年，第 109 页
[2] 李范五：《李范五回忆录》，中国文献出版社，2012 年，第 129 页

割断电线，夺取了电台，然后分别包围了警务局和国境监视队"，[1] 切扰乱敌方的指挥系统，便于进一步采取军事行动。

电台是根据无线电频率和设置来完成信息传递的，耗电量相对低，也易于管理，非常适合空旷的地方，是这一时期抗日武装与上级进行联络联系的主要方式，电信担负着传递上级指示、军事情报、战斗命令的重要任务。除了直接破坏电信的方式，建立自己的电信网络，形成自己的战斗场域也是抗日武装担负的任务。抗联队伍中的电台人员开始是由苏联培养的。

于保合，曾在 1934 年、1939 年两次被派遣到苏联国际无线电训练班接受培训。1934 年 9 月第一次培训后回上海工作。在上海期间，他连续四次都没有能在指定的时间、地点与英国人贝内联系上，也没有接洽到上级组织，只好返回哈尔滨，在中共满洲省委的领导下，筹建秘密电台。后又被派遣到黑龙江尚志中心县委建设电台。抗联在 1936 年 7 月，根据东北抗日联军第三军军长赵尚志的指示，建立了专门的电信学校，培训培养通信人员。现在伊春市南端巴浪河东北 35公里的山坡上，就是抗联电讯学校的所在地，始称东北人民革命军第三军司令部电信学校。因为缺少专门的技术，所以学校主要是进行技术上的操作培训，进行训练和抄收新闻。学校的教学设备简单单一，主要是汤旺河老前辈使用在一次

---

① 范德昌主编:《嘉荫县志》，黑龙江人民出版社，1988 年，第 461 页

战斗中缴获的一部日军电台，记载的学员有第三军司令部少
年连的马玺贵、史治国、李云龙、宋秉华等，第六军的孙国
权、李云龙，独立师的吕文海等。除补习文化基础课等学校
课程外，主要讲授无线电技术，1/3 时间讲电工原理和无线电
常识，2/3 时间进行收发报训练、国际电话练习等。学员们在
艰苦的环境和生活条件下积极学习无线电相关通信技术。因
为纸笔不足，就以在地上抄写，电键不够使用，就模拟手指
上练习。三个月之后，学校与抗日联军总政治部汤旺河政治
军事学校合并。电讯学校连续办了三期，共培养了 200 名军
政干部和部分电报员。抗日联军司令部始设电信队，首任队
长于保合。8 月下旬，学校正式开学上课。学校开设三门课
程：文化课、技术课和政治课。[①]

　　抗联电讯学校的学生毕业之后，就被分别分派到各作战
部队与队伍进行协同作战。1938 年北满部队进行西征战略转
移时，为与北满省委和北满总指挥部进行联系，各主力部队
均配备电台和报务。于保合的夫人李在德也两次到苏联学习
无线电技术，回国后从事无线电收发工作。当时使用电报密
码发电，为避开日本信号干扰，必须晚上 11 点以后进行定时
接收、发送电报。[②]

　　1938 年起，日本为加强在东北的殖民统治，为其发动的

①尼阳尼雅·那丹珠（白玉芳）:《中国通信史》（第二卷），北京邮电大学出版社，
　2019 年，第 109 页
②《女战士忆抗联岁月：晚上 11 点后雪地里收发电报》《中国文化报》，2012 年 7
　月 6 日

战争提供稳固的后方基地，开始对东北抗联所在区域进行了大规模的搜山和归屯并户政策。东北抗联受到很大的打击，他们被迫化整为零，进行迂回作战。当时抗联电台一方面是内部联系，另外一方面则主要同苏联伯力远东军司令部通信电台联系。为了保证这些抗日队伍之间的电讯联系，北满省委 1939 年派人去苏联学习无线电收发报业务和相关维修技术。刘铁石[①]当时被派往苏联伯力学习。经过 6 个多月的培训与学习，刘铁石掌握了收发报技术并回国。刘铁石在北满指挥部工作期间，兼任报务员等职。在抗联的艰苦时期，因小部队活动携带电台不便，有的直接放弃了，有的藏在深山密林里。新中国成立后，在小兴安岭、尚志、宁安、汤原、八面通等地都有抗联电台等遗物出土。

东北抗联依靠苏联和自己的力量，培养了与日本对抗的无线电通信人员。整个抗战时期，抗联一直与苏联保持着联系。1942 年 8 月，东北抗日联军在苏联伯力地区成立了东北抗联教导旅，下设无线电营，刘铁石等人作为教官，培训了一批电报员。

---

① 刘铁石（1904—1992 年），1939 年秋在苏联伯力海军基地学习无线电报业务，历任野营教导旅无线电少尉教官、中文教官、政治教官、沈阳卫戍成区司令员助理、沈阳市政府秘书长、沈阳电台台长等职

结　论

1931—1945年的东北电信事业是一个复杂的小众课题，在中国近代史的研究中，是一个区域性的行业发展史，然而，由于电信业的特殊性，这时期的东北电信业是政治经济文化的研究窗口，也是政策传递的载体。综观研究，我们可以对该时期东北电信的发展做出如下总结。

近代东北电信总体上与当时的中央政府电信的发展保持一致：起于清末电信网络的构建，在北京政府和奉系军阀时期继续发展，"东北易帜"后由交通部统一管理，九一八事变后被日本攫取，伪政府成立后东北电信被委托给电电公司管理，直至日本投降后东北电信主权收回。近代中国面临亡国灭种危险的国情，体现在电信领域就是：俄国（苏联）以中东铁路为依托在东北设立铁路线路，且违反协议，开设电话。伪政府成立初期；苏联国家以利益为目的，把中东铁路包括电信卖给了日本；日本在日俄战争期间，在东北设军事电信，后以南满铁路为依托，在东北建立铁路专用网，并沿路设线，接通公用电话，之后在东北设无线电台，侵占东北后与苏联争夺中东铁路电信，获得东北电信的全领域管理权。日本重视电信在侵略中的作用。电信技术成为政治的载体，东北电信网络的构建是日本实现侵略等政治目的的重要内容，东北电信的发展被政治化了。

伪政府以日本扶持而建立，在 14 年统治中，尽为日本的傀儡，其政策完全服务于日本的侵略政策，助力了日本的军事侵略，强化了日本在东三省的统治力，加成了日本在东三省的经济掠夺，侵略了东三省的教育文化，涂抹着日本的国际政治形象。电电公司为东三省电信所做的所谓"贡献"工作完全服从于上述目的。

电电公司设立目的就是要以电信互联互通的高效性实现日本与伪政府的"亲善精神"，从而达到日本在中国东北的统制和实现军事上的侵略。电电公司内部高级管理人员以日本人为主。其成立后，整顿和扩展电信网络，很快实现了中国东北和日本、朝鲜间通信网络，实现了东北电信的"一元化"统治。同时还引进先进的通信技术，提升电信效率。

日本在九一八事变后不断地致力于让东三省成为一个表面上独立的"国家"，伪装日本的国际形象。在经济与交通领域，日本则是以"建设"的名义进行了攫取式的掠夺。日本通过电电公司的设立和运营，实现了日本对东北电信的实际掌控，尤其电电公司在广播方面的建设，在试图以伪政府的情感来对抗当时的国民党政府的国家观念，同时也以"皇道"宣传来引导东北人民形成对日本的顺从。

中国近代化的过程中，东北的民族经济有了一定的发展，在交通运输方面曾在 20 世纪 20 年代兴起建设的热潮。近代的东北还是列强投资的重要地区。民营县营的电话公司就是适应东北经济和日本统治的基础上设立的，这些公司一定程度上补充了东北的主干电信网络。电电公司接管了东北的电信事业，还在1934年起开始调查这些公司的发展情况，对一些重要地点或盈利较好的公司进行了收买，这些公司淡出了历史发展的舞台。

1931—1945年，东北的电信权就是路权，路权包含着电权。苏联一直在把持中东路不愿意放弃在东北的权利，最终在日本的逼迫下，把中东路权名义上卖给了伪政府，这种行为符合苏联的国家利益，但是违背了中俄（苏）之间的协议，侵犯了中国的主权。侵略性固然是电信主权旁落别国的原因，但我们不能忽略当时中国国力不强和国民党的政策重点的原因。应对复杂的地缘生态必须在国力强大的基础上才可能实现。

所有的历史都是当代史，1931—1945年东北电信的研究还有很大的研究空间。在此，希望本研究有益于学术界，对于现实也有一定的思想裨益。

参考文献

外文

（一）史料

［1］防衛省防衛研究所:『大電力放送局建設に関する件 』，C01002935300，昭和八年 10 月 16 日（1933/10/16）

［2］関東局官房文書課編:『関東局要覧.昭和 16 年』，関東局官房文書課，昭和十七年（1942）

［3］外務省編纂:『日本外交文書:日中戦争（第一冊）』，六一書房，2011 年

［4］満洲国交通部郵政総局編:『満洲帝国郵政事業概要 』，満洲逓信協会，康徳九年（1942）

［5］満洲電信電話株式会社編:『満洲放送年鑑 』，緑蔭書房，1997 年

［6］満洲電信電話株式会社編:『統計年報』（1934—1940 年）

［7］満洲電信電話株式会社『業務資料』（–1943 年）

［8］广瀬寿助:『満洲電信電話株式会社十年史』，1939 年

［9］岸本一：『満洲電信電話株式会社十年史 4-12』，満洲電信電話株式会社，1943 年

［10］満洲電信電話株式会社『満洲電信電話株式会社社报』

（二）论著（包括译著）

［1］（日）電信局外國電信課：『支那電政ノ現状』，1935 年

［2］（日）渡辺銕蔵：『国策会社概要』，渡辺経済研究所，1939 年

［3］（日）中山竜次：『戦争と電気通信』，電気通信協会，1942 年

［4］（日）高橋正則：『決戦満洲国の全貌』，山海堂出版部，1943 年

［5］（日）依田憙家：『戦前の日本と中国』，三省堂，1976 年

［6］（日）中央大学人文科学研究所编：『日中戦争』，中央大学出版部，1993 年

［7］（日）白戸健一郎：『満洲電信電話株式会社—そのメディア史的研究』，創元社，2016

［8］（日）新井直之，内川芳美著：《日本新闻事业史》，新华出版社，1986 年

［9］（日）满史会著，东北沦陷十四年史辽宁编写组译：《满洲开发四十年史》（上下卷），东北师大出版社，1988 年

［10］（日）浅田乔二等著，袁愈佺译：《1937—1945 日本在中国沦陷区的经济掠夺》，复旦大学出版社，1997 年

［11］（日）前坂俊之著，晏英译：《太平洋战争与日本新闻》，新星出版社，2015 年

［12］（苏）B. 阿瓦林著，北京对外贸易学院俄语教研室译：《帝国主义在满洲》，商务印书馆，1980 年

［13］（苏）鲍里斯罗曼诺夫著，陶文钊等译《俄国在满洲（1892—1906 年）》，商务印书馆，1980 年

［14］（美）F. C. 琼斯著，胡继瑗译：《1931 年以后的中国东北》，商务印书馆，1959 年

［15］（美）J. 赫伯特·阿特休尔著，黄煜等译：《权力的媒介：新闻媒介在人类事务中的作用》，华夏出版社，1989 年

（三）论文

［1］由川永：『放送内容の取締方針にお就て』,『電電』1940 年第 7 巻，第 11 号

［2］岸本俊治：『放送事項の指導方針について』,『宣撫月報』51 号，1941

［3］遠部又男：『混乱の通化』,『赤い夕陽』，1973

［4］古川隆久：『日中戦争期の議会勢力と政策過程』,『日本歴史』第 534 号，1992 年

［5］井村哲夫：『文献改題ポーレー調査団報告書満洲編』,『1940 年代の東アジア』、アジア経済研究所，1997 年

［6］石川研：『満洲国放送事業の展開——放送広告葉務を中心に』,『歴史と経済』，一八五号，2004 年

［7］白戸健一郎：『満洲電信電話株式会社の多言語放送政策』，『マス・コミュニケーション研究』，No.82，2013

［8］村上至一：『戦前期台湾・満州の広告放送：財源確保に向けた事業者の取り組み』，『放送研究と調査』，2015

［9］Helen G. Kelly. Telecommunications in the Far East. Far Eastern Survey，1946，Vol.15（8）

中文

（一）资料

［1］《伪满洲国政府公报》影印版

［2］《盛京时报》影印版

［3］伪满《大同报》

［4］复旦大学历史系：《日本帝国主义对外侵略史料选编 1931—1945》，上海人民出版社，1975 年

［5］中央档案馆、中国第二历史档案馆、吉林省社会科学院合编：《日本帝国主义侵华档案资料选编》部分，中华书局，1994 年

［6］赵玉明主编：《日本侵华广播史料选编》，中国广播影视出版社，2015 年

（二）论著

[1]魏承先:《满铁事业的暴露》,中华书局,1932 年

[2]刘世仁:《日本对华经济侵略史》,福州全球印书社,1938 年

[3]东北物资调节委员会:《电信》,中国文化服务社,1948 年

[4]潘光祖:《美国垄断资本与日本财阀》,中华书局,1951 年

[5]姜念东,伊文成:《伪满洲国史》,吉林人民出版社,1980 年

[6]邮电史编辑室编:《中国近代邮电史》,人民邮电出版社,
   1984 年

[7]赵玉明:《中国现代广播简史》,中国广播电视出版社,
   1987 年

[8]滕利贵:《伪满经济统治》,吉林教育出版社,1992 年

[9]张洪祥主编:《近代日本在中国的殖民统治》,天津人民出版
   社,1996 年

[10]唐守廉编著《电信管制》,北京邮电大学出版社,2001 年

[11]赵玉明:《中国广播电视通史》,中国传媒大学出版社,
    2004 年

[12]哈艳秋:《中国新闻传播史研究》,中国广播电视出版社,
    2005 年

[13]沈予:《日本大陆政策史:1868—1945》,社会科学文献出
    版社,2005 年

[14]雷鸣:《日本战时统制经济研究》,人民出版社,2007 年

[15]解学诗:《伪满洲国史新编》,人民出版社,2008 年

［16］王承云:《日本企业的技术创新模式及在华研发活动研究》, 上海人民出版社,2009 年

［17］苏崇民:《日本侵占下东北经济的殖民地化》,北京交通大 学出版社,2018 年

（三）论文（包括学位论文）

［1］赵玉明:《旧中国广播的产生、发展和终结》,《现代传播》, 1982 年第 1 期

［2］撷撷厚、木子:《田中义一与总力战——侵略与总动员构 想》,《东北师大学报》(哲学社会科学版),2014 年第 4 期

［3］蒋蕾:《伪满洲国媒介传播特征辨析》,《中国社会科学报》, 2015 年第 3 期

［4］齐辉:《伪满时期日本对华广播侵略》,《中国社会科学报》, 2015 年第 3 期

［5］齐辉:《试论抗战时期日本对华广播侵略与殖民宣传——以 日本在满洲国放送为中心》,《新闻与传播研究》,2015 年第 9 期

［6］郭鑫:《支持总力战体制的伪满洲国社会事业》,《中国近现 代史史料学学会学术会议论文集之七——中国近现代史及 史料研究》,2007 年

［7］赵玉明:《日本侵华期间的广播电台》,《中国广播》,2015 年 6 月

［8］薛轶群:《日俄战争后的中日东三省电信交涉》,《近代史研

究》，2018 年第 1 期

［9］薛紫心：《伪满洲国电信业统制研究》，辽宁大学硕士论文，2013 年

［10］闫皓：《试论伪满总务厅弘报处在日本对伪满洲国文化统治中所起的作用》，延边大学硕士论文，2013 年

［11］李职纯：《伪满时期日本政府对东北地区的舆论控制研究》，西南大学硕士论文，2017 年

［12］胡小丽：《日本对伪满广播的统制性经营（1931—1945）》，吉林大学硕士论文，2019 年

［13］邵晶晶：《民国时期哈尔滨广播电台研究（1923—1931）》黑龙江大学硕士论文，2020 年